国家重点档案专项资金资助项目

抗日战争档案汇编

新疆安置东北抗日义勇军档案汇编

新疆维吾尔自治区档案馆 编

中華書局

图书在版编目（CIP）数据

新疆安置东北抗日义勇军档案汇编 / 新疆维吾尔自治区档案馆编 . －北京 : 中华书局 , 2024.8
（抗日战争档案汇编）
ISBN 978-7-101-15275-3

Ⅰ . 新… Ⅱ . 新… Ⅲ . 东北抗日义勇军－历史档案－汇编
Ⅳ . K264.306.3

中国版本图书馆 CIP 数据核字 (2021) 第 137927 号

书　　名　新疆安置东北抗日义勇军档案汇编
编　　者　新疆维吾尔自治区档案馆
丛 书 名　抗日战争档案汇编
策划编辑　许旭虹
责任编辑　李晓燕
装帧设计　许丽娟
责任印制　管　斌
出版发行　中华书局
（北京市丰台区太平桥西里38号　100073）
http://www.zhbc.com.cn
E-mail:zhbc@zhbc.com.cn
图文制版　北京禾风雅艺文化发展有限公司
印　　刷　天津艺嘉印刷科技有限公司
版　　次　2024年8月第1版
2024年8月第1次印刷
规　　格　开本889×1194毫米　1/16
印张28
国际书号　ISBN 978-7-101-15275-3
定　　价　550.00元

抗日战争档案汇编编纂出版工作组织机构

编纂出版工作领导小组

组　长　陆国强

副组长　王绍忠　付　华　魏洪涛　刘鲤生

编纂委员会

主　任　陆国强

副主任　王绍忠

顾　问　杨冬权　李明华

成　员（按姓氏笔画为序排列）

于学蕴　于晓南　于晶霞　马忠魁　马俊凡　马振犊
王　放　王文铸　王建军　卢琼华　田洪文　田富祥
史晨鸣　代年云　白明标　白晓军　吉洪武　刘　钊
刘玉峰　刘灿河　刘忠平　刘新华　汤俊峰　孙　敏
苏东亮　杜　梅　李宁波　李宗春　吴卫东　何素君
张　军　张明决　陈念芜　陈艳霞　卓兆水　岳文莉
郑惠姿　赵有宁　查全洁　施亚雄　祝　云　徐春阳
郭树峰　唐仁勇　唐润明　黄凤平　黄远良　黄菊艳
梅　佳　龚建海　常建宏　韩　林　程潜龙　焦东华
童　鹿　蔡纪万　谭荣鹏　黎富文

编纂出版工作领导小组办公室

主　任　常建宏

副主任　孙秋浦　石　勇

成　员（按姓氏笔画为序排列）

李　宁　沈　岚　贾　坤

新疆维吾尔自治区抗日战争档案汇编编纂出版工作组织机构

编纂出版工作领导小组

组　长　宋　彬

副组长　童　鹿

成　员　姚永军　郭红霞　谢新宇　王显辉

编纂出版工作领导小组办公室

主　任　王显辉

副主任　袁岁若

成　员　宁　燕　王　娟　王　越　庞　勃　代亚平

编纂委员会

主　任　宋　彬

副主任　童　鹿

成　员　郭红霞　谢新宇　王显辉　刘湘娟　袁岁若　杨　龙　李宝军　蒋忠杰

《新疆安置东北抗日义勇军档案汇编》编委会

总序

为深入贯彻落实习近平总书记「让历史说话，用史实发言，深入开展中国人民抗日战争研究」的重要指示精神，国家档案局根据《全国档案事业发展「十三五」规划纲要》和《「十三五」时期国家重点档案保护与开发工作总体规划》的有关安排，决定全面系统地整理全国各级综合档案馆馆藏抗战档案，编纂出版《抗日战争档案汇编》（以下简称《汇编》）。

中国人民抗日战争是近代以来中国反抗外敌入侵第一次取得完全胜利的民族解放战争，开辟了中华民族伟大复兴的光明前景。这一伟大胜利，也是中国人民为世界反法西斯战争胜利、维护世界和平作出的重大贡献。加强中国人民抗日战争研究，具有重要的历史意义和现实意义。

全国各级档案馆保存的抗战档案，数量众多，内容丰富，全面记录了中国人民抗日战争的艰辛历程，是研究抗战历史的珍贵史料。一直以来，全国各级档案馆十分重视抗战档案的开发利用，陆续出版公布了一大批抗战档案，对揭露日本帝国主义侵华罪行，讴歌中华儿女勠力同心、不屈不挠抗击侵略的伟大壮举，弘扬伟大的抗战精神，引导正确的历史认知，发挥了积极作用。特别是国家档案局组织有关方面共同努力和积极推动，「南京大屠杀档案」被联合国教科文组织评选为「世界记忆遗产」，列入《世界记忆名录》，捍卫了历史真相，在国际上产生了广泛而深远的影响。

全国各级档案馆馆藏抗战档案开发利用工作虽然取得了一定的成果，但是，在档案信息资源开发的系统性和深入性方面仍显不足。正如习近平总书记所指出的：「同中国人民抗日战争的历史地位和历史意义相比，同这场战争对中华民族和世界的影响相比，我们的抗战研究还远远不够，要继续进行深入系统的研究。」「抗战研究要深入，就要更多通过档案、资料、事实、当事人证词等各种人证、物证来说话。要加强资料收集和整理这一基础性工作，全面整理我国各地抗战档案、照片、资料、实物等……」

国家档案局组织编纂《汇编》，对全国各级档案馆馆藏抗战档案进行深入系统地开发，是档案部门贯彻落实习近平总书记重要指示精神，推动深入开展中国人民抗日战争研究的一项重要举措。本书的编纂力图准确把握中国人民抗日战争的历史进程、主流和本质，用详实的档案全面反映一九三一年九一八事变后十四年抗战的全过程，反映中国共产党在抗日战争中的中流砥柱作用以及中国人民抗日战争在世界反法西斯战争中的重要地位，反映国共两党「兄弟阋于墙，外御其侮」进行合作抗战、共同捍卫民族尊严的历史，反映各民族、各阶层及海外华侨共同参与抗战的壮举，展现中国人民抗日战争的伟大意义，以历史档案揭露日本侵华暴行，揭示日本军国主义反人类、反和平的实质。

编纂《汇编》是一项浩繁而艰巨的系统工程。为保证这项工作的有序推进，国家档案局制订了总体规划和详细的实施方案，明确了指导思想、工作步骤和编纂要求。为保证编纂成果的科学性、准确性和严肃性，国家档案局组织专家对选题进行全面论证，对编纂成果进行严格审核。

各级档案馆高度重视并积极参与到《汇编》工作之中，通过全面清理馆藏抗战档案，将政治、军事、外交、经济、文化、宣传、教育等多个领域涉及抗战的内容列入选材范围。入选档案包括公文、电报、传单、文告、日记、照片、图表等多种类型。在编纂过程中，坚持实事求是的原则和科学严谨的态度，对所收录的每一件档案都仔细鉴定、甄别与考证，维护档案文献的真实性，彰显档案文献的权威性。同时，以《汇编》编纂工作为契机，以项目谋发展，用实干育人才，带动国家重点档案保护与开发，夯实档案馆基础业务，提高档案人员的业务水平，促进档案馆各项事业的发展。

守护历史，传承文明，是档案部门的重要责任。我们相信，编纂出版《汇编》，对于记录抗战历史，弘扬抗战精神，发挥档案留史存鉴、资政育人的作用，更好地服务于新时代中国特色社会主义文化建设，都具有极其重要的意义。

抗日战争档案汇编编纂委员会

编辑说明

九一八事变爆发后，东北三省相继沦陷，部分爱国军队和东北各界民众不甘忍受日本侵略者的蹂躏，自发组织起抗日义勇军，手持简陋武器，在极端艰苦的条件下与强寇浴血奋战于白山黑水之间，吹响了抗日的第一声号角。他们的英勇斗争，沉重地打击了日本侵略者的嚣张气焰，也因此遭到了侵略者的疯狂反扑和残酷镇压。一九三二年秋冬之际，由于没有武器供给和后方支援，义勇军在日军重兵进攻之下严重受挫。从一九三二年十二月至次年一月，东北抗日义勇军四万余人在四面受敌、弹尽粮绝的情况下，被迫退入前苏联境内，后历经磨难辗转由新疆塔城入境回国。从一九三三年二月第一批义勇军战士到达塔城，至当年八月最后一批义勇军战士抵达塔城，东北抗日义勇军万里归国路终于结束。囿于经费，加之时局动荡，南京国民政府授意新疆当局就地给予妥善安置。东北抗日义勇军的到来受到当地各族人民的热烈欢迎，不少民众到驻地进行慰问，抗日热情逐渐被点燃。在这种氛围中，东北抗日义勇军在新疆进行了各种抗日活动，开展抗日救亡宣传，动员民众支援抗战，保障国际交通线，为苏联援华提供服务，为发展抗战大后方、巩固新疆边防和地方治安做出了重要贡献，在新疆各项事业发展中发挥了不可替代的作用。东北抗日义勇军将士虽然远离战场处于内地，却始终为保卫祖国领土完整、抵抗外来侵略贡献自己的力量。

本书收录新疆维吾尔自治区档案馆藏有关东北抗日义勇军安置档案一百五十余件，均据馆藏档案原件全文影印，未作删节；如有缺页，为档案自身不全。选稿起自一九三三年，迄至一九四五年；内容涉及东北抗日义勇军假道苏联辗转新疆情形、新疆各地妥为安置东北抗日义勇军及其眷属、东北抗日义勇军协助新疆平定匪乱及充实新疆警备力量等方面。

本书选用档案原标题完整或基本符合要求的使用原标题，原标题有明显缺陷的进行了修改或重拟，无标题的加拟标题。标题中的人名使用通用名，机构名称使用机构全称或规范简称，历史地名沿用当时地名。选用档案按照文件成文时间先后分别排序，一般以发文时间为准，少数无发文时间的采用收文时间，并加以注明。档案所载时间不完整或不准确的，作了补充或订正。档案时间只有年份和月份的，排在该月末；只有年份的，排在该年末。档案无时间且无法考证的标注「时间不详」。

全书使用规范的简化字，对标题中的繁体字、不规范异体字等予以径改。限于篇幅，本书不作注释。

由于档案保存年代久远，加之编者水平有限，在编辑过程中可能存在疏漏之处，欢迎斧正。

编　者

二〇二〇年七月

目录

后　记

新疆省政府代理秘书长宋兴周关于添派随员办理东北抗日义勇军入新疆事宜等致省政府主席的呈（一九三三年一月三十日）

主帥鈞鑒敬密稟者竊維治事莫先於豫立濟急莫先於用人蘇秉文所部之
義勇軍皆係燕趙健兒嫺於戰陣當此風鶴頻驚之時中央一再電示欲設
法安紥新疆此千載一遇之機會也而我
帥已慨然允其入境尤為地方之厚幸但早到一日即獲一日之福利若更遲
延恐有緩不濟急之慮聞此項要件已蒙委派魯卸秘書長赴塔辦理洵
可謂付託得人然手續繁多非一人所能獨任若再添派隨員二人分任其
勞而以魯卸秘書長總其成庶事半功倍亦不難於進行查現充氣象
台專員孫國華柔和宜人長於接洽前焉耆縣長韓壎習勤耐苦熟於應
酬該員皆屢荷
厚恩夙具報効之志設更委充此差許以馳驅必能感激圖報不留餘力於公於

擬委
孫韓二員可派隨員

私兩有裨益如蒙
允諾即祈令飭該員等星夜前往庶不至貽誤事機再此項隊伍雖屬燕
齊暨東省民籍然皆義勇素著多係受軍事教育之人只要誠心對待妥
為收編斷無不樂於効力者倘或以游移之見若迎若拒或分紮各處以
孤其力不但無以濟急竊恐啟人以猜疑之門孟子謂至誠而不動者未之
有也周嘗以斯言為不磨之論況值此時機即有此舉冥冥中自有主持
之者伏望我
帥坦率其心堅決其志速將此項隊伍以三分之二編制成軍開赴省城

009

以資鎮懾或相機調遣即不必開拔前防而勇氣所及亦足破賊人之膽而
壯兵民之心一舉兩得無有逾於此者　周猥以疏材荷蒙
知遇義不容以緘默自安謹就管見所及臚陳一二以供採擇是否有當
伏祈
核奪施行肅此敬請
鈞安即乞
垂鑒

代理秘書長宋興周謹呈
（印：宋興周印）
一月三十日

迪化县县长与新疆省政府主席关于再委办事招待人员承办义勇军住居房屋招待用物等事的来往电（一九三三年三月）

迪化县县长张松龄致新疆省政府主席的代电（一九三三年三月二日）

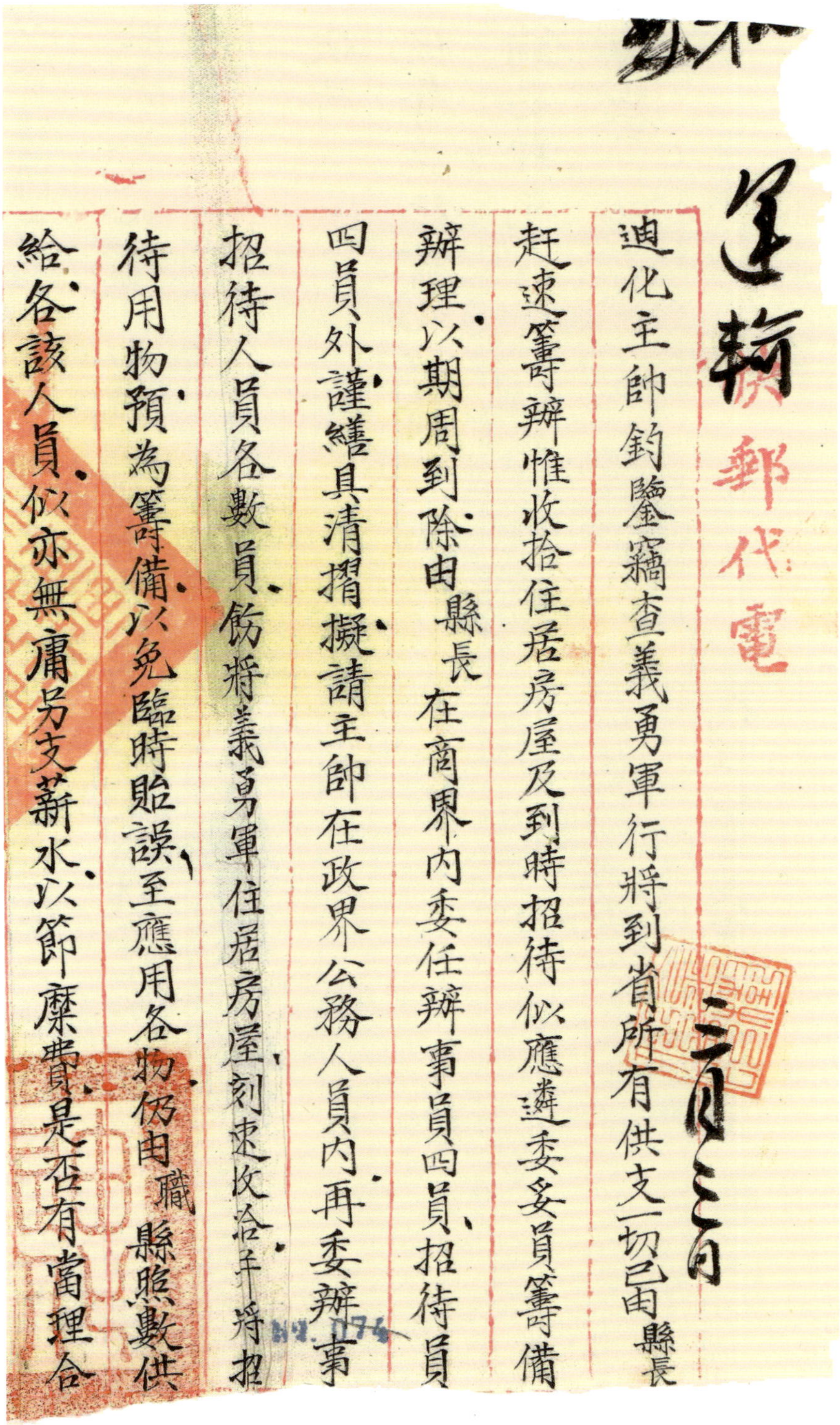
郵代電
三月三日
迪化主帥鈞鑒竊查義勇軍行將到省所有供支一切已由縣長趕速籌辦惟收拾住居房屋及到時招待似應遴委妥員籌備辦理以期周到除由縣長在商界內委任辦事員四員招待員四員外謹繕具清摺擬請主帥在政界公務人員內再委辦事招待人員各數員飭將義勇軍住居房屋刻速收拾并將招待用物預為籌備以免臨時貽誤至應用各物仍由職縣照數供給各該人員似亦無庸另支薪水以節靡費是否有當理合

連同清摺伏乞鑒核示遵迪化縣長張松齡叩三月二日印

計附呈清摺一扣

中華民國二十二年三月二日第　號

75

附：迪化县县长缮具请委招待义勇军各员姓名清折（一九三三年三月）

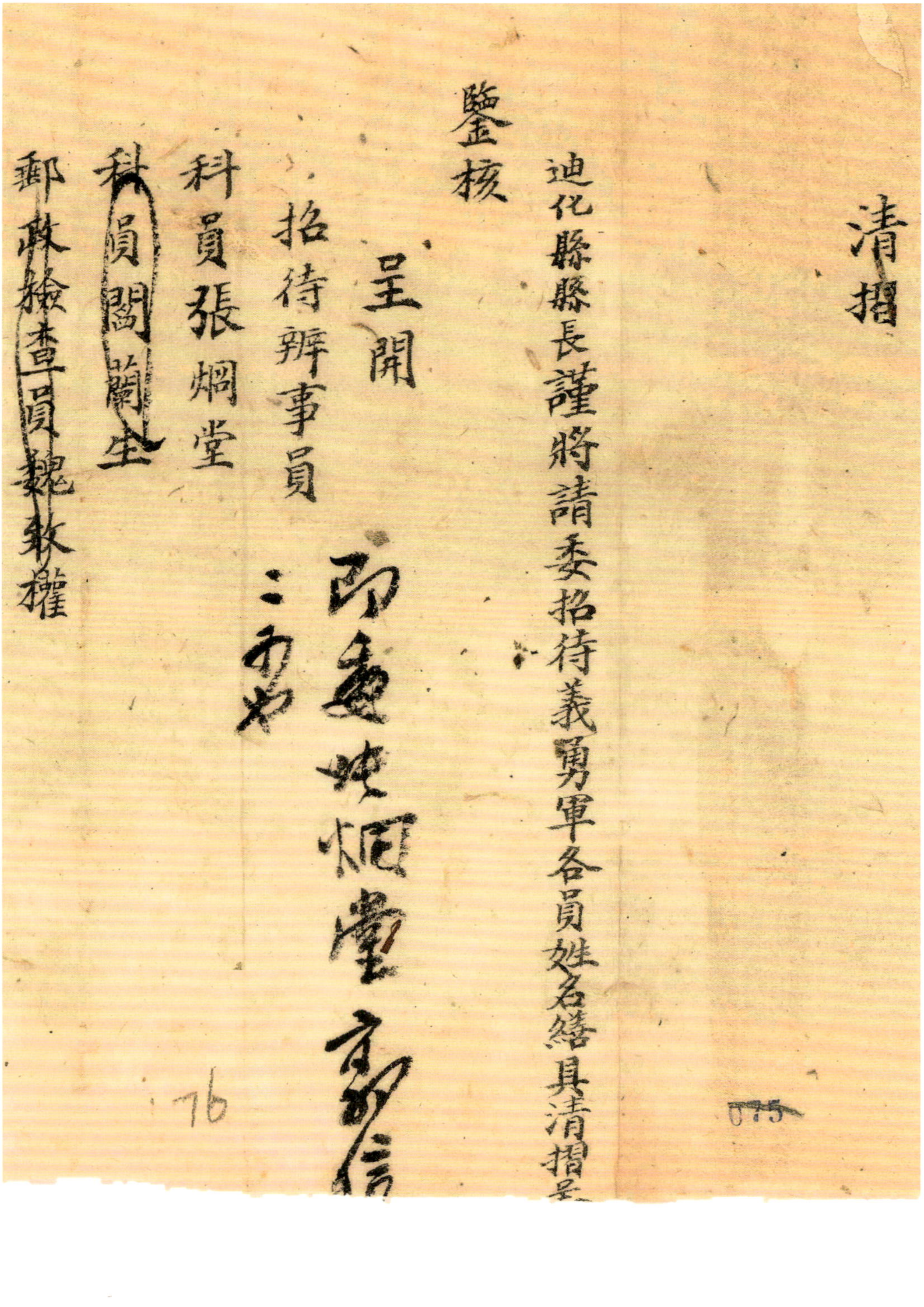
清摺
迪化縣縣長謹將請委招待義勇軍各員姓名繕具清摺呈
鑒核
呈開
招待辦事員
科員張炯堂
科員閻蘭生
郵政檢查員魏敦權

郵政檢查員陳大興
卸任縣長郭　信
無線電報務員李少俠
右
摺

中華民國二十二年三月　日迪化縣縣長張松

新疆省政府主席兼督办金树仁致迪化县县长张松龄等的代电（一九三三年三月三日）

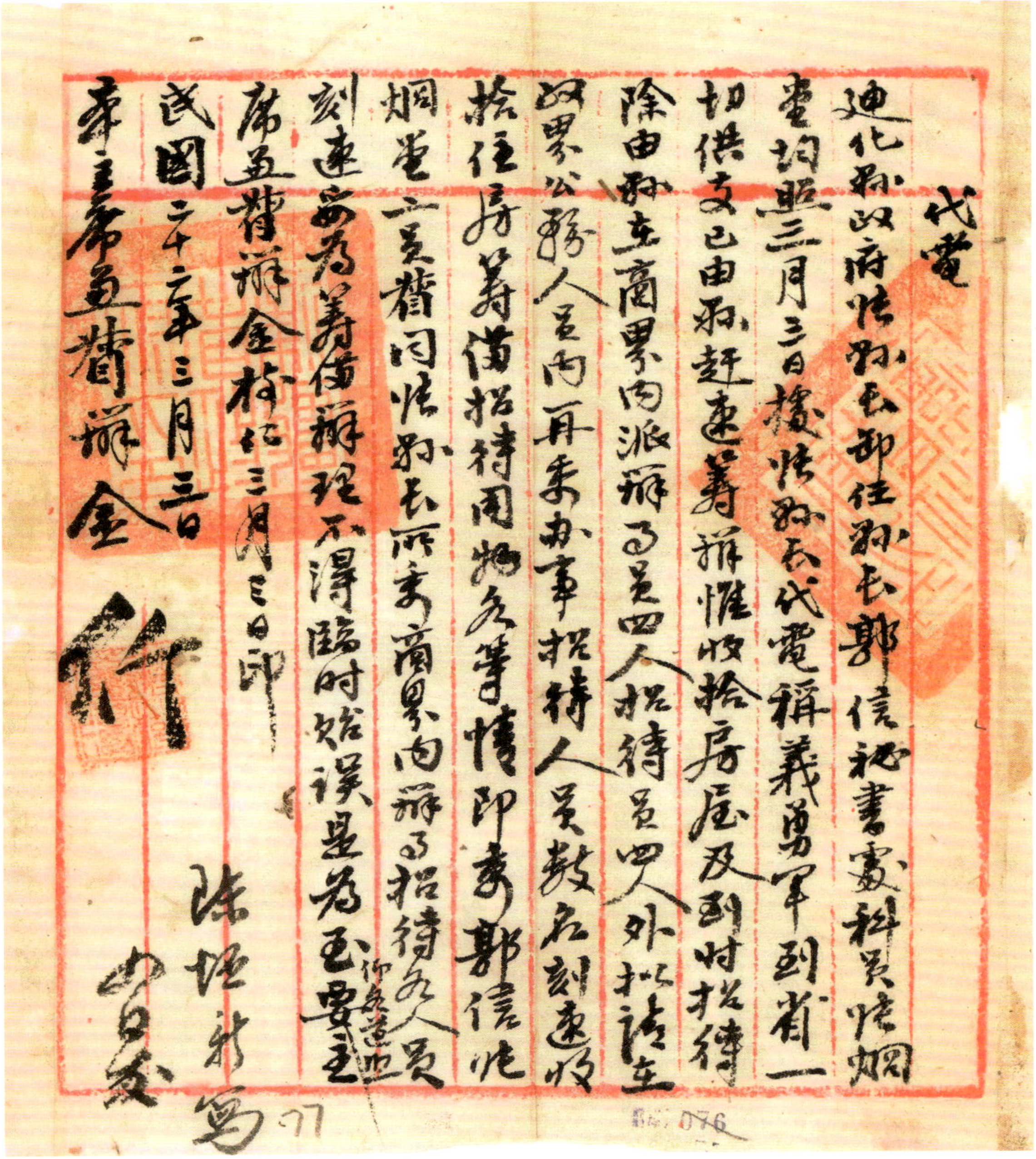
代電
迪化縣政府張縣長郭信秘書處科員張炯
電均照三月三日據張縣長代電稱義勇軍到省一
切供支已由縣趕速籌辦惟收拾房屋及到時招待
除由縣在商界內派辦事員四人招待員四人外擬請在
政界公務人員內再委辦事招待人員數名刻速收
拾住房籌備招待用物各等情即委郭信張
炯二員督同張縣長並商界內辦事招待各人員
刻速妥為籌備辦理不得臨時貽誤是為至要仰各遵照
主席兼督辦金樹仁三月三日印
民國二十二年三月三日
主席兼督辦金
行

额敏县县长刘光汉关于第一起义勇军五百人已抵达额敏致新疆省政府主席的电报（一九三三年三月三日）

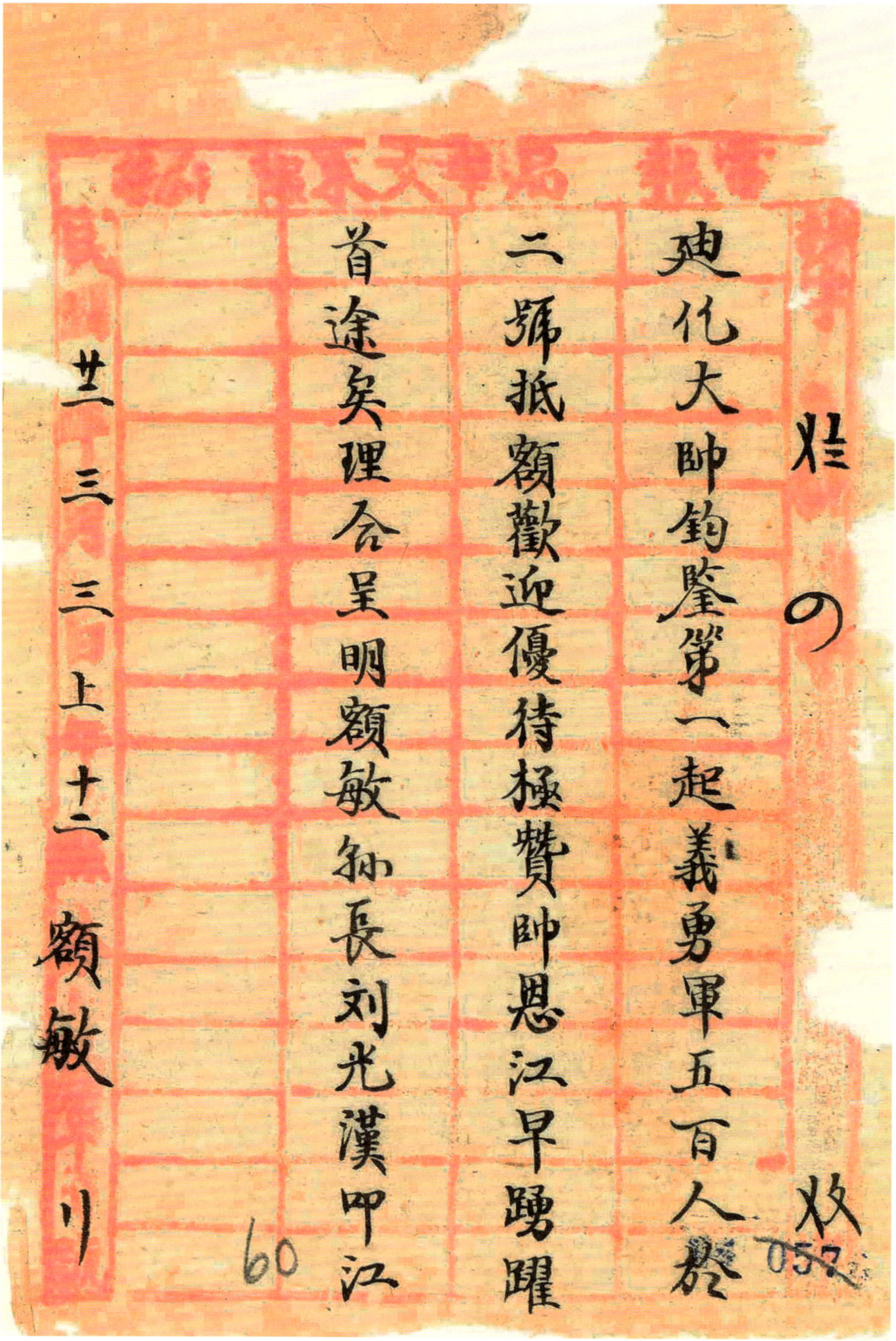
迪化大帥鈞鑒第一起義勇軍五百人於
二號抵額歡迎優待犒賚帥恩江早踴躍
首途矣理合呈明額敏縣長刘光漢叩江

额敏县县长与新疆省政府主席关于第一、二起义勇军陆续抵额俱已开拔等事的来往电（一九三三年三月）

额敏县县长刘光汉致新疆省政府主席金树仁的电报（一九三三年三月七日）

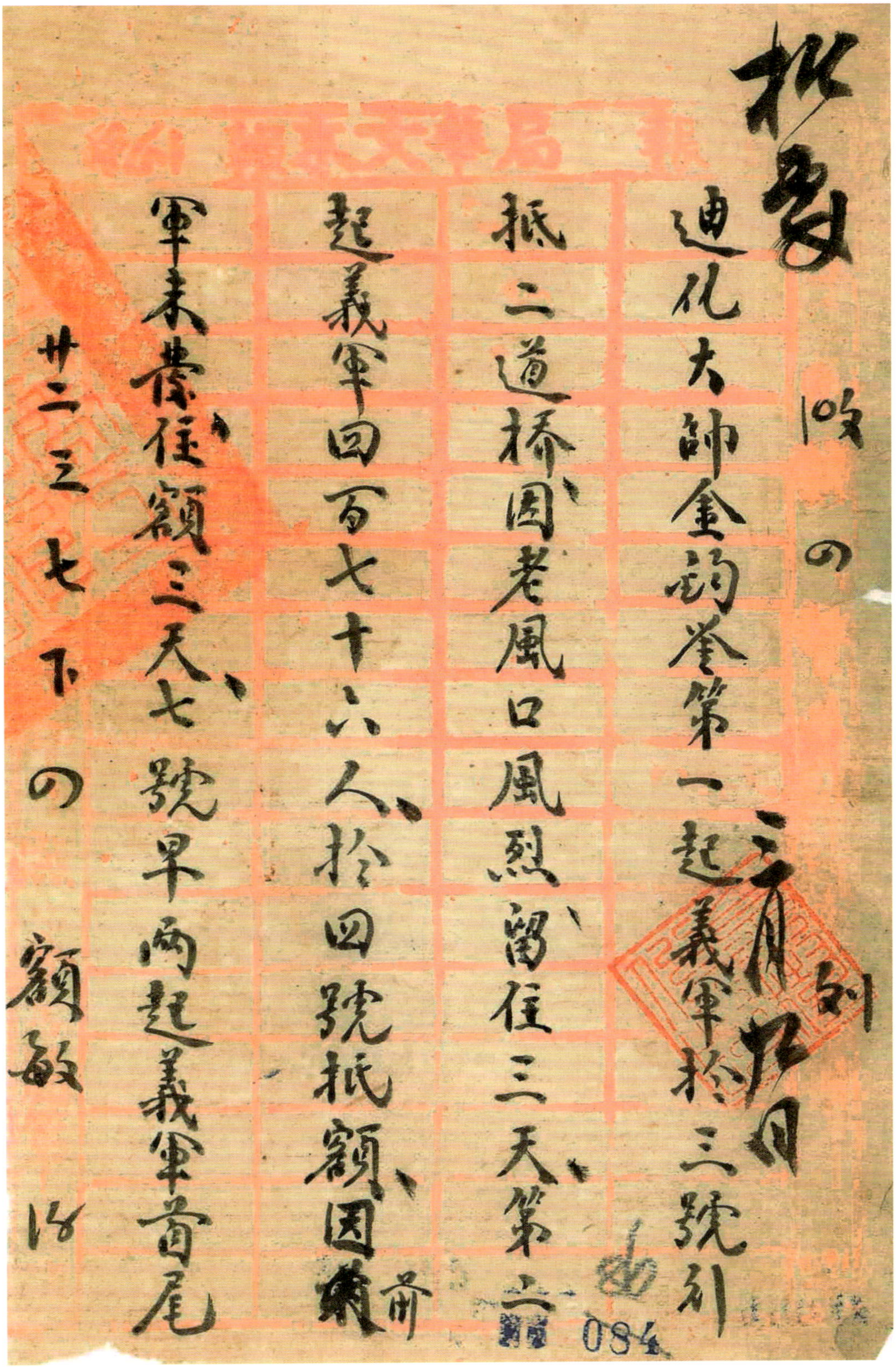

衔接、吴已开拔、郑旅长是午欢迎到额、精

懇即示、額敏縣長劉光漢叩寘

新疆省政府主席兼督办金树仁致额敏县县长刘光汉的代电（一九三三年三月九日）

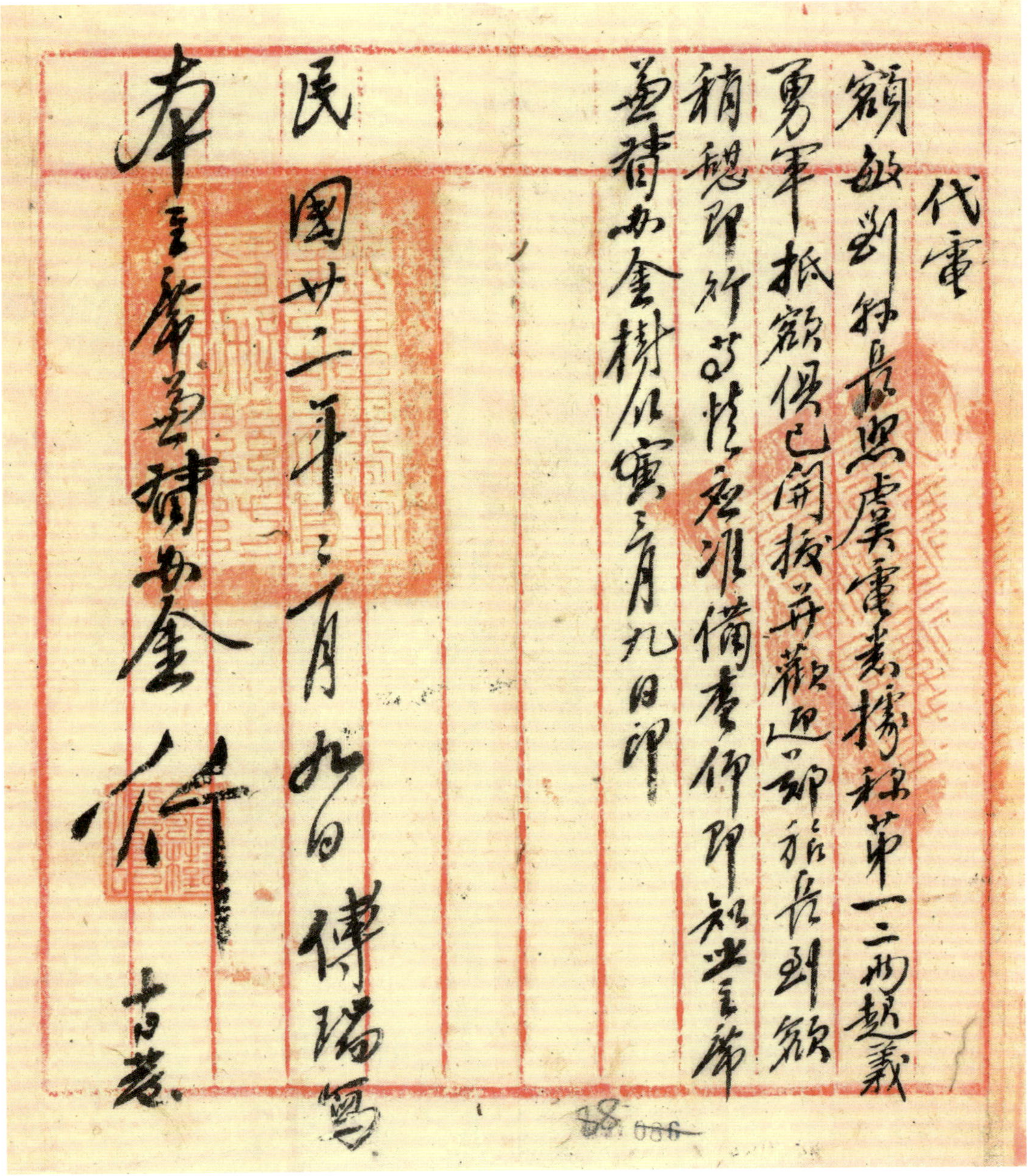
代電
額敏劉縣長覽：虞電悉。據稱第一二兩趟義勇軍抵額，俱已開拔，并歡迎劉縣長到額稍憩，即行前往塔城，應准備查。仰即知照。主席兼督辦金樹仁。寅三月九日印。
民國廿二年三月九日 傅瑞 寫
主席兼督辦金樹仁
十日發

昌吉骑兵大队队长杨得昌关于具报奉令带所部与安团长由昌吉出发抵绥及第二批义勇军已由绥前进等事致新疆省政府主席兼督办金树仁的电报（一九三三年三月二十六日）

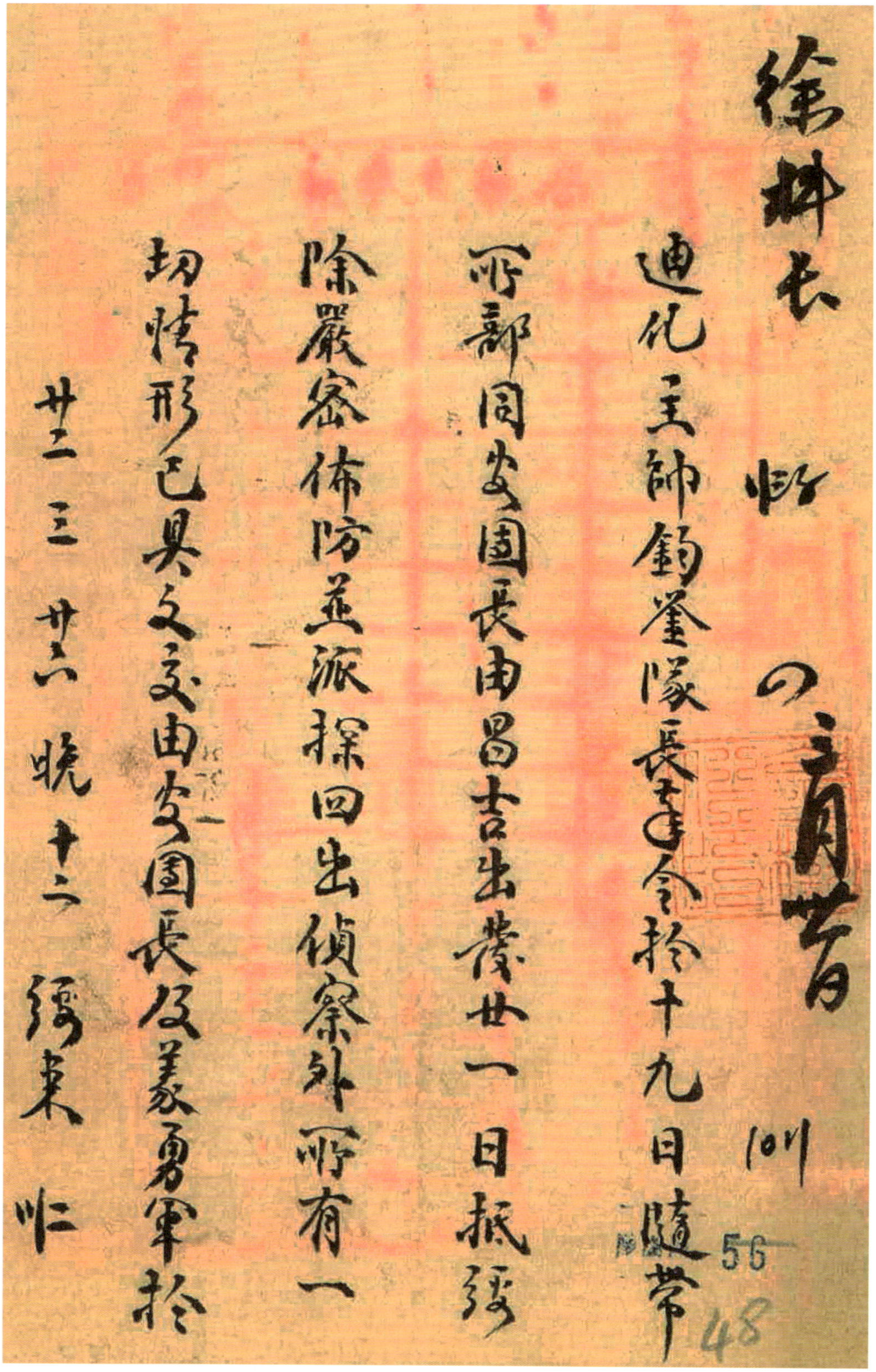
綏[illegible]

迪化主席鈞鑒：隊長奉令於十九日隨帶所部同安團長由昌吉出發，廿一日抵綏。除嚴密佈防並派探回出偵察外，所有一切情形已具文由安團長及義勇軍於廿三、廿六曉十二綏來。忙

二

悚

廿日晋省之便带呈吴第二批募勇军于

今日已由绥开进合併審闵大队长杨得

昌廿六日印

55

4P

新疆省政府主席兼督办金树仁关于义勇军改道由伊犁入境事致外交部驻新疆办事处、省财政厅等的代电（一九三三年三月二十六日）

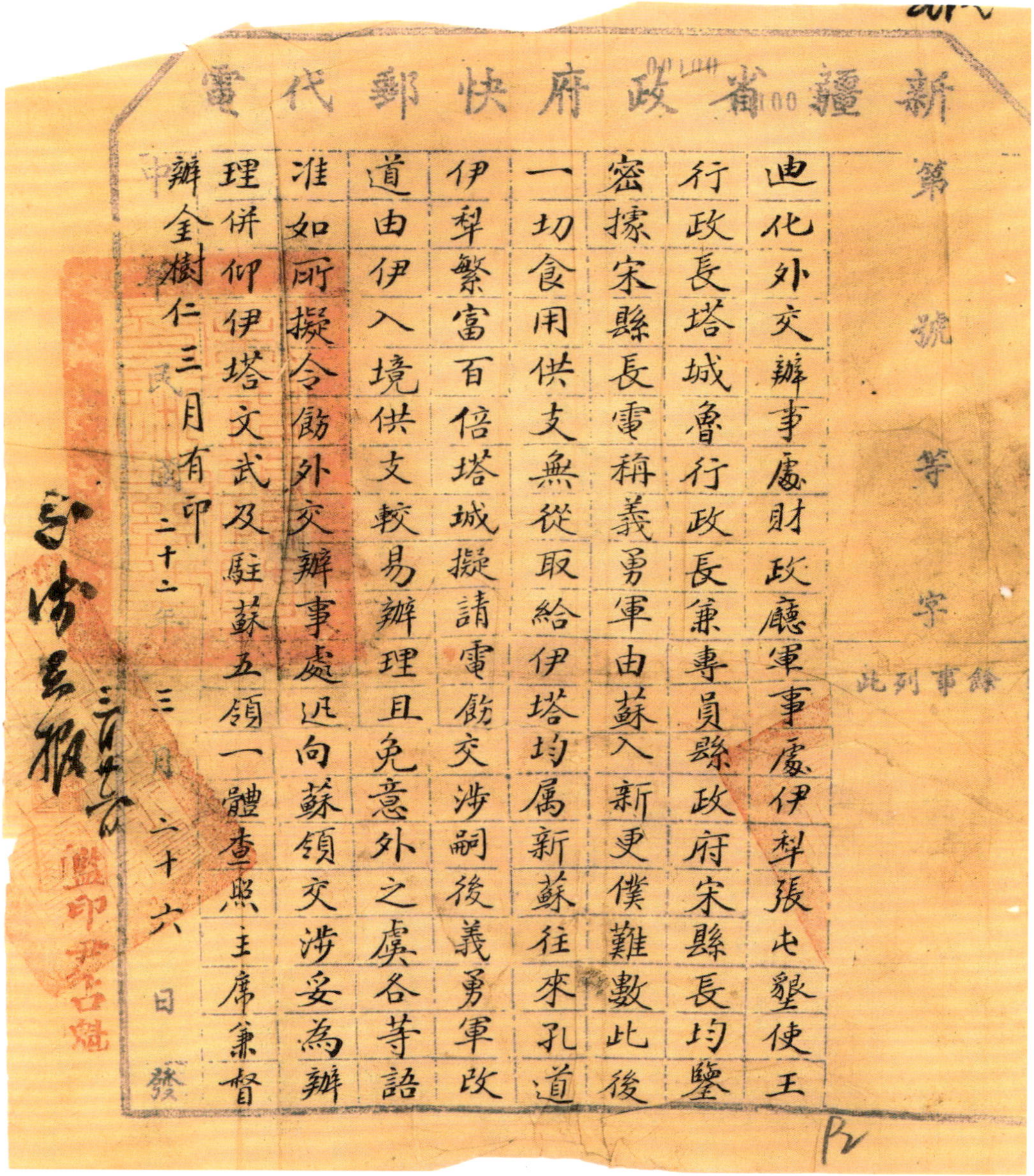

新疆省政府快郵代電

第　號　等　字　餘事列此

迪化外交辦事處財政廳軍事處伊犁張屯墾使王行政長塔城魯行政長兼專員縣政府宋縣長均鑒：密。據宋縣長電稱：義勇軍由蘇入新，更僕難數，此後一切食用供支無從取給。伊塔均屬新蘇往來孔道，伊犁繁富百倍塔城，擬請電飭交涉，嗣後義勇軍改道由伊入境，供支較易辦理，且免意外之虞各等語。准如所擬，令飭外交辦事處迅向蘇領交涉，妥為辦理，併仰伊塔文武及駐蘇五領一體查照。主席兼督辦金樹仁。三月有印。

中華民國二十二年三月二十六日發

昌吉总指挥陈品修关于归化军及义勇军同时来到昌吉事致新疆省政府主席兼督办金树仁的电报
（一九三三年三月二十六日）

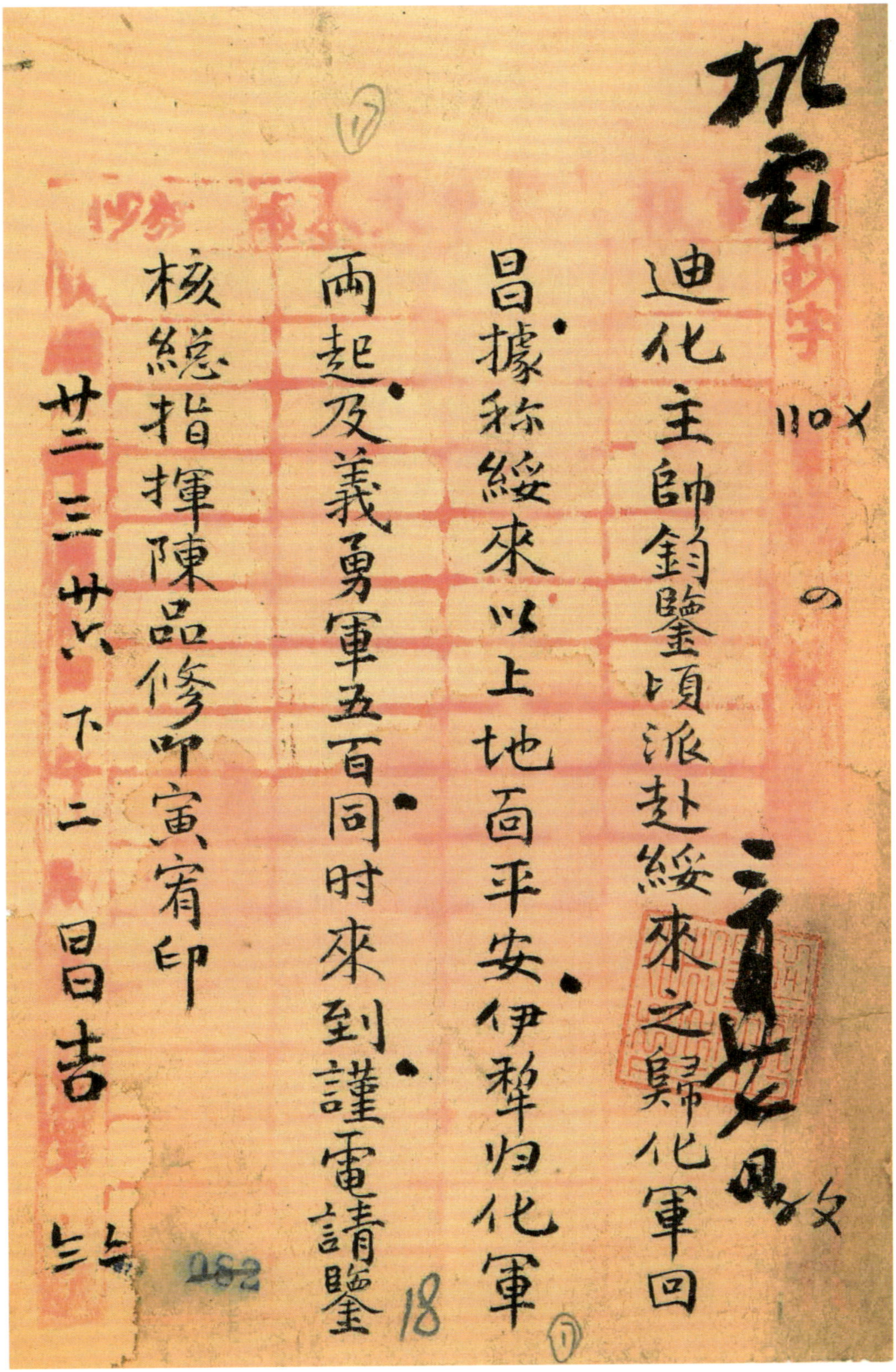
機密

迪化主帥鈞鑒：頃派赴綏來之歸化軍回

昌，據稱綏來以上地面平安，伊犁歸化軍

兩起及義勇軍五百同時來到。謹電請鑒

核。總指揮陳品修叩。寅宥印。

廿二 三 廿六 下二 昌吉

新疆省政府主席兼督办金树仁关于义勇军郑旅长率部五百余人已抵昌吉事致外交部驻新疆办事处、警备处、军事处等的代电（一九三三年三月二十七日）

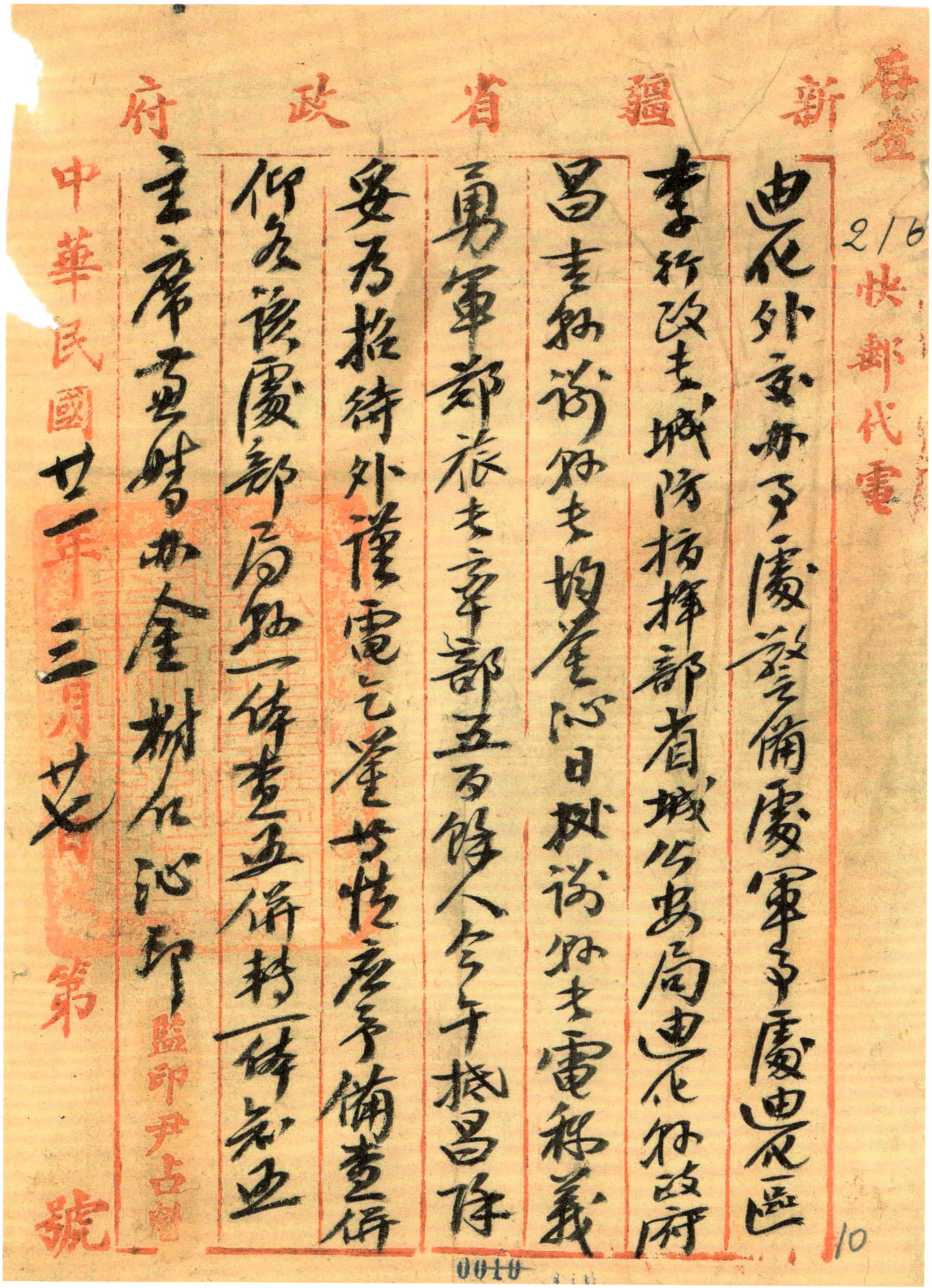
新疆省政府 快邮代電 存查

迪化外交部办事處、警備處、軍事處、迪化區

李行政長、城防指揮部、省城公安局、迪化縣政府

昌吉縣知事均鑒：沁日據昌吉縣電稱：義

勇軍鄭旅長率部五百餘人今午抵昌，除

妥為招待外，謹電乞鑒等情。應予備查，並

仰各該處、部、局、縣一體查照並轉飭知照。

主席兼督辦金樹仁。沁印。

中華民國廿二年三月廿七日 第 號

新疆省政府主席兼督办金树仁关于雇送义勇军来省车辆沿途各县一体查验放行并派兵警保护的传单（一九三三年三月二十九日）

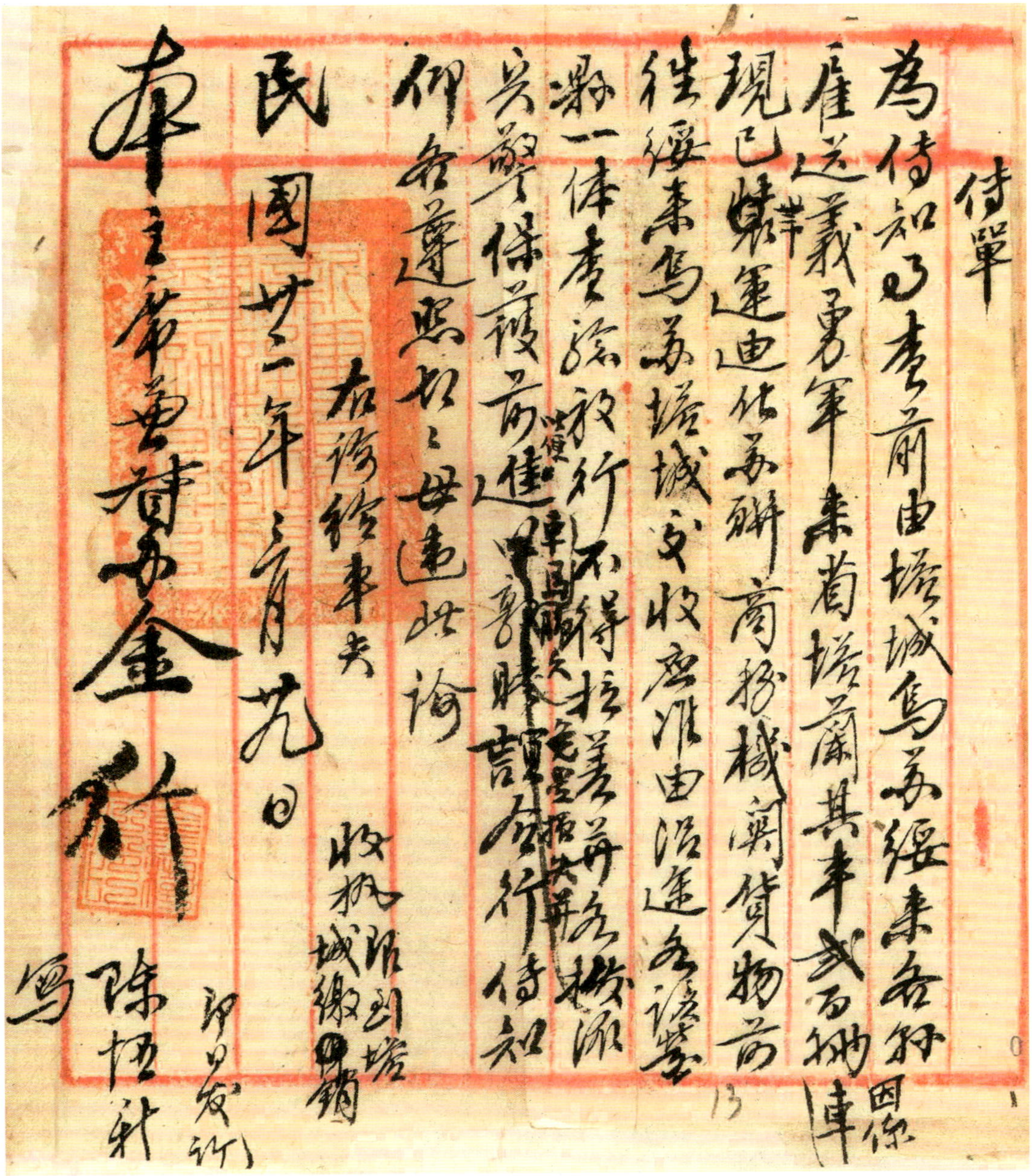
傳單

為傳知事。查前由塔城烏蘇經來各縣，因係雇送義勇軍來省塔蘭其車式百輛，現已運迪化，[illegible]商務[illegible]貨物，前往經來烏蘇、塔城交收，應准由沿途各該縣一體查驗放行，不得扣留，并各該派兵警保護前進，[illegible]。合行傳知，仰各遵照，切切毋違。此諭。

右諭經車夫 收執

沿途塔城[illegible]

民國廿二年三月廿九日

奉主席兼督辦金 行

寫 陳[illegible]

东北民众救国军步兵第二旅代理旅长郑润成与新疆省政府主席兼督办金树仁关于救国军协助新疆平定匪患事的来往电（一九三三年三月）

东北民众救国军步兵第二旅代理旅长郑润成致新疆省政府主席兼督办金树仁的快邮代电

（一九三三年三月二十九日）

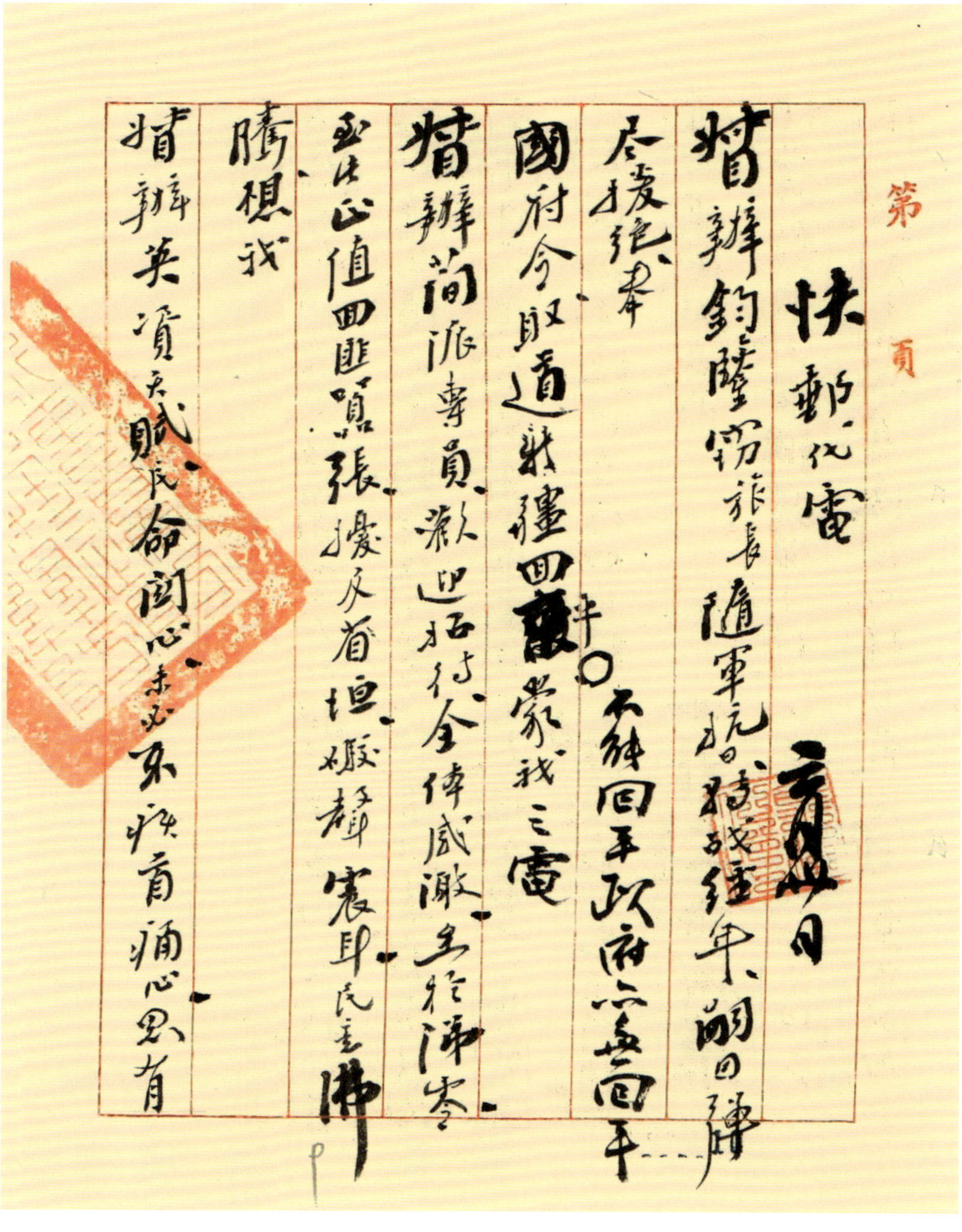
快郵代電

第　頁

以摧破而剷除之，我等軍人以服從守土爲天職，非省
內當此千鈞一髮之際，稍有血氣，自不能袖
手作壁上觀，並思有以振奮新疆，現在第一二批隊伍
已要數到達，統計前後作戰殺敵約八百餘人，第一先決問題
確爲軍械，槍械長我必需立即補充槍械
請蔣鈞裁，立撥鋼鎗若干支，「一三式」或「部子彈」式
機關槍若干挺以資援應，而維目前危局，查省城存全
重要危殆，我意以固守城池爲第一要義，若省城

10

第　頁

稍有不穩，勢必全線動搖，如倉持暫時不便，長將職
部在敵後時間，調出城內，調兵城內亦不可，到必要時可以最後撤勞，分担守
城，若稍有回循，一旦發現敵情，恐手條無於群眾
陷於孤立之匪所指手，恐有非我
鈞座愛護職部之初意也。以現勢觀測，匪之企圖—
集中全力，擾亂省城，不達目的，誓不能止，時機迫切，勢不容
緩。懇我
鈞座迅予採納，並力進剿，以保危局，則全體官兵，職部幸甚

12

11

第　页

职意军械缺乏，外援需接，解
谅旅长热心公益，忠义奋发，其堪
派康济之实，竟属责在统一，为
有纷歧？对于各事悉开，不能
高明，敢渊下察，忠诚服于此，悉情外
何尔流评，川告我

追、叩宗阿，评多盛状，不胜屏营待命之至。肃此
敬叩
崇安，伏希
垂鉴
旅长　郑润成　谨禀　六月二十九日

12　13

新疆省政府主席兼督办金树仁致东北民众救国军步兵第二旅代理旅长郑润成的代电
（一九三三年三月三十日）

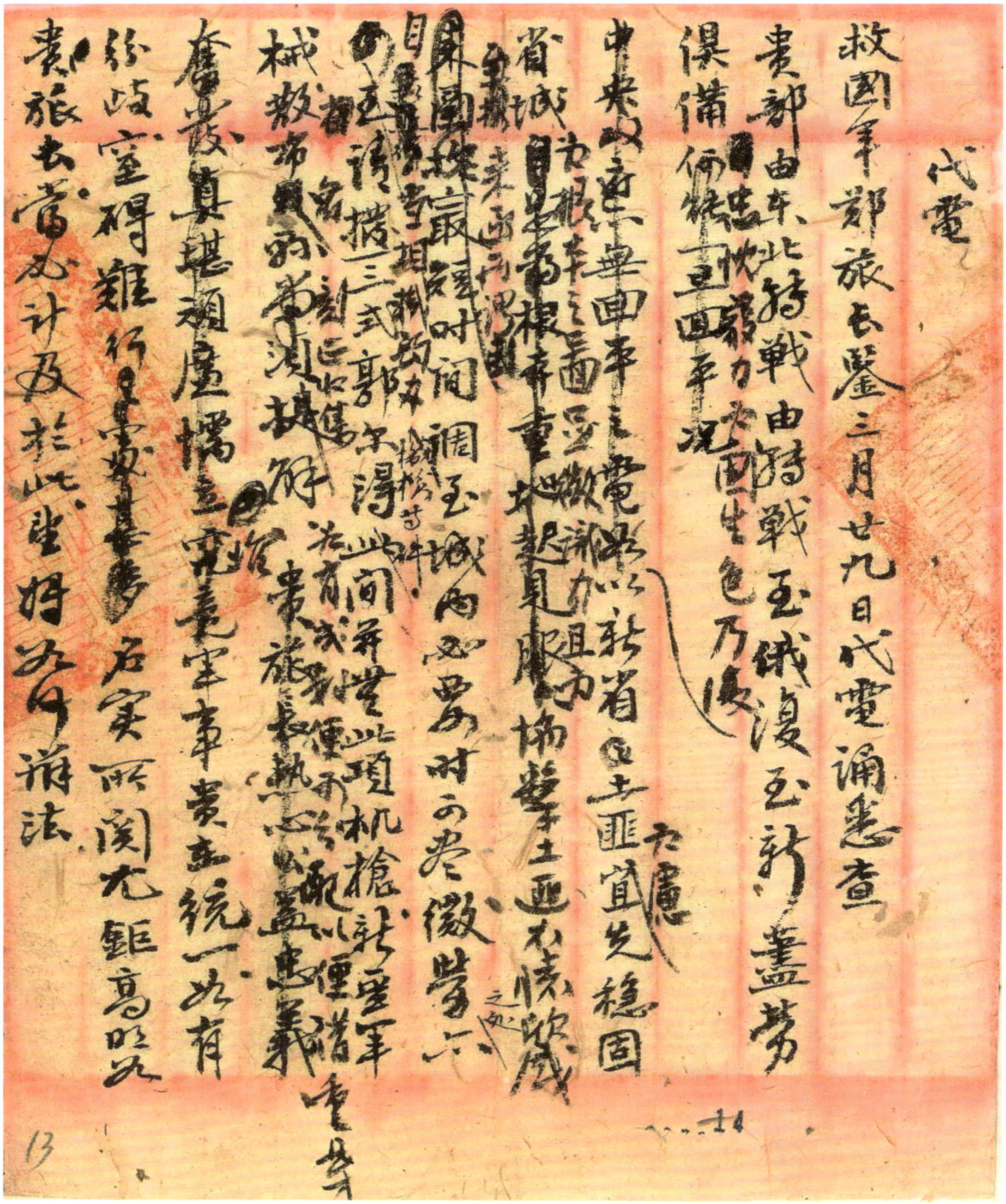

詳以告我，非弟私人之感，實大局地方之幸也。臨電馳

全勝　蔣雁行　恒頌台祺
盛督辦

臺鑒。以新主席兼督辦金樹仁。三月卅日印

15

邓纘彬

陳恒新寫

卯日發

民國二十二年三月卅日

奉主席兼督辦金

行

14

外交部驻新疆办事处关于未入境之东北义勇军改由伊犁入新疆事致驻迪苏联总领事馆的公函

（一九三三年三月三十一日）

第81号

公函

三月卅一日發

逕啓者：查新疆省政府此次接收由中國東北退出之本國抗日義勇軍，本館兹接交部抄查，現在前項義勇軍退至蘇聯者為數尚多，似係源源而來，絡繹不絕，若盡由塔城一隅接運入境，當此東作方興之際，車馬糧秣之需求，勢必難於供應，而為紓息民力起見，除已接入塔境之部分不計外，其有尚在未經入境之義勇軍，擬即改由伊犁分運入新，以期易於接濟而免[illegible]境之困，除已由省政府函駐[illegible]大使一併查照外，相應函請

貴總領事即轉電蘇聯政府，贊同此舉，寬為[illegible]照云云，並請

查照辦理並祈

速覆為荷。此致

駐迪蘇聯總領事館

（全銜）

外交部驻新疆办事处关于已遵令函请驻迪苏联领事馆转达苏联政府分运义勇军由伊犁入境事致新疆省政府主席兼督办金树仁的呈（一九三三年三月三十一日）

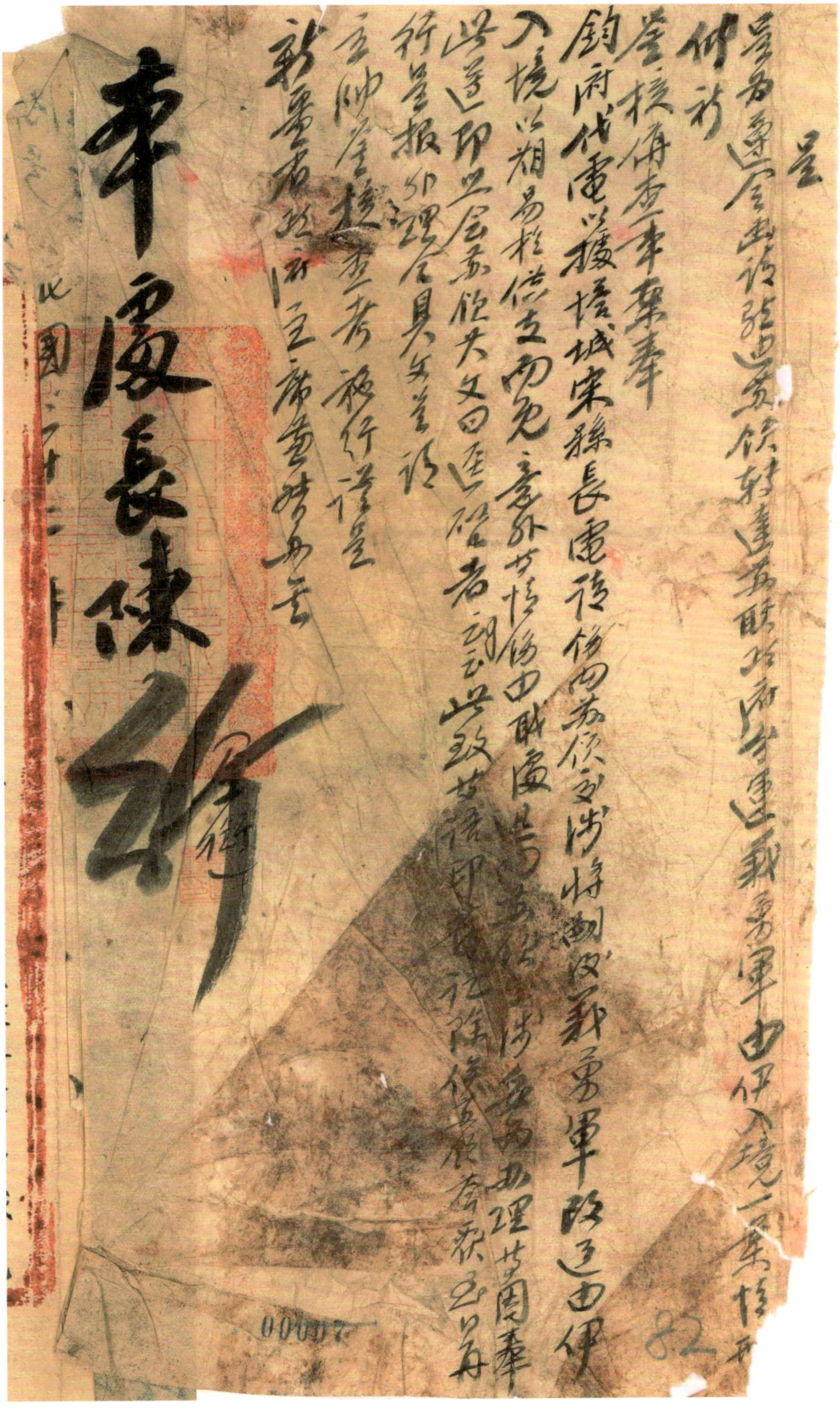

乌苏连长贾有禄关于义军吴团长协力镇匪等事致新疆省政府主席的电报（一九三三年四月五日）

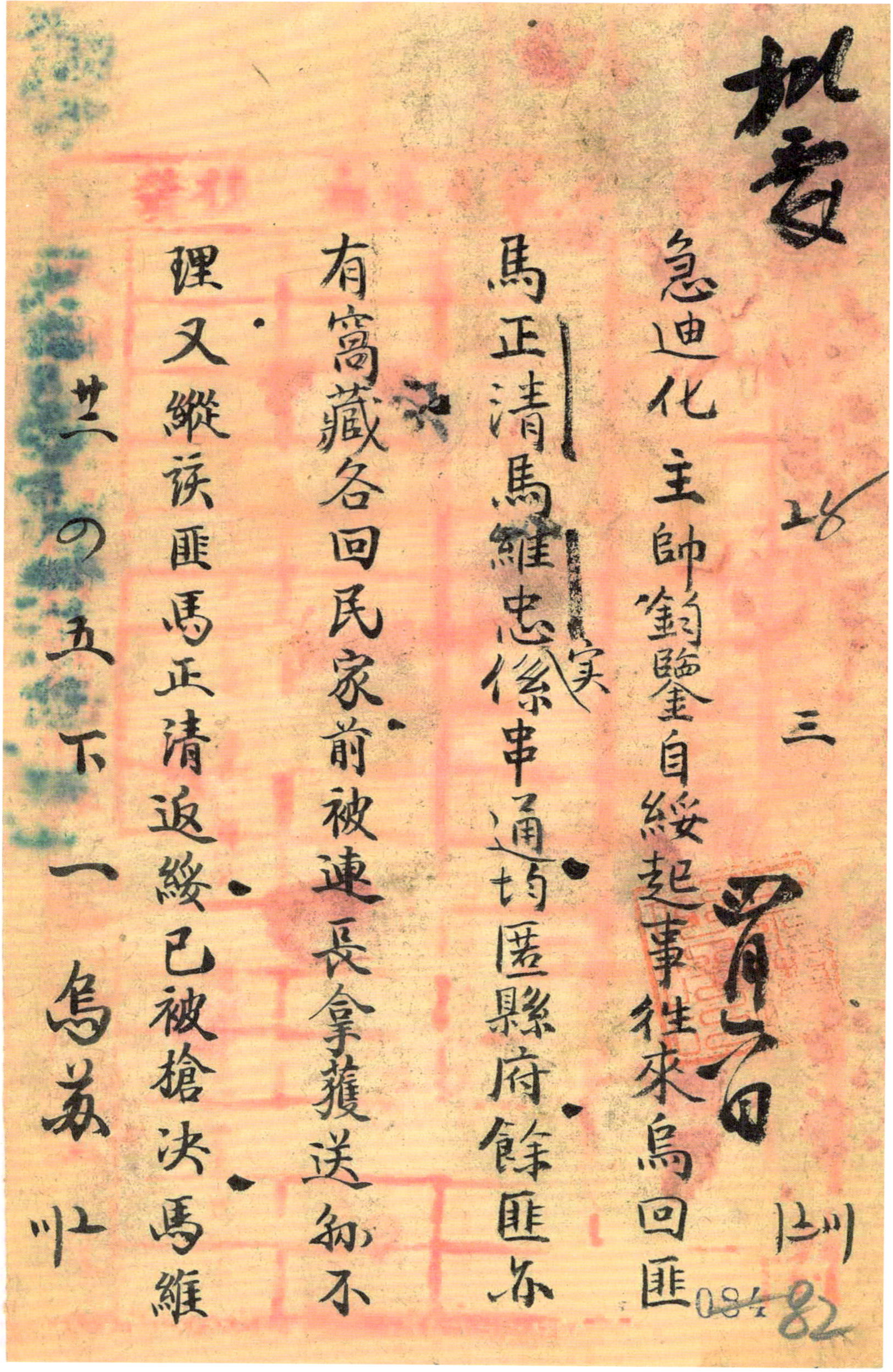

機要

28　三　賈有

急迪化主帥劉鑒：自綏起事往來烏回匪
馬正清、馬維忠〔实〕係串通，均匿縣府，餘匪各
有窩藏各回民家。前被連長拿獲送知不
理，又縱該匪馬正清返綏，已被搶，決馬維

廿二の五下一　烏蘇叩

二

作案是多少派兵何

忠尚寓知府現伊犁軍未到連長會同義

公在處伊犁一案應查明白

軍吳團長協力鎮守并懇嚴催伊軍迅速

出發

抵烏以備鎮靜又查庫存火藥局門被人

太藥局當責連長擔負

扭壞一次是否偷盜不詳連長派隊暗護

三

28 照准

嗣後另拿獲匪徒直行槍決，查該馬師長

所請候另案飭

形跡可疑，請飭即行調省，以息民憤，併罷

呈明，懇罷示遵。連長賈有祿叩

84

080

伊犁屯垦使兼师长张培元关于义勇军陆续抵伊及物价昂贵军饷难以维持生活事致新疆省政府主席金树仁的电报

（一九三三年四月九日）

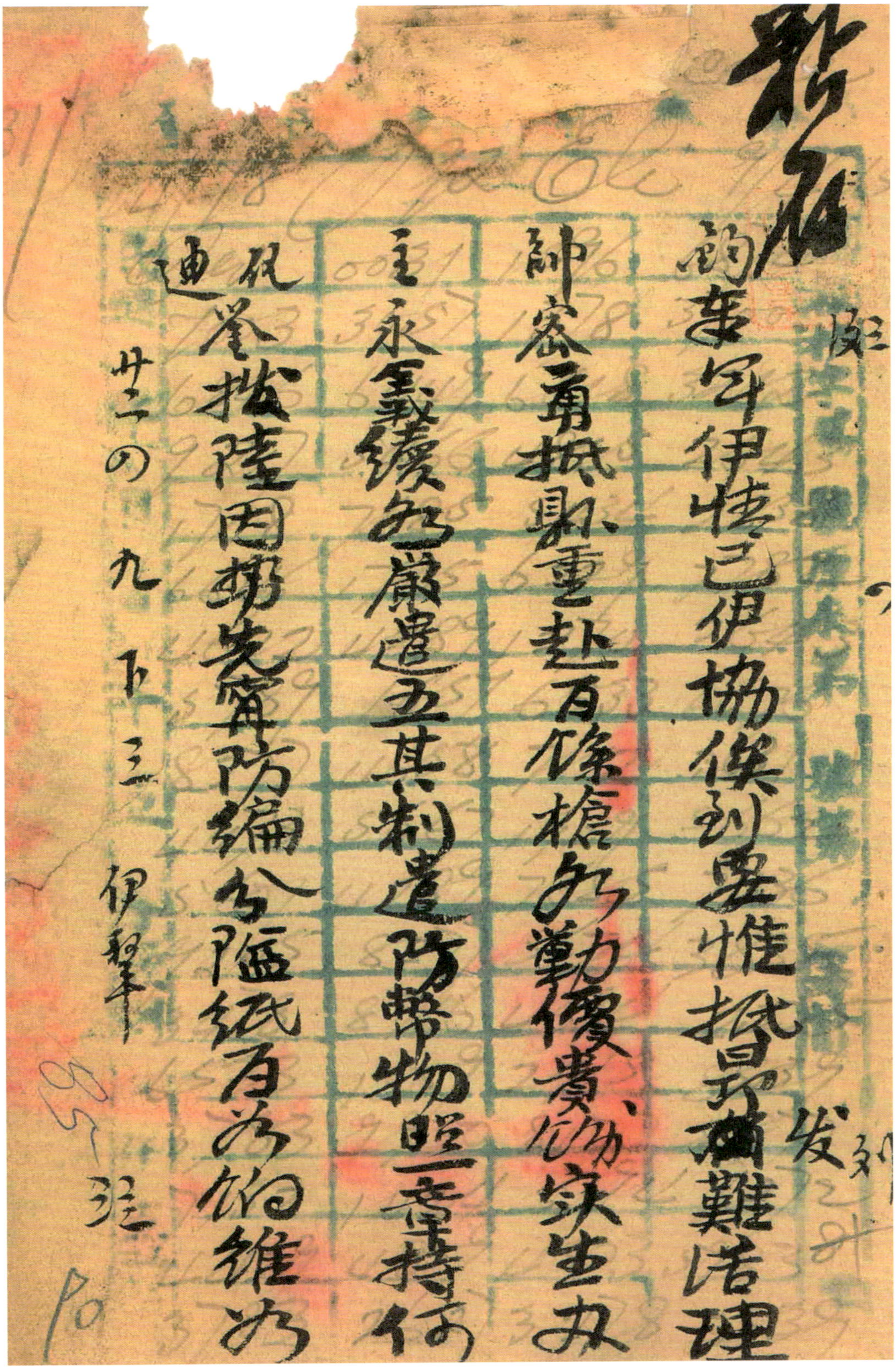

伊使張厥，
陳至会 墨長卯
尤誤感 屯師完
君生卯
薩切為 革並垓許

东北民众救国军步兵第二旅代理旅长郑润成等关于呈报东北民众救国军退入苏联转道回国至新疆情形等事致鲁效祖转林森、蒋中正、张学良的电报（一九三三年四月九日）

二堂 蔣 胃

塔城專署行政長轉

國民政府林主席南京蔣總司令北平張副司令鈞鑒東
北不幸倭寇猖狂殺我同胞佔我疆土傀儡登場石晉稱
子於契丹豺狼入室吳藩效忠於胡虜猶復消滅我知識
階級破壞我救國團體傀臣義府無此慘酷黑水白山任其
荼毒凡稍具血氣者罔不髮指痛心繼之以流涕焉蘇總
司令悲國土之淪遷海滿徙免傳檄鈴而興起爰舉義旗
絕塞誓師血戰胡天黑水變紫戈揮魯日黃沙埋魂代理旅
長等以鋒鏑之末追隨行間兵陳泥水愧謝玄之八千竭

負興安愚田横之五百終因彈盡援絶忍辱偷生於二十一年十二月四日夜退入蘇聯國境援國際慣例繳械收容在多木斯克居留兩月餘復奉蘇總司令命令指定旅長率第二旅殘餘部衆轉道回國於本年二月十四日由多木斯克出發二月二十七日到達新疆之塔城經新省當局派專員接待救濟分批護送於三月二十七日陸續到達迪化省城停止待命計由旅長率領來新者除旅部官佐尚有欠整步兵兩團暨旅屬軍官大隊統計官士兵夫約二千五百員名現蒙金督辦

第三頁

體恤愛護無微不至凡關於餉項之接濟衣食之推解亦罔
不盡其善美生人肉骨感極涕零民族精神於焉表現惟前
途步驟尚未確定而蘇總司令吳旅長經歐回國計時尚在途
中請命無從伏懇鈞座憫其遭際電示趨向俾早完成抗日工
作以保士氣而免戚戚臨電涕泣不勝屏營待命之至東北
民衆救國軍步兵第二旅代理旅長鄭潤成参謀長蘇國第一團
團長孫慶麟第九團團長鄭潤成軍官隊大隊長安雲閣大隊
附鈕玉庭同叩虞

3

东北民众救国军步兵第二旅代理旅长郑润成等关于该部由苏联回国至新疆情形等事致鲁效祖转林淼转苏炳文、吴德林的电报（一九三三年四月九日）

二堂號 四月 日

塔城曾行政長轉 第工頁

南京國民政府林主席請轉東北民衆救國軍蘇總司令吳旅長鈞鑒代理旅長由多木斯克率隊出發於二月二十日抵阿亞古斯換乘汽車銜雪前進二十六日到達新疆之塔城蒙金主席預派專員在此照料其招待之殷拳衣食之精備周不盡善盡美足舒我從前之困憊部衆至此莫不鼓腹歡騰如歸鄉井此堪以告慰者一在塔城稍事休息即向省城陸續前進五百人為一批我軍共分五批潤成所率第一批於三月二十七日安抵迪化省城其餘各批亦順序到達集中停

6……7

第 II 頁

止待命沿途蒙派專員及軍隊護送到處備送歡迎我官
兵亦皆能恪守紀律服從命令所經之處秋毫無犯情感
動人至此為甚此堪以告慰者二抵省後即持函晉謁金主席謙
德和光殷勤相接推食解衣無微不至並接濟款項製備服裝
凡軍用物品一經請求無不慨許愛日陽春有生僅見闔全眾感激
至於涕零似此良好經過想亦我總司令暨旅長所樂聞也此
堪以告慰者三惟前進目標尚未確定懇鈞座速與國府商決電
示趨向以資遵循而免羈遲臨電翹企不勝屏營待命之

7

第 III 頁

至東北民衆救國軍步兵第二旅代理旅長鄭潤成參謀長蘇

國第一團團長孫慶麟第九團團長鄭潤成軍官隊大隊長

安雲閣大隊附鈕玉庭仝叩

省政府電報房發

8 9

东北民众救国军步兵第二旅代理旅长郑润成等关于望将该部已由苏联到达新疆情形转告军官眷属事致鲁效祖转东北民众救国军由苏联回沪团体代表的电报（一九三三年四月九日）

上海特別市吳市長慈善會朱將軍轉東北民眾救國軍由蘇聯回滬團體代表任君作田杜君新吾沈君俊如諸先生鑒敝旅由多木斯克出發一路救平於三月二十七日到達新疆省城停止待命新省當局父老歡迎招待無微不至請釋廑系惟敝旅官兵眷屬蒙諸公熱心護送想早達祖國矣誼屬同志又兼我輩抗日工作尚未完畢在此期間無須言謝惟望分神將敝旅到達情形逐一轉告所有軍官眷屬俾明真相而免罣慮並懇諸君對此孤臣

4

5

第2頁

尊予始終維護以免流離失所則有生之日盡戴德之年矣臨電神馳不盡依依東北民衆救國軍步兵第二旅代理旅長鄭潤成率全體官兵叩

省政府電報房發訖

5　6

绥来县县长雷煦关于该县驻军数千呈请分调驻呼昌两县就食等事致新疆省政府临时主席刘文龙的电报（一九三三年四月二十二日）

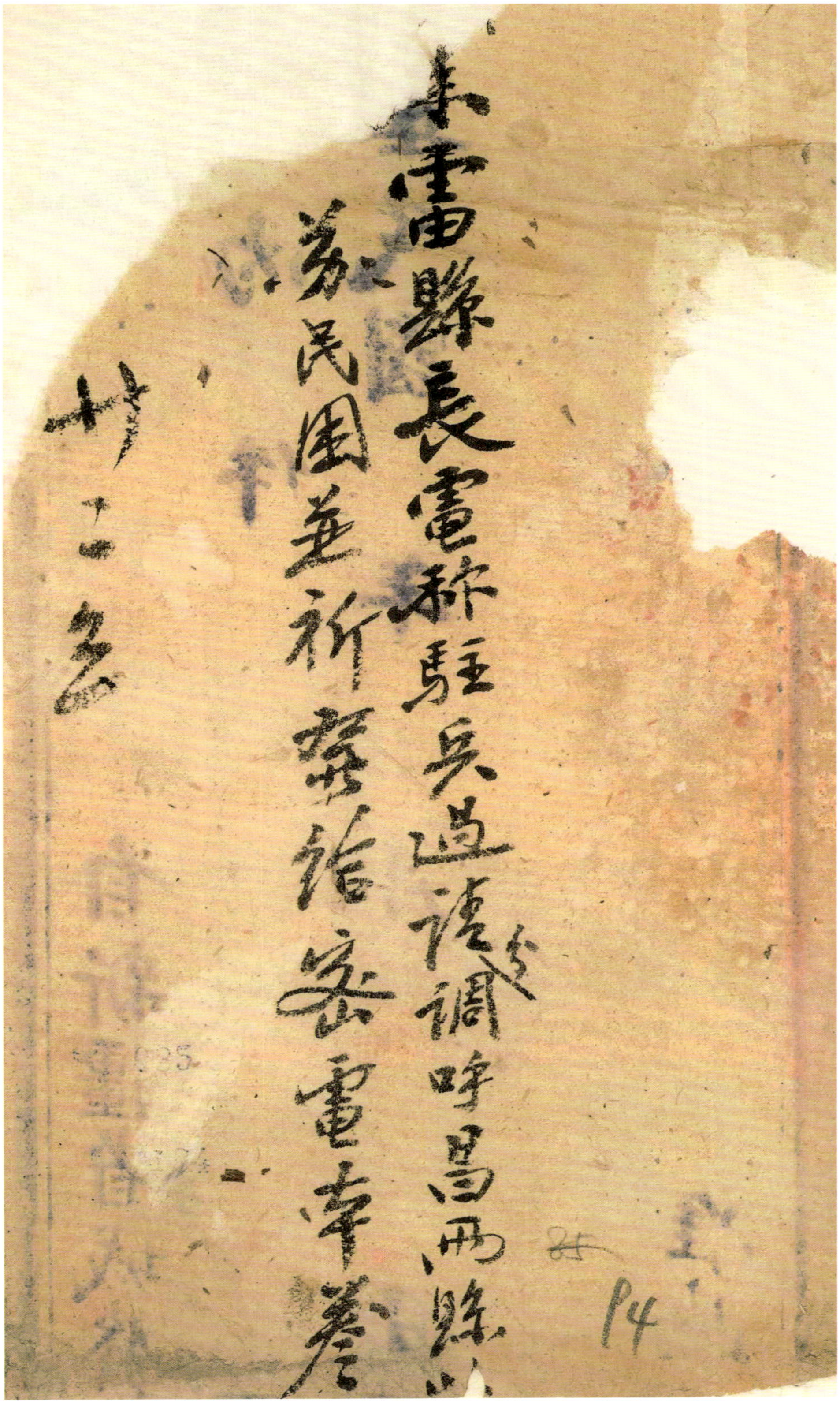
來雷縣長電稱駐兵過請調呼昌兩縣
民困並祈

分抄迪化督帥主帥鈞鑒：職縣現駐義軍過二千名，暨陳李兩指揮部兵馬數千，近城各鄉羊牛宰食完盡，供支困難，懇令行調駐哈密兩縣就食，以示疏通。至此向日

綏來

二

内應報軍事解決各情，因敬寄電本，經金
前督將索用去綏，已專差赴輪陳等，計日
速發
可達，仍請另發寄碼電本備用，乞電示遵。
縣長雷煦叩禡印

96

185

新疆省政府临时主席刘文龙关于绥来县请调义军驻呼昌两县就食等事致绥来县县长雷煦的代电及致临时边防督办盛世才的咨（一九三三年四月二十三日）

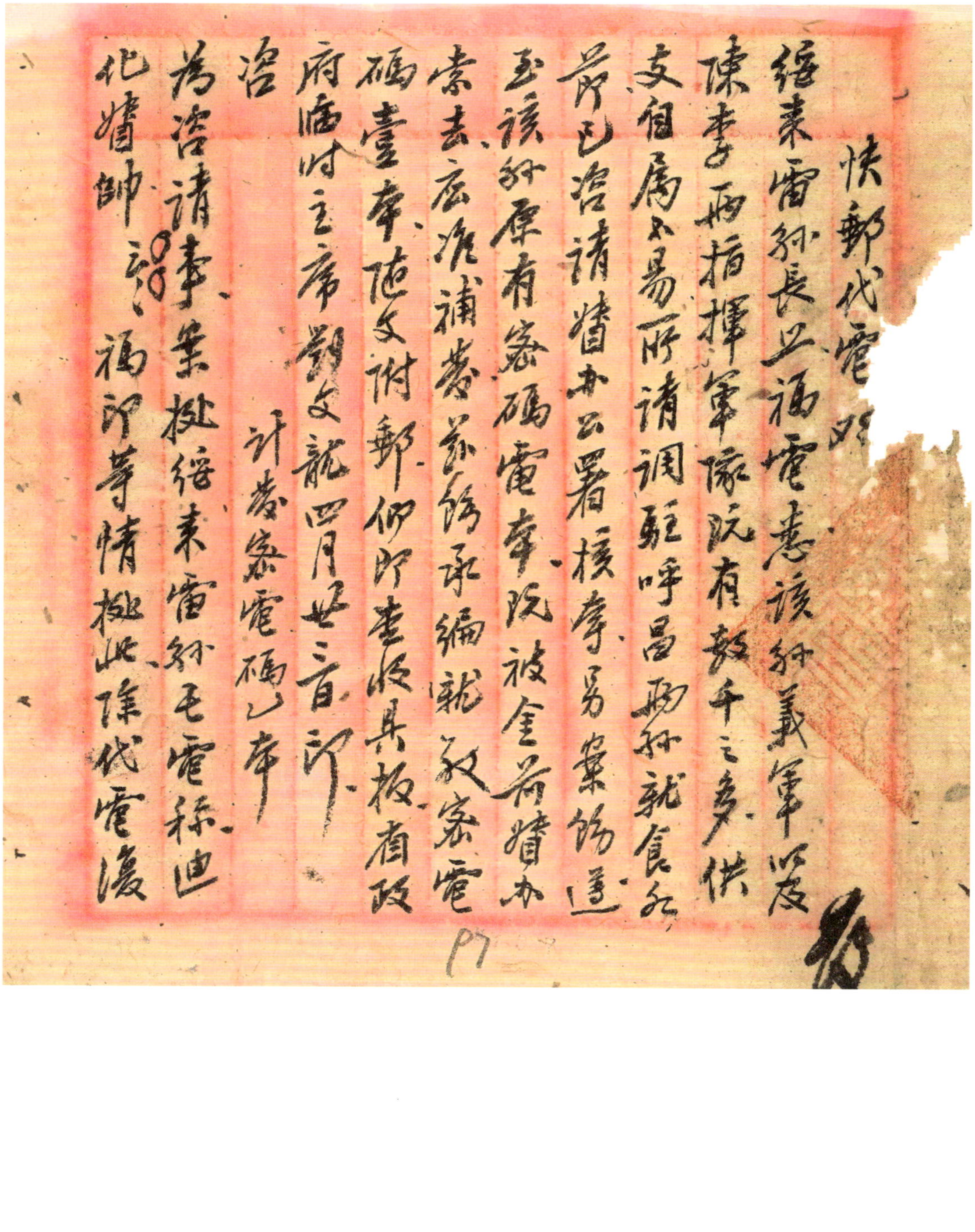
快郵代電
綏來雷縣長巧福電悉該縣義軍發
陳李兩指揮隊既有數千之多供
支自屬不易所請調駐呼昌兩縣就食亦
屬正當請督辦公署核奪為要飭遵
至該縣原有密碼電本既被全前督辦
索去应準補發該縣承綸就密電
碼壹本隨文附郵仰即查收具報省政
府臨時主席劉文龍 四月廿三日印
計發密電碼乙本
咨
為咨請事案據綏來雷縣長巧電稱迪
化督帥鈞 福印等情據此除代電復

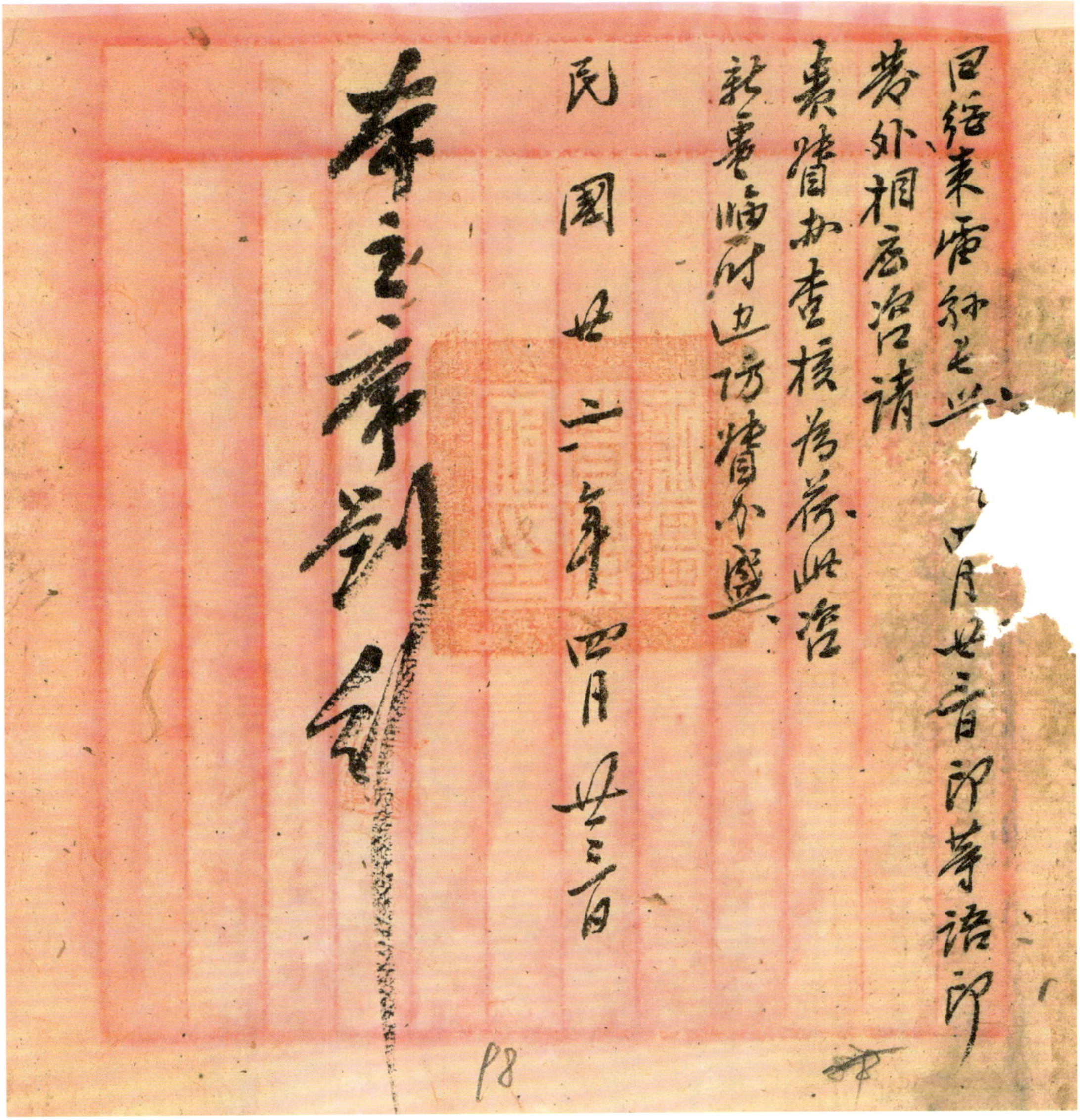
回經來電飭已照……四月廿二日印等語，即
[illegible]外、相應咨請
貴署加查核為荷、此咨
新疆臨時邊防督辦盛
民國廿二年四月廿二日
奉主席劉

18

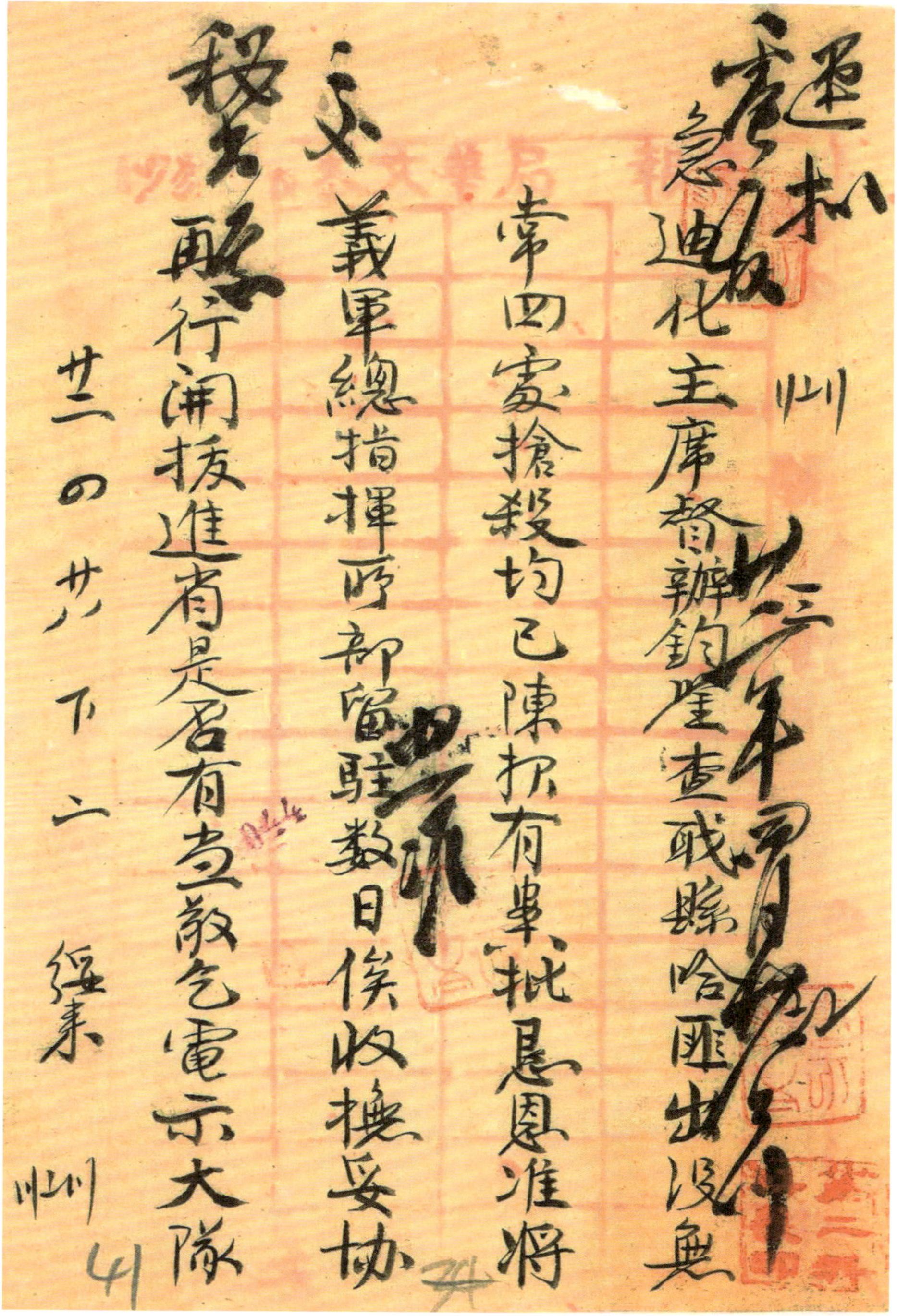
迪化主席督辦鈞鑒：查敝縣哈匪出沒無常，四處搶殺，均已陳報有案。茲懇恩准將義軍總指揮所部留駐數日，俟收撫妥協，再行開拔進省。是否有當，敬乞電示。大隊

绥来县大队长杨得昌、县长雷煦与新疆省政府临时主席刘文龙、临时边防督办盛世才关于将义军总指挥所部留驻数日俟收抚匪患后再开拔进省事的来往电（一九三三年四月）

绥来县大队长杨得昌、县长雷煦致新疆省政府临时主席刘文龙、临时边防督办盛世才的电报

（一九三三年四月二十八日）

二

州

長楊得昌縣長雷急感印

新疆省政府临时主席刘文龙、临时督办盛世才致绥来县大队长杨得昌、县长雷煦的电报（一九三三年四月二十九日）

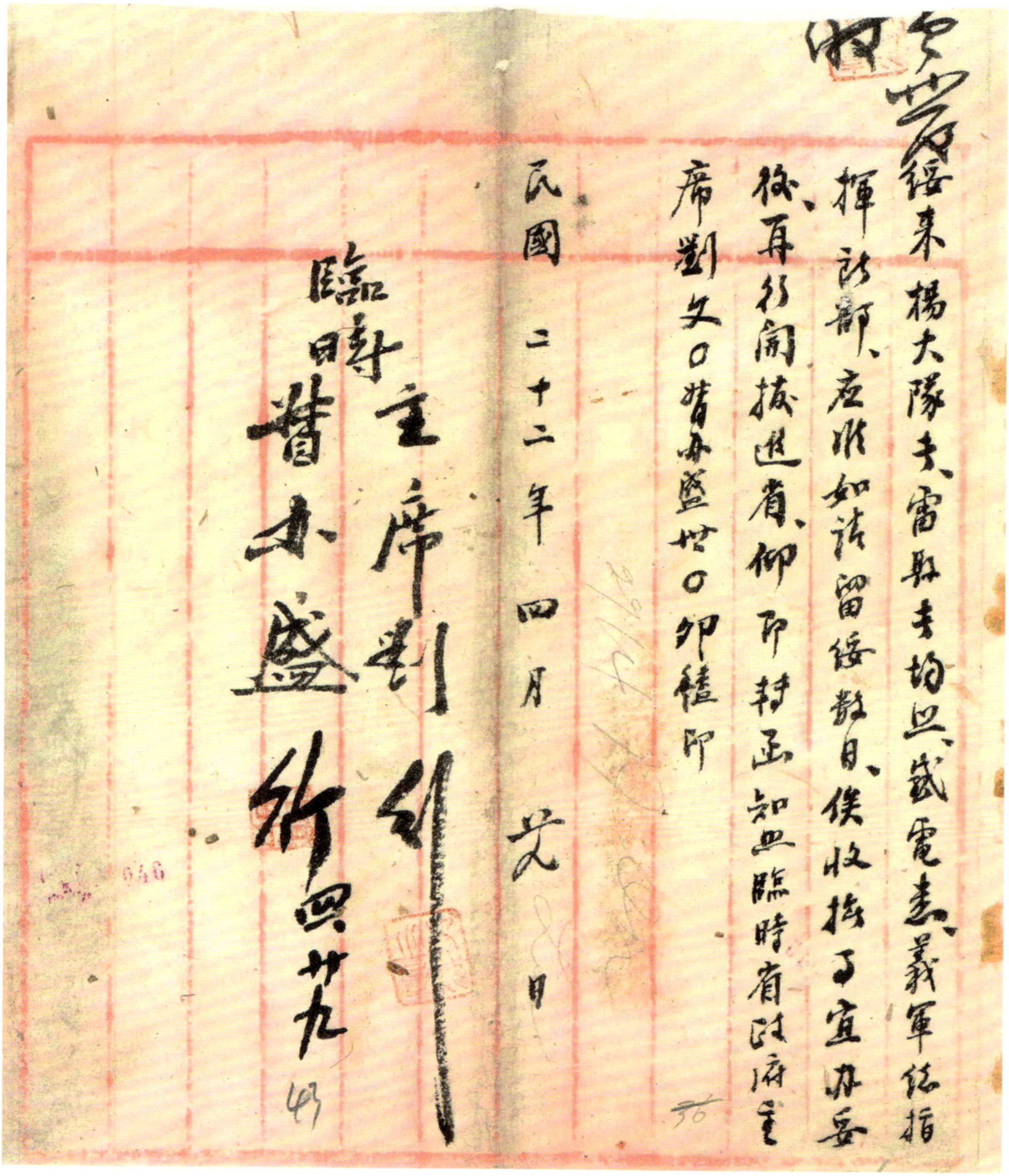
綏來楊大隊長、雷縣長均鑒：感電悉。義軍統指揮許部，應照如該留綏數日，俟收撫事宜辦妥後，再行開拔返省。仰即轉飭知照。臨時省政府主席劉文〇、督辦盛世〇。卯艷印

民國二十二年四月艷日

臨時主席劉 督辦盛 四廿九

伊犁屯垦使兼师长张培元关于马仲英部已由甘入新请速派劲旅与义勇军归化军收复焉耆事致新疆省政府临时主席刘文龙、临时边防督办盛世才的电报（一九三三年五月七日）

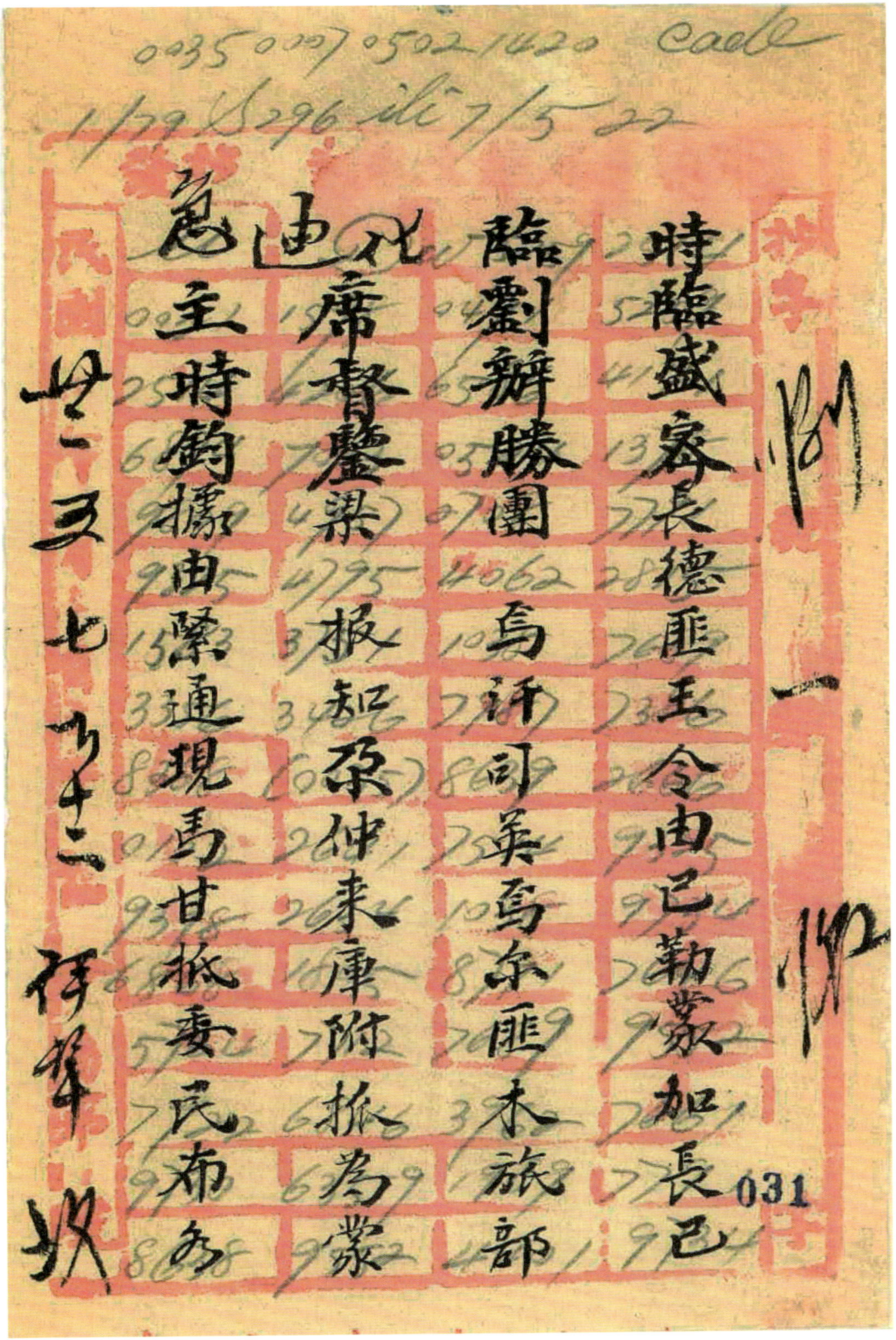
時臨盛寄長德匪王令由已勒蒙加長已
臨劉辦勝團焉訴司吴焉尔匪木旅部
化席督鑒梁振凱孫仲來庫附振為蒙
迪
總主時鈞據由緊通現馬甘抵委民布多
廿二年五月七日　培元叩

赴馬王數向作匪常紛不入派爲保急情
民迎評少因合爲非紛爲遷即赴暫請各
蒙歡英存部犂对係惶竄其輩表迎前示
派爲俾所蒙伊反閲驚逃淮伊代歡目核

032

3

為派不生疑我勁勇兵武焉猶招坐愈為

妥加暫免驚請派義化以復向於字机拾

飭慰護境還旋速爲回速收請誤兩時收

除安保入民外公旅軍迅力着豫撫失難

033

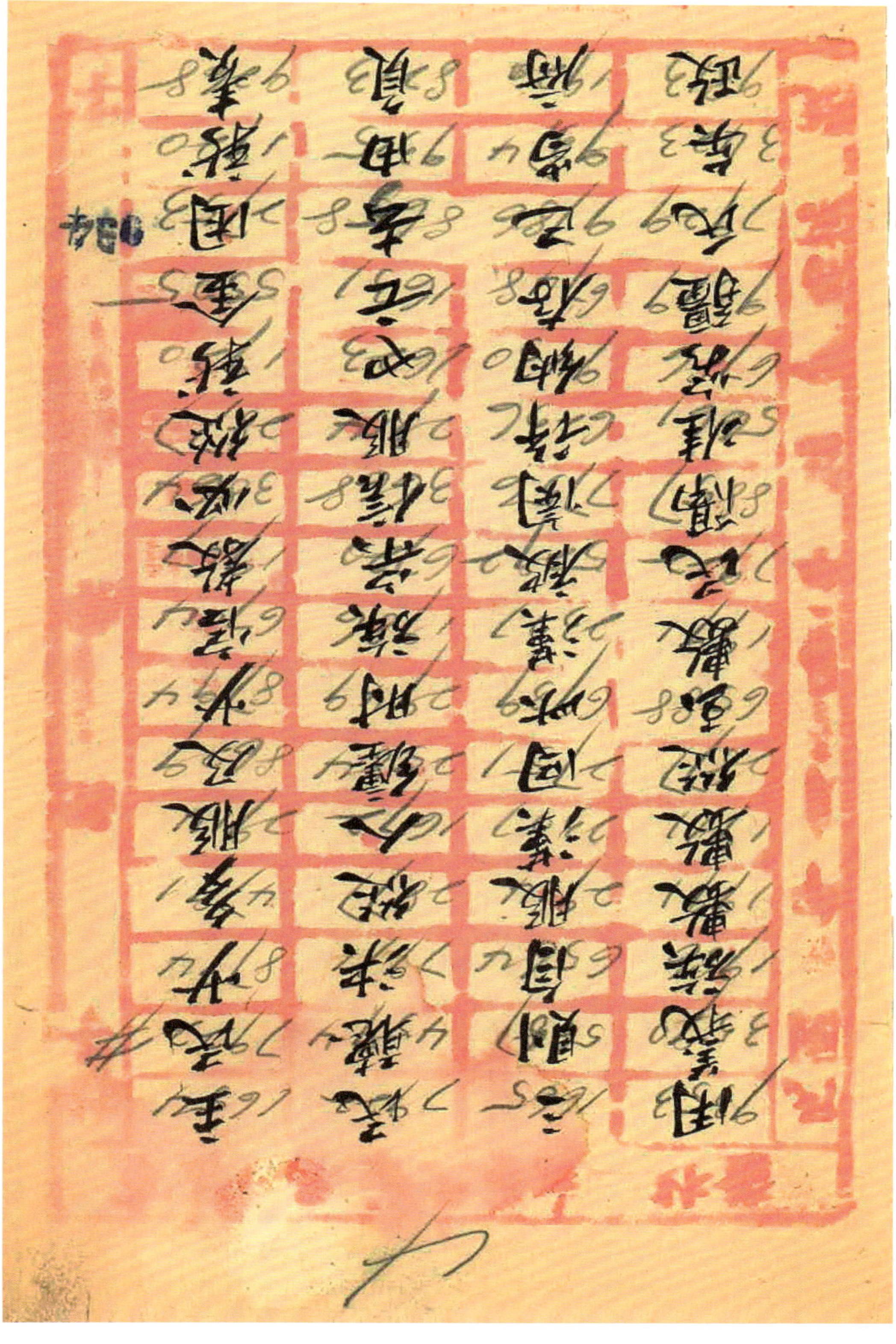
主民少多服及少宮教必從新金困新責
民聽決從人纏時族宗信服也云毒由負
二則自服漢同畊漢被閔許納存已當府
用義族數數從玉數民陽進寇疆氏兵政

宸西中將忠務伊使張印

惠於土治意心納壁長陽

憑計領統注菩採屯師元

務大北國副言請擊兼語

035

5

塔城行政长陈继善关于苇塘已到义勇军伤兵七八十名事致新疆省政府主席刘文龙、边防督办盛世才的电报
（一九三三年五月十九日）

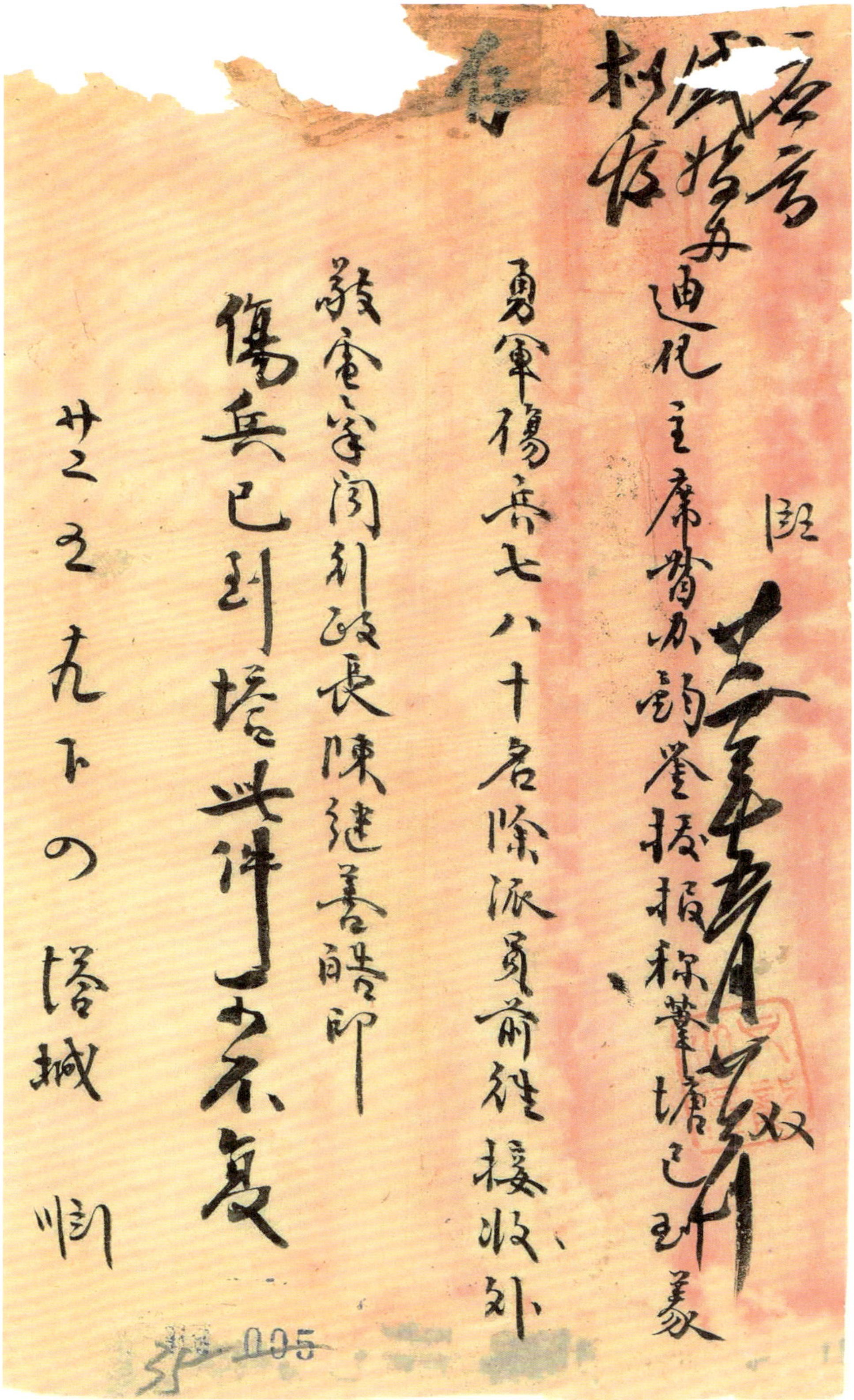
迪化主席、督办钧鉴：據報葦塘已到義勇軍傷兵七八十名，除派員前往接收外，謹電呈聞。行政長陳繼善叩。

新疆省政府主席刘文龙关于东北抗日将校来新效力请诸君安心学习事致中央陆军军官学校学生张慕贤等的函（一九三三年八月二十二日）

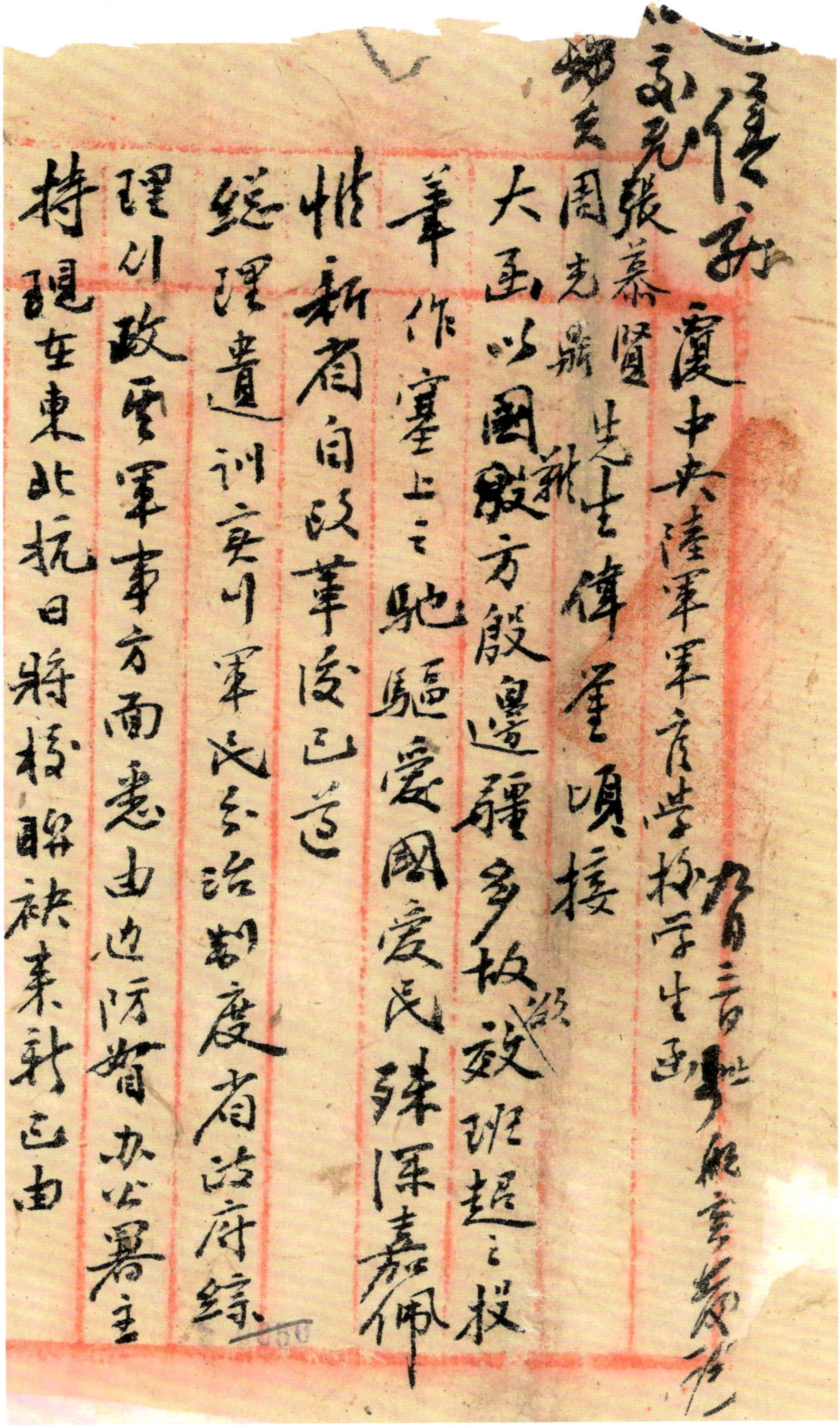

感晉庸背辭羅雖錄用尚無乏才之歎
諸君有志竟成此時潛心求學不患他日無用
武之地也專此佈覆尚希
鑒原　收順頌
學祉　劉文龍啓　八月廿　日
中華民國廿三年八月廿二日
主席劉

44

许世英关于东北抗日将领眷属避难来沪安置情形事致新疆省主席刘文龙、边防督办盛世才的电报（一九三三年）

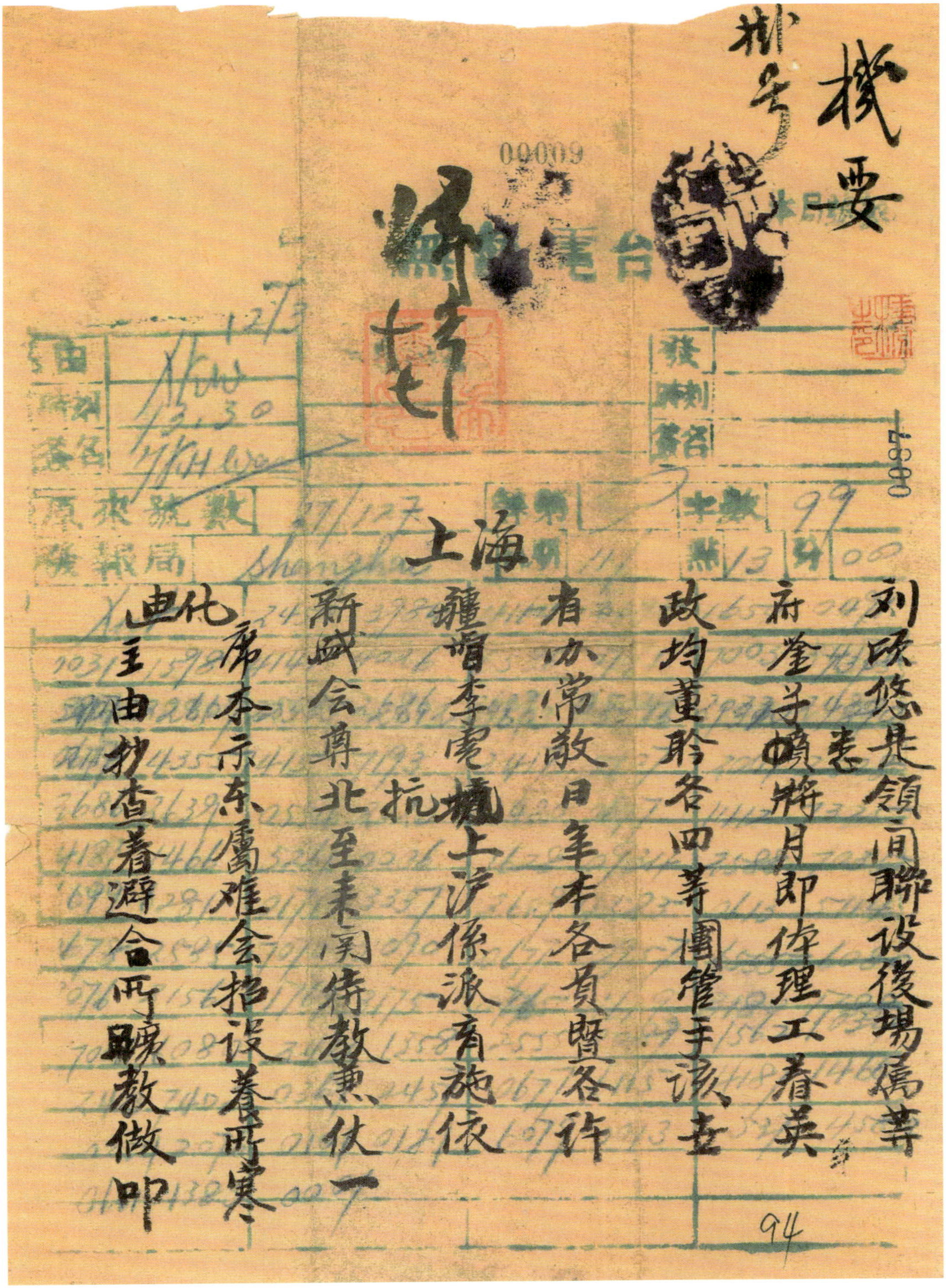

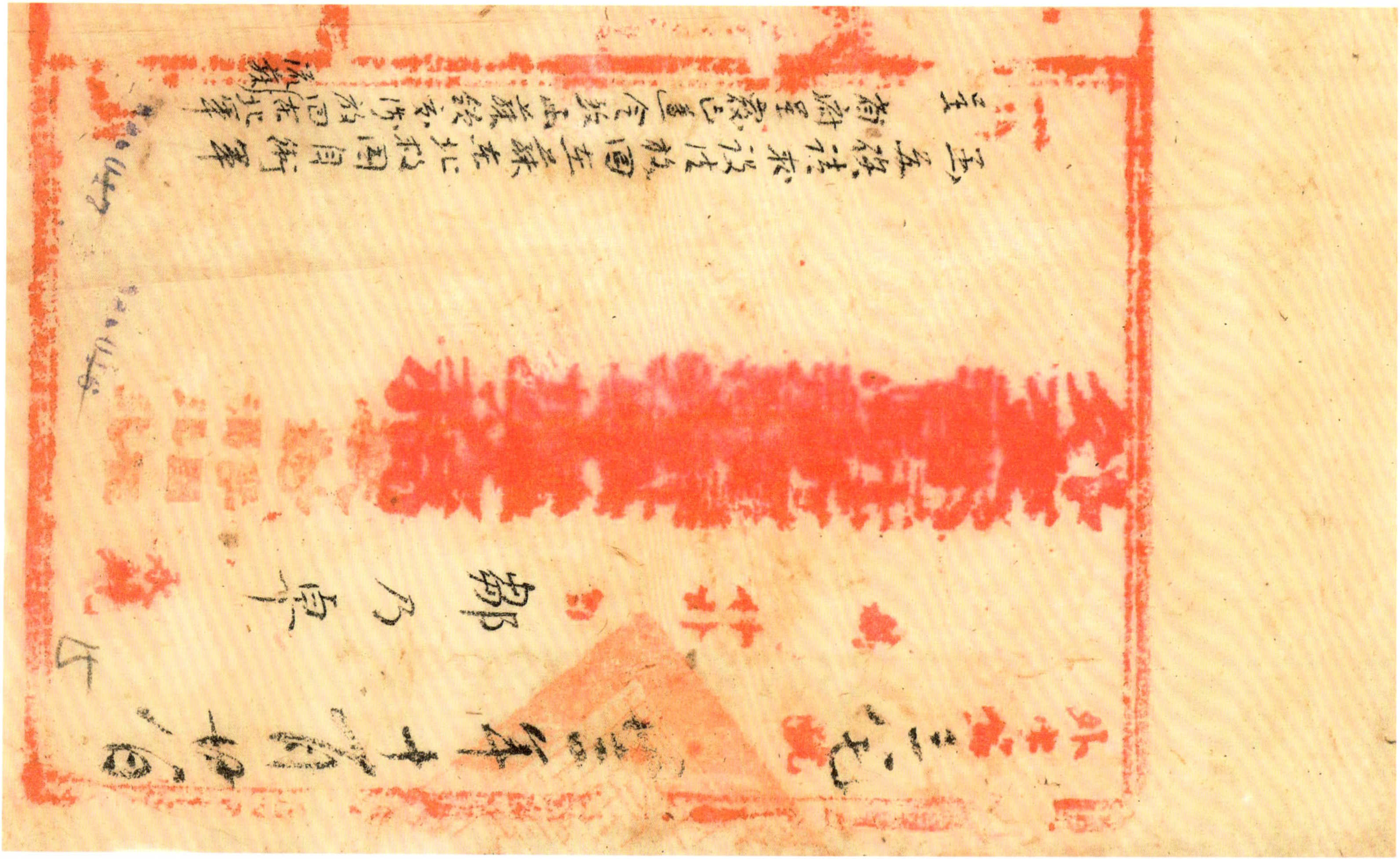

外交部驻新疆办事处关于请设法放回在苏东北救国自卫军事致驻迪苏联总领事馆的公函及已遵令致函苏联驻迪领事馆交涉放回在苏东北军事致新疆省政府的呈（一九三四年十二月十八日）

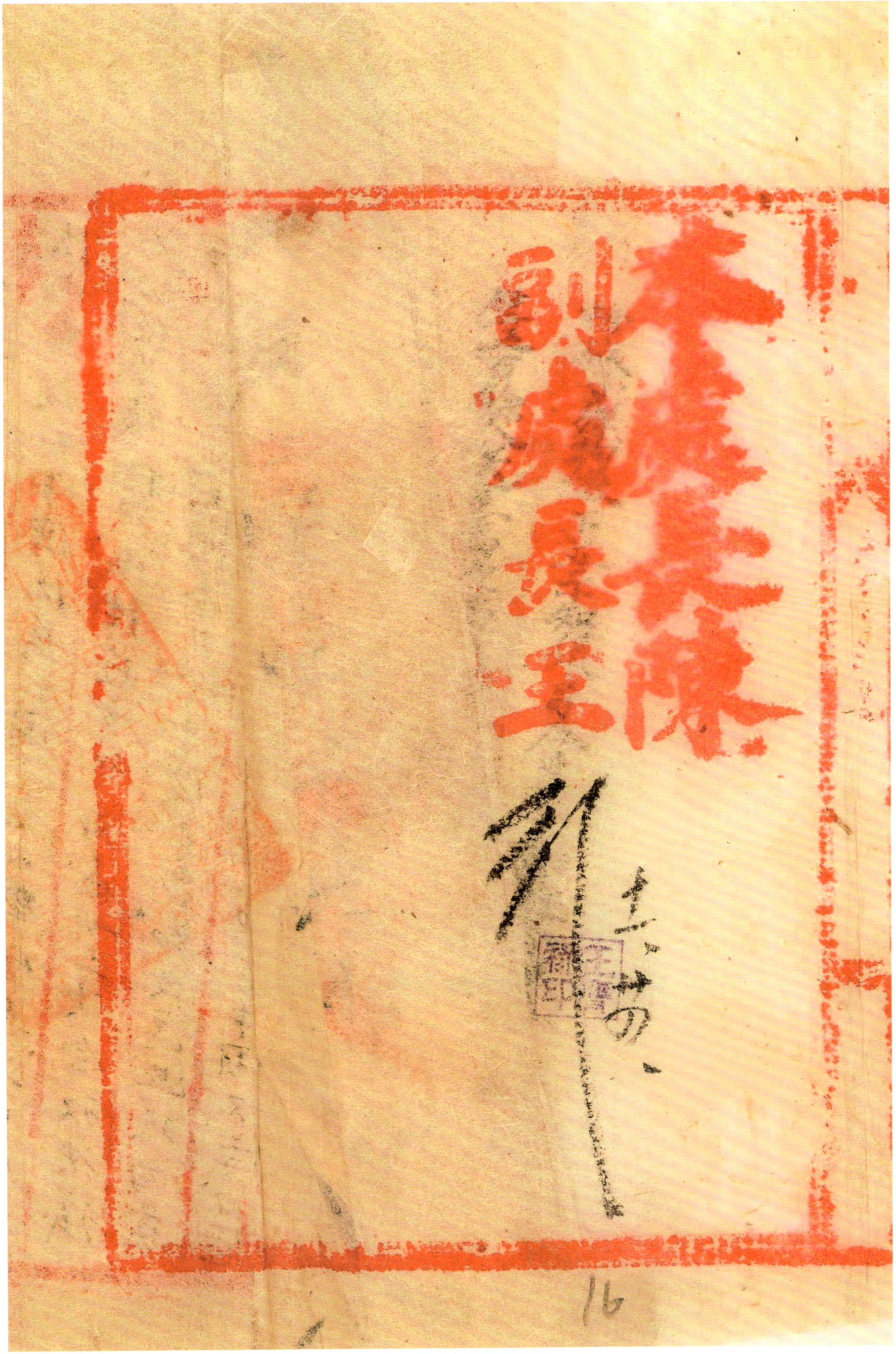
處長陳
副處長王
判

公函

逕啓者：案奉

省政府令開：據流落蘇俄抗日軍官俞鳳芳等呈稱（駐阿拉木圖領事呈出原件）：

有東北吉林救國軍自衛軍司令張錫侯部，奉李

杜令，駐防團山子及嘉峪口一帶，因在富錦與日軍屢

戰不利，由李家亮子通往蘇聯，令團長高長勝

及職等在同江縣蓋家口子堵擊，於民國廿二年十二月廿二日早與

日軍接戰，至晚五點，由俄國邊防司令部派隊接至俄

國，經俄國解除槍械子彈，並示知張司令業已赴新，令

戰士亦隨後赴新。詎俄國將我士二百餘人送至僑拉
南部魯煤礦強迫工作，無論官兵，每日均飲六百格
蘭姆黑麵包，忍飢作工，痛苦難堪，緣奉營長賣林
之命，逃至阿拉木圖，懇請領事轉請新疆省政府轉懇設
法向蘇聯交涉，俾流落外國之抗日軍官兵早日歸國，實
為公便"等情。據此，當經提交本府第廿三次會議決議：
行外交委員會交涉。合行令仰該委員長即便遵照，接洽蘇
[illegible]此令。"等因。奉此，竊查中國不幸，日寇
侵凌，致我國東北數千里土地淪於異族，東北人民不甘滅

亡，遂以群起抵抗，在境在虏，不幸虏遭失败，俱退入

贵国境内，承

贵国政府敦睦邦交，予以安置，并援助米粮，敝国对此，无任

感谢。今该兵士等既不堪困苦，请求归国，素念

贵总领事敦念睦重如身，务祈注重人道，对此困苦无告之

抗日兵士，必使能予以协助，使其归国，相应函请

贵总领事烦为查照，速电。

贵国政府设法查明该兵士等所在地，设法使其归国，藉免该兵士等流离失所，而使双方邦交益臻亲善。

至纫睦谊，此致

驻迪苏联总领事馆

处长陈ㄙㄙ

副处长王ㄙㄙ

呈

为呈覆事。窃奉

钧府训令内开：关于流落苏联东北救国自卫军发俞明芳呈为不堪困苦，请求设法向苏联交涉，俾放令归国书一案，除原文在卷，兹免重录外，尾开：当经提交本府第卅二次会议决议：行外交办事处交涉，令行令仰該廳長即便迅照，檢同蘇方交涉具報為要。此令。

等因。奉此，遵由職廳致蘇領一函，其文曰：「敝國文書發

出證印蓋訖，是否有當，理合具文呈請

鈞府鑒核，查照備案施行。謹呈

新疆省政府主席李
副主席和

廳長陳〇〇

副廳長王〇〇

民國廿三年十一月廿三日

22

新疆边防督办盛世才、省政府主席李溶等关于新绥第十五次车载义军眷属三十二人准予备查等事致哈密尧司令等的电报（一九三五年九月十七日）

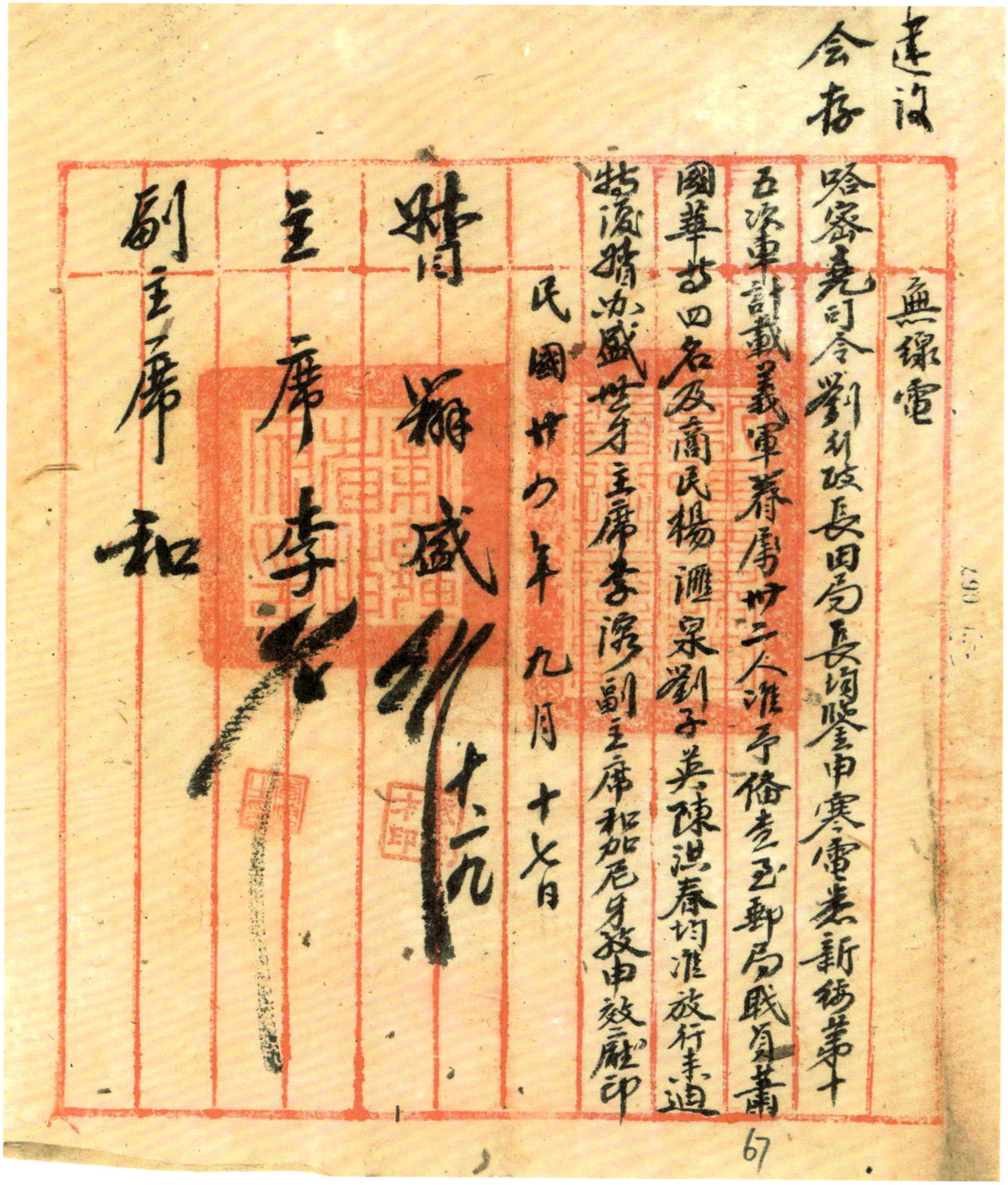

新疆边防督办盛世才关于木垒河县招待东北来新眷属过境所需费用事致省政府及木垒河杨县长的代电

（一九三五年十月二十一日）

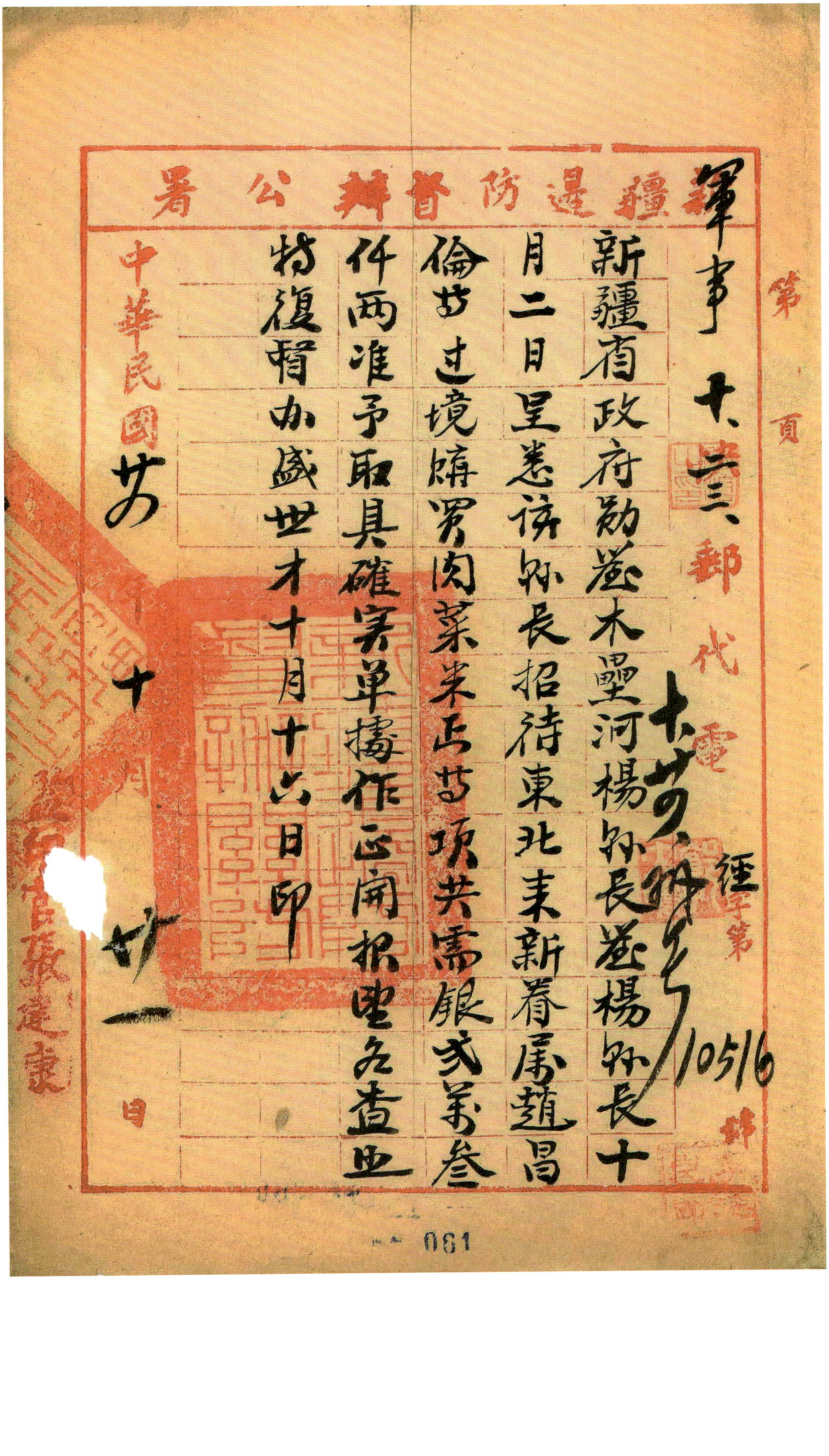
新疆邊防督辦公署

代電 第 頁

軍事 十三、郵

新疆省政府勋鉴：木壘河楊縣長鉴：楊縣長十月二日呈悉。該縣長招待東北來新眷屬趙昌倫等過境購買肉菜米丐等項共需銀弍萬叁仟兩，准予取具確實單據作正開報，並希查照。特復。督辦盛世才。十月十六日印。

中華民國廿四年十月廿一日

10516

新疆省财政厅厅长与省政府关于挂发省银行垫给接运东北眷属汇款银两事的来往文书（一九三五年十一月）

新疆省财政厅厅长陈德立致省政府的呈（一九三五年十一月五日）

新疆省政府財政廳 為呈請掛發事案據省銀行行長宮振翰呈稱竊查職行前奉鈞廳訓令内略開為關於接運東北眷屬事需款孔急查該行在駐迪蘇聯財政股存有金蘆布 應即速通知該股由所存金蘆布項下暫行照滙壹萬元滙交天津新綏汽車公司查收以備應用等因奉此職行遵即函達該股照滙去後旋准該公司復稱新疆省銀行鑒：九月二十五日公函由貴行存金蘆布項下滙往天津新綏汽車公司大洋壹萬元數折合金蘆布四千五百五十個蘆布又電費手續費金蘆布四拾捌零壹個戈別共用金蘆布四千五百九十八零壹個戈別此項敝股已滙妥登記來往賬内等由准此查上項金蘆布每元按市價省票弍千五百四十三兩計算共合省票銀壹千壹百陸拾玖萬弍千七百叁拾九兩四錢叁分此款職行業記鈞廳暫欠賬内請即轉請掛發以清墊款為此備文呈請鑒核飭發施行謹呈等情據此查上項滙款既經該行滙去自應呈請掛發以清墊款除分呈并指令外理合填具憑單一張備文呈請

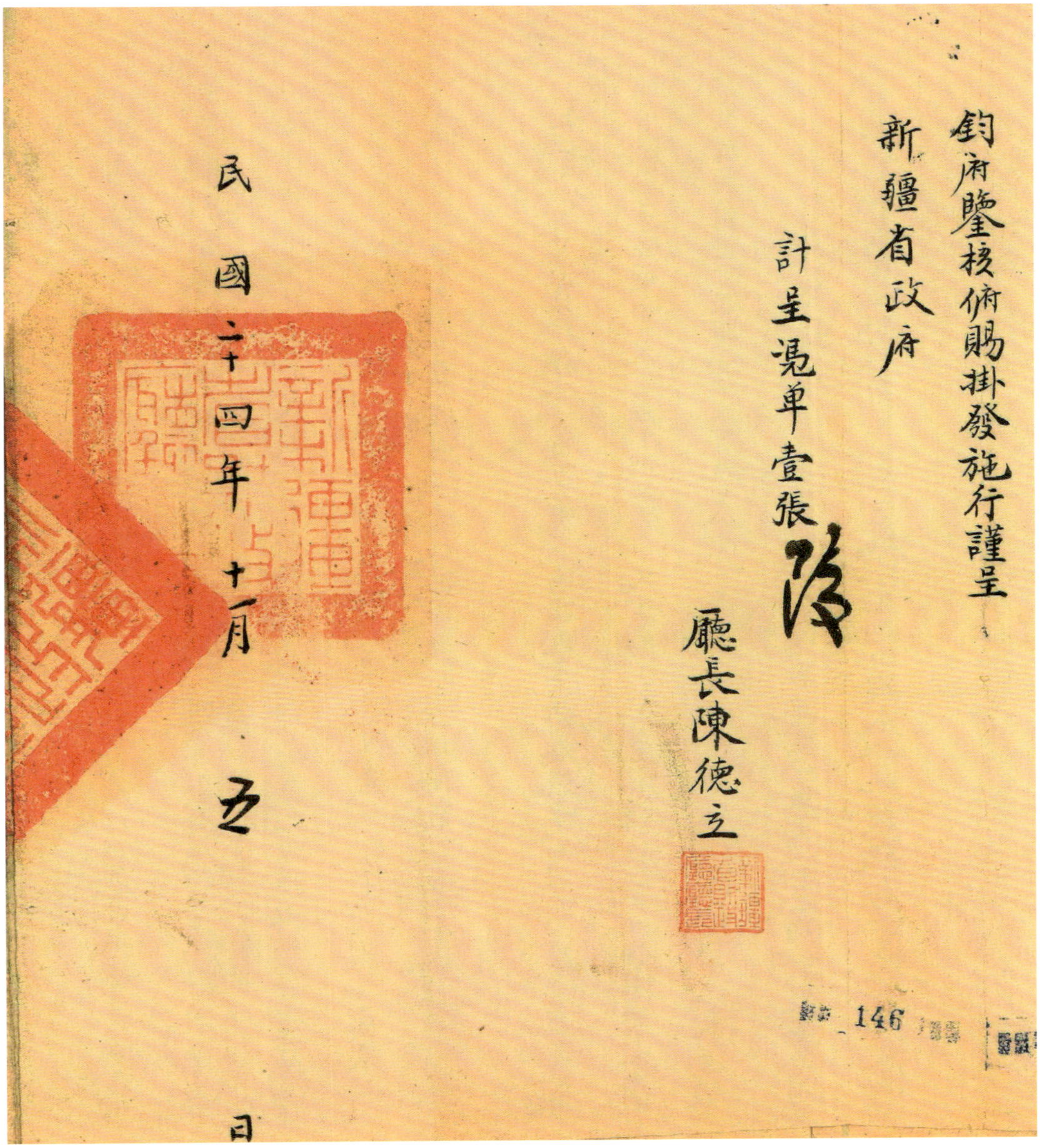

鈞府鑒核俯賜掛發施行謹呈
新疆省政府
計呈憑單壹張
廳長陳德立
146
民國二十四年十一月 五 日

附：凭单（一九三五年十一月）

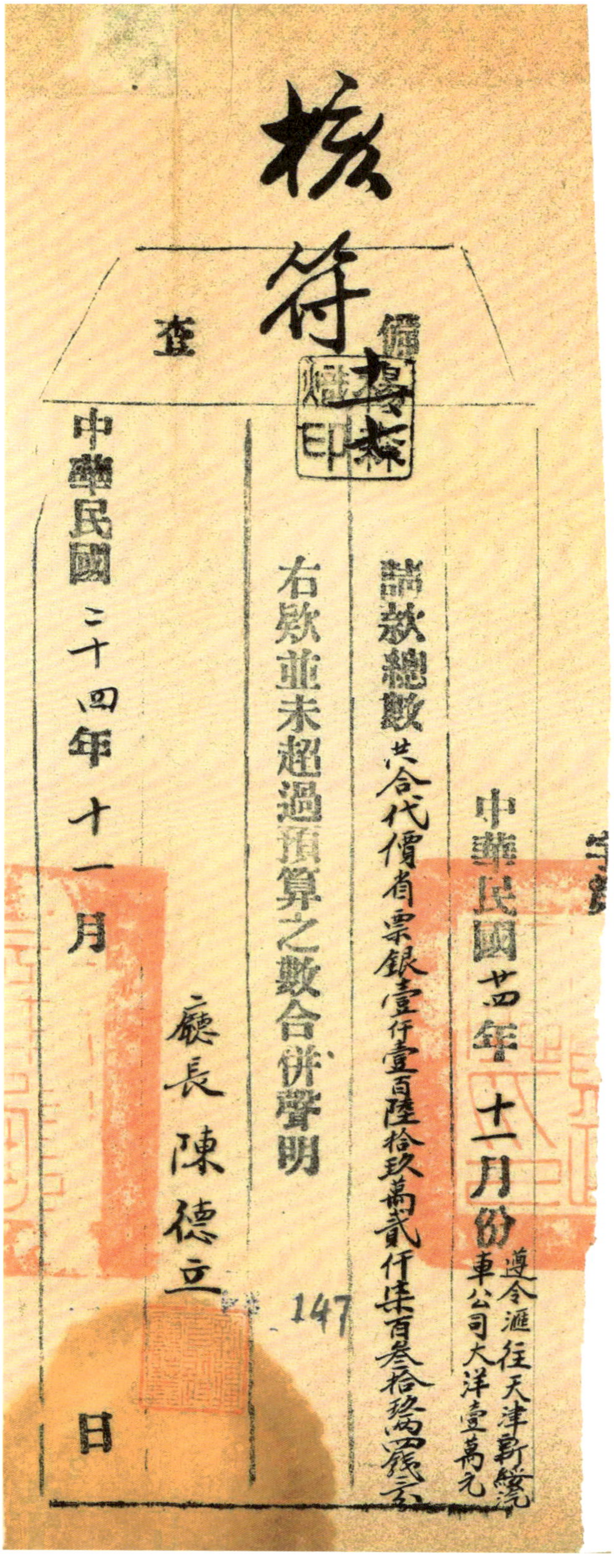

中華民國廿四年十一月份 遵令滙往天津新鯸汽車公司大洋壹萬元

請款總數共合代價省票銀壹仟壹百陸拾玖萬貳仟柒百叁拾玖兩四錢[illegible]

右欵並未超過預算之數合併聲明

廳長 陳德立

147

中華民國二十四年十一月　日

查

核符

新疆省政府致省财政厅厅长的指令（一九三五年十一月九日）

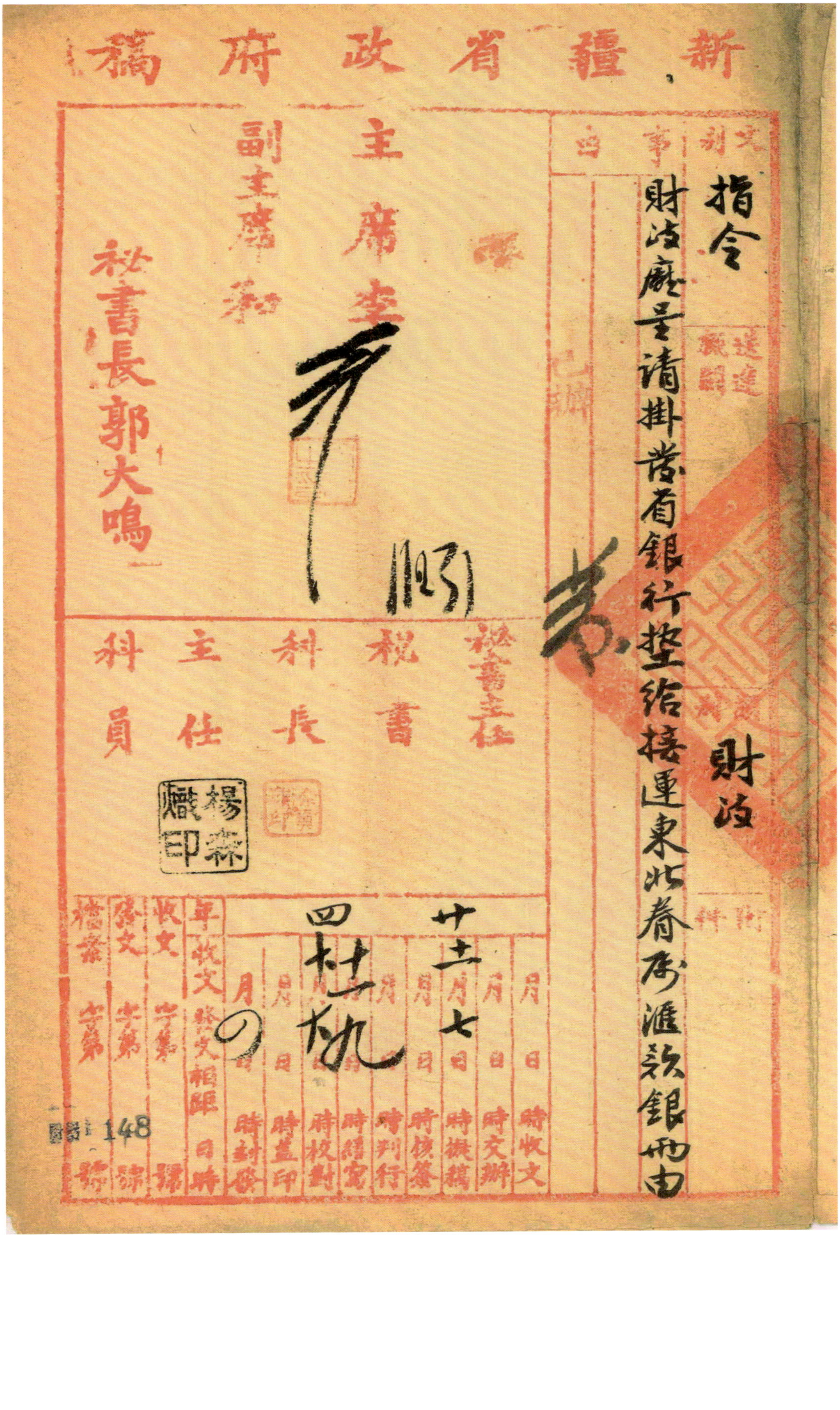

新疆省政府稿

文别	指令
事由	财政厅呈请掛發省银行垫给接运东北眷属汇款银两由
送达	财政厅

主席李

副主席

秘书长郭大鸣

秘书主任

秘书

科长

主任

科员

楊森熾印

收文	月　日　时
交办	月　日　时
拟稿	十一月七日　时
核签	月　日　时
判行	月　日　时
缮写	四杜　月　日　时
校对	月　日　时
盖印	月　日　时
封发	月　日　时

148

指令

財政廳長

呈請掛號省銀行墊給接運東北眷屬

匯款銀兩由

呈暨憑單均悉。核數相符，應准將憑單

掛號。繳廳復核，通知發款。仰即遵照派

員執據赴庫具領，歸墊可也。單存掛。

此令。

149

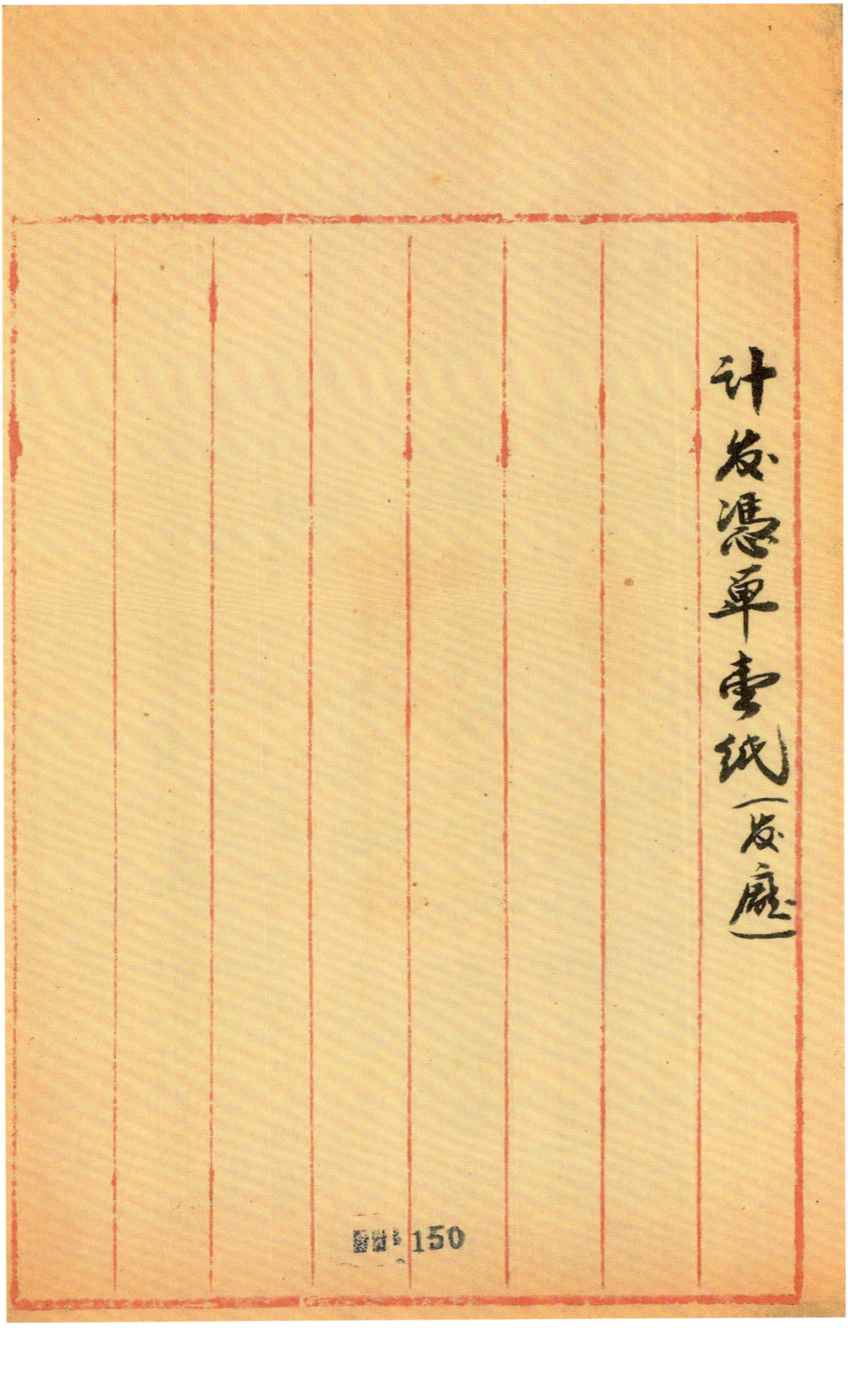

计发凭单壹纸（发厅）

150

中華民國卅四年十一月七日

新疆省政府之印

監印
監印滕瑞芝
校對
繕寫
王蘭亭

151

新疆省政府主席李溶、边防督办盛世才关于请中央拨款转运东北义勇军眷属事致国民政府行政院及军事委员会的电报（一九三五年十一月十一日）

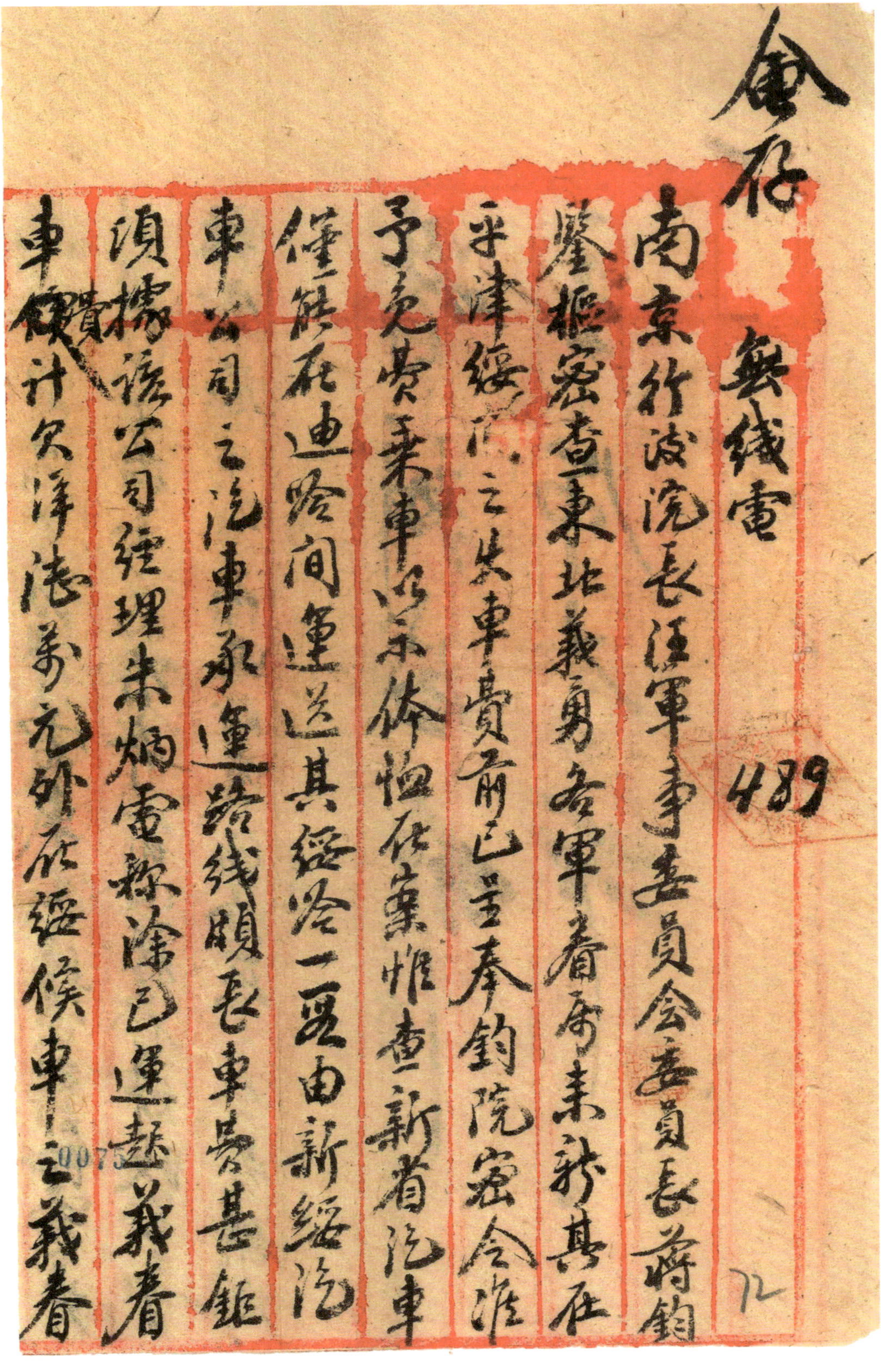

僉存

無線電　489

南京行政院長汪、軍事委員會委員長蔣鈞

鑒：樞密查東北義勇軍眷屬來新，其在

平津綏[illegible]之火車費，前已呈奉鈞院密令准

予免費乘車，以示體恤在案。惟查新省汽車

僅能在迪哈間運送，其綏哈一段由新綏汽

車公司之汽車承運，路線頗長，車費甚鉅。

頃據該公司經理朱炳電稱：除已運送義眷

車價計欠洋德券元外，在綏候車之義眷

72

尚有重百八十餘計需車費肆萬餘元共
計洋壹拾萬元有奇窃以新省財政之奇
絀實感力有不逮所有經臨兩之欠費礙處
無款可撥懇
俯念邊省瘠窘義眷艱苦抗
日有功准由中央撥給現洋壹拾萬元俾資
接濟而昭激勸則不勝感戢之至謹此電呈

73

10770

伏乞鉴核示遵。新疆省政府主席李溶鉴。

防督辦盛世才叩。戌真。廳印

民國二十四年十二月十二日

督辦盛

主席李

0077

74

外交部驻新疆办事处关于交涉将流落苏俄西北利亚一带做工之东北抗日军设法归返新疆事致驻迪苏联总领事的照会及致新疆边防督办盛世才的呈（一九三五年十一月二十三日）

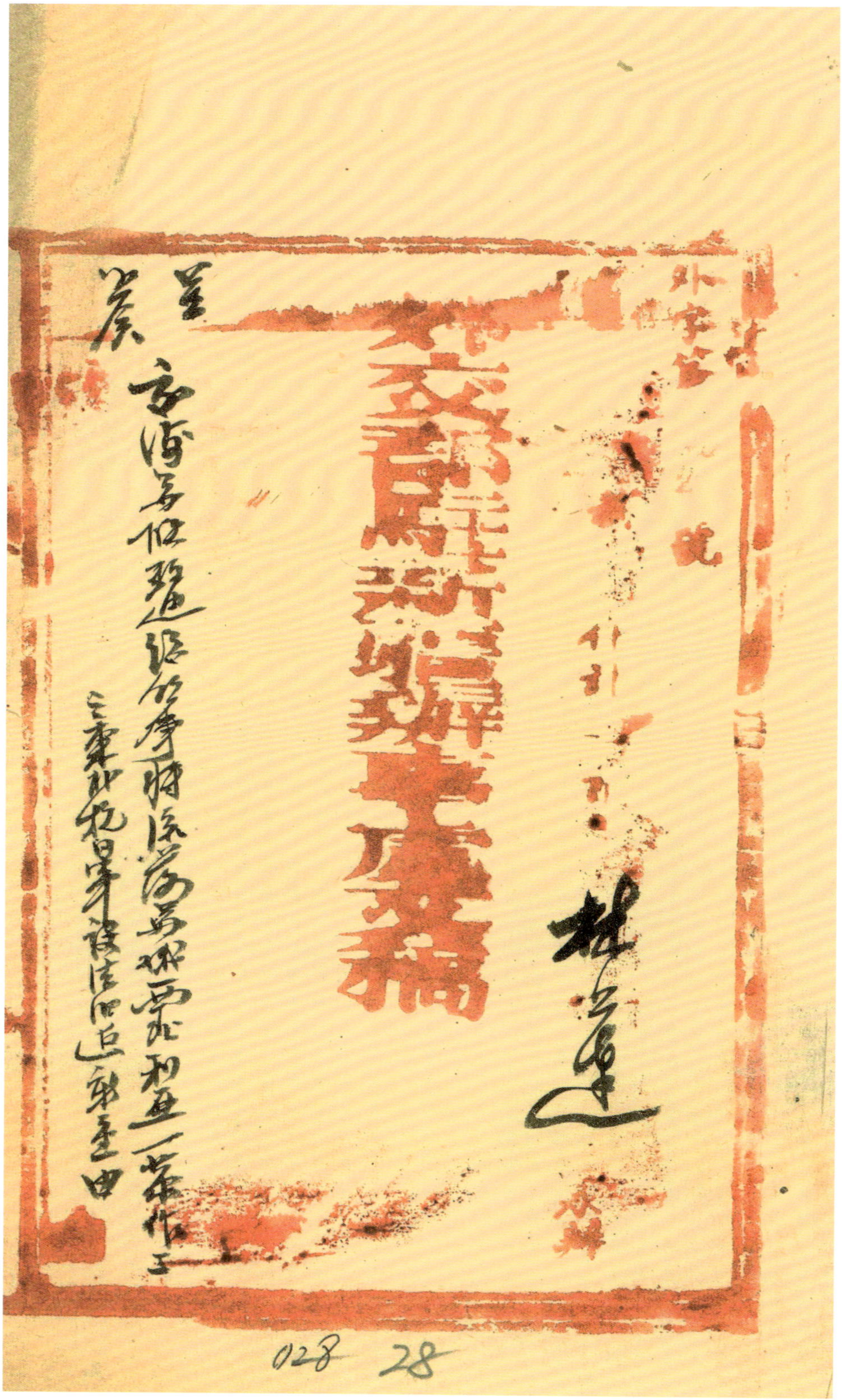

本處長陳
副處長王
秘書主任楊滋榮
秘書邢萬鑰
029 29

照会

為照会事 案准

貴第二九四八號照会内開 関於把王志儒意見書所称去歲

秋季在西比利亜西部有中國鐵工壹仟七百人係來北抗

日軍部隊被迫由蘇烏里鐵路退至俄境 據云另有二部在

切尔諾七剌亞与古切剌地方作工共约九百人執重值云

建設之際請向蘇俄政府交涉是項勞工擬為編導率領

彼等回返執重寫國等此 查該等係我国抗日軍潰流後

貴国西比利亜一帶作工身為祖国建国異常有勞敬

方政府正在建設之際，處處尤賴人才，相應照會
貴總領事查照，電請該地方政府將該員設法遣送新疆，
實紉友誼。並希
見覆為荷。此照會
蘇聯駐迪總領事阿

主席 陳○○
副主席 王○○

呈
為呈覆事。案奉

31

鈞署訓令內開：關於林子瑾等意見書所稱將流落
西北利亞一帶作工之東北抗日軍，向各該政府交涉釋放為僑，
導並飭遣送新疆一案，屬開合行令仰該處即便查照
辦理等因。奉此，當經派員照會蘇聯駐迪化總領事電請蘇聯
該地方政府將該等設法遣送新疆去訖。除俟准照覆再行
呈請外，理合具文呈請
鑒核，轉飭施行。謹呈
新疆邊防督辦盛

處長陳[illegible]

32 032

副官長王□□

民國廿七年十一月廿三日

33 033

新疆省政府关于新绥汽车载东北眷属四名抵达哈密事致哈密尧司令等的代电（一九三六年三月十日）

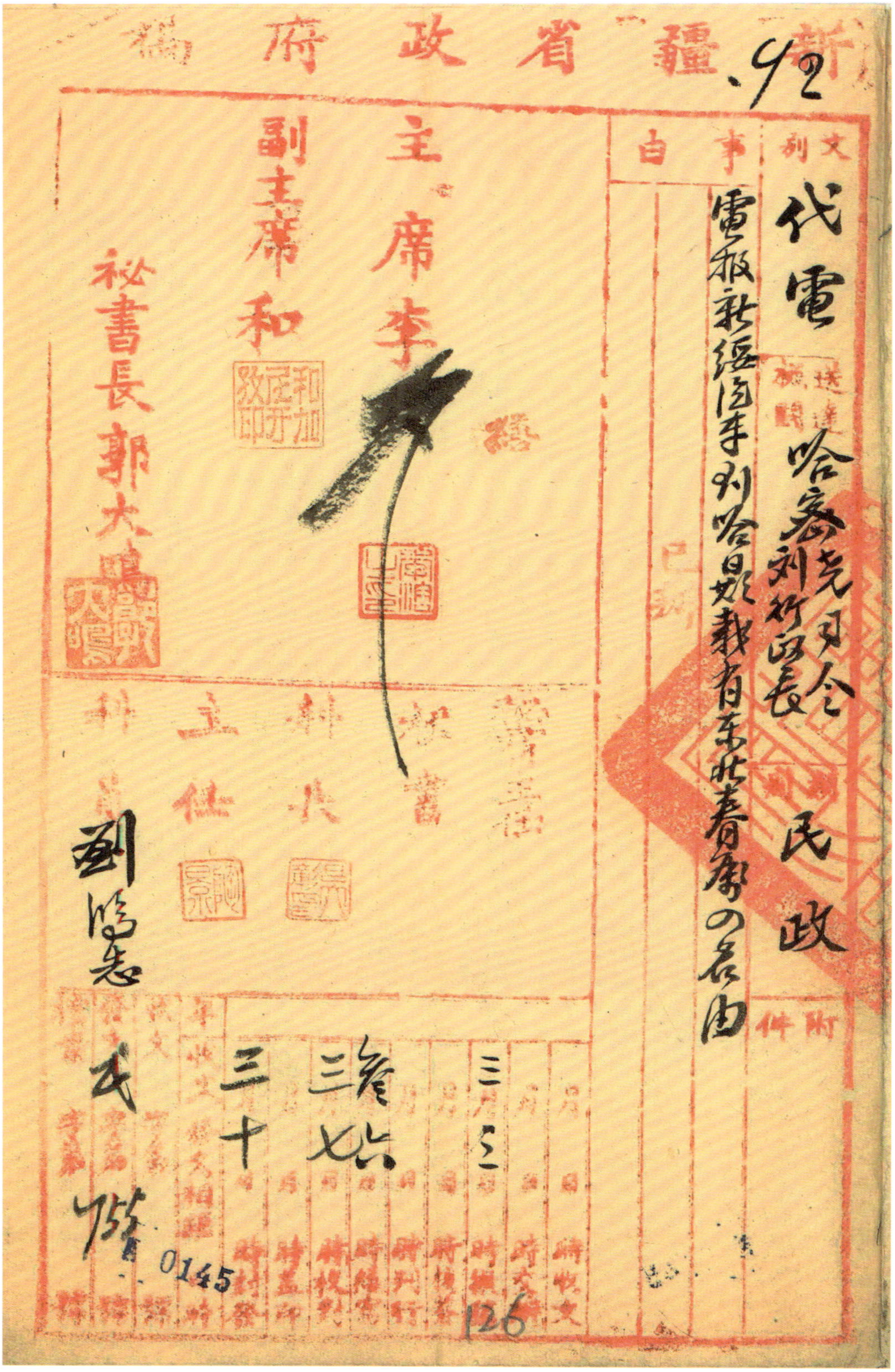
新疆省政府

文別 代電

送達機關 哈密堯司令 劉行政長

事由 電飭新綏汽車到哈日期載有東北眷屬四名由

主席李

副主席和

秘書長郭大鳴

劉

代電

哈密百克司令、劉行政長、切鑒感電悉、新經第廿次車昨晚抵哈、并載有东北眷属劉伯甲等男女四名、既據分電、應予准備查、廉署着令進卸而知照、

主席李〇、劉主席和〇〇〇〇、寅江印、

0146

127

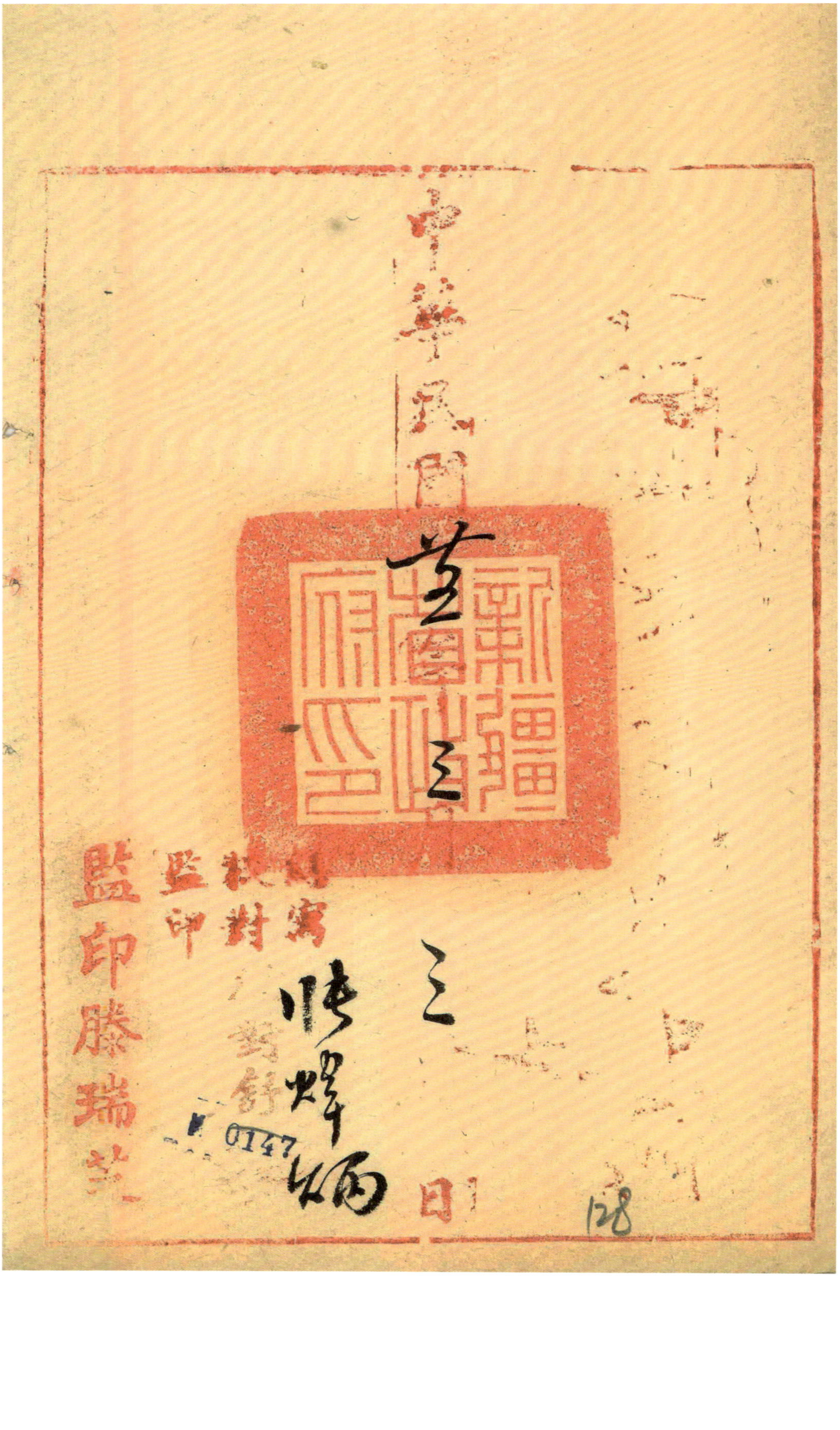

中華民國　　　年　　　月　　　日

繕寫
校對
監印

監印滕瑞

新绥长途汽车公司经理朱炳关于第二十二次车载运书籍及义军眷属运费事致新疆边防督办的呈

（一九三六年三月二十日）

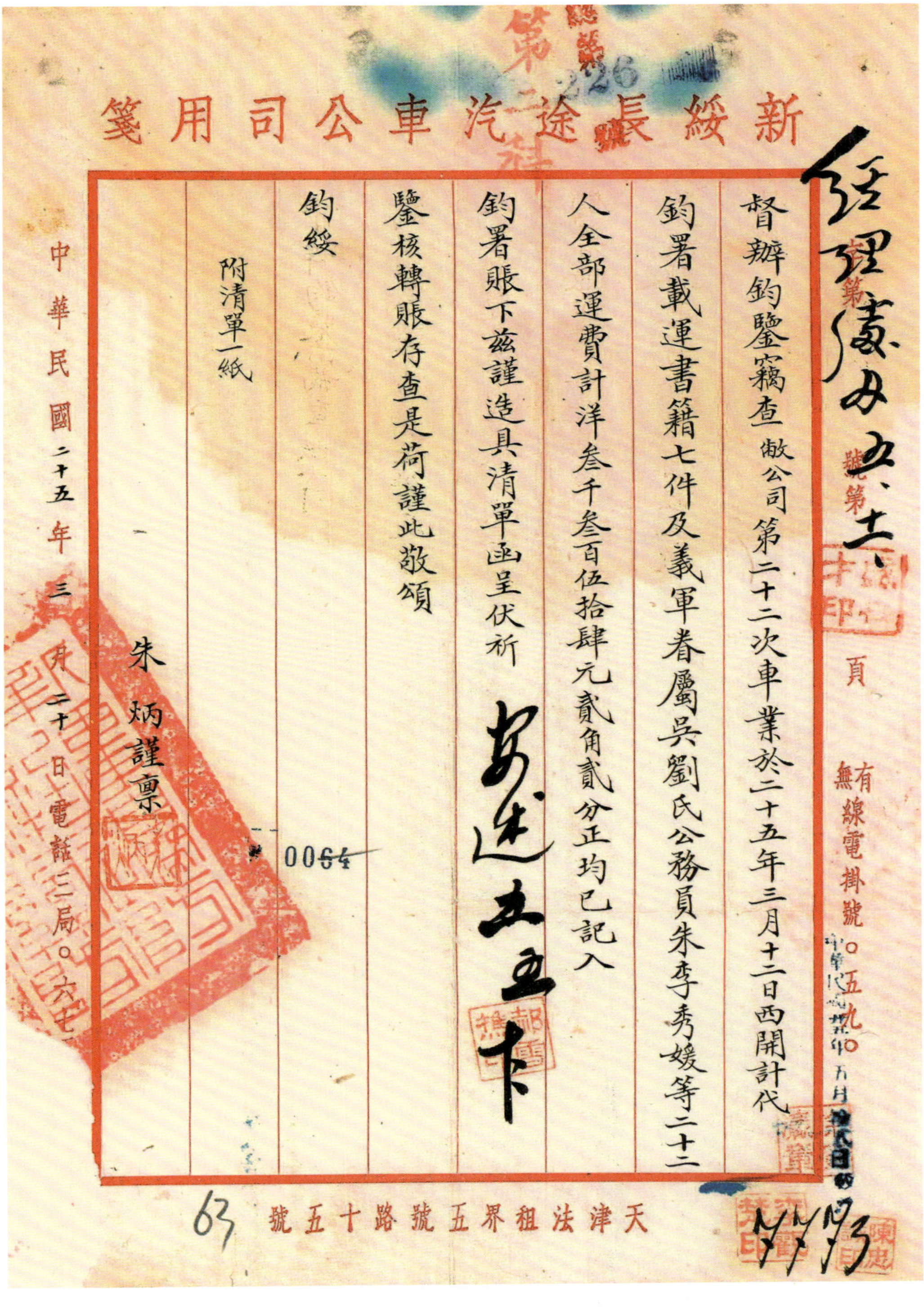

新綏長途汽車公司用箋

督辦鈞鑒：竊查敝公司第二十二次車業於二十五年三月十二日西開，計代

鈞署載運書籍七件及義軍眷屬吳劉氏、公務員朱李秀媛等二十二人，全部運費計洋叁千叁百伍拾肆元貳角貳分正，均已記入

鈞署賬下。茲謹造具清單函呈，伏祈

鑒核轉賬存查是荷。謹此敬頌

鈞綏

附清單一紙

朱炳謹稟

中華民國二十五年三月二十日

有無線電掛號〇五九

電話三局〇六七一

天津法租界五號路十五號

督署賬下載新客貨記賬清單

35年月	日	行車次序	乘客姓名	所欠客票費 六折優待	所欠客票費 義眷特票	所欠(逾重行李)運費	共計	備攷
3	12	22	督辦公署			63687	63687	書籍7件，1633斤，按六折計費
			吳劉氏		13050		13050	吳樂山之妻
			吳家貞		13050		13050	〃〃〃之女
			吳寶貞		13050		13050	〃〃〃之女
			吳寶氏		13050		13050	吳克禮之妻
			吳中赫		13050		13050	〃〃之女
			吳中蘭		13050		13050	〃〃之女
			孟憲珍		13050		13050	于漢文之妻
			孟慶雲		13050		13050	苗長祿之妻
			趙子忱		13050		13050	趙劍鋒之父
			趙賈氏		13050		13050	〃〃之母
			趙白氏		13050		13050	〃〃之妻
			趙占元		13050		13050	〃〃之弟
			趙秀子		13050		13050	〃〃之女
			趙欣泉		13050		13050	趙亞權之妻
			趙左卿		13050		13050	〃〃之父
			寇扶東		13050		13050	寇慶東之妻
			寇玉枝		6525		6525	〃〃之女
			趙玉坤		6525		6525	趙亞權之女
			吳玉靜貞		6525 6525		6525 6525	吳樂山之女
			朱肇新	17400			17400	朱宏漢之弟 行李
			李秀媛	免	費	9165	9165	朱宏漢之妻 行李過重2件，141斤
			林伯題			5330	5330	行李1件，82斤
			臧谷峯			4940	4940	行李1件，76斤
總計			乘客22位	17400	234900	83122	335422	國幣叁仟叁佰伍拾肆元貳角貳分

0063

中華民國〈5年3月62日　新綏長途汽車公司　謹呈

新疆省政府关于新绥汽车所载义勇军眷属抵哈事致边防督办盛世才、哈密尧司令等的代电

（一九三六年五月十三日）

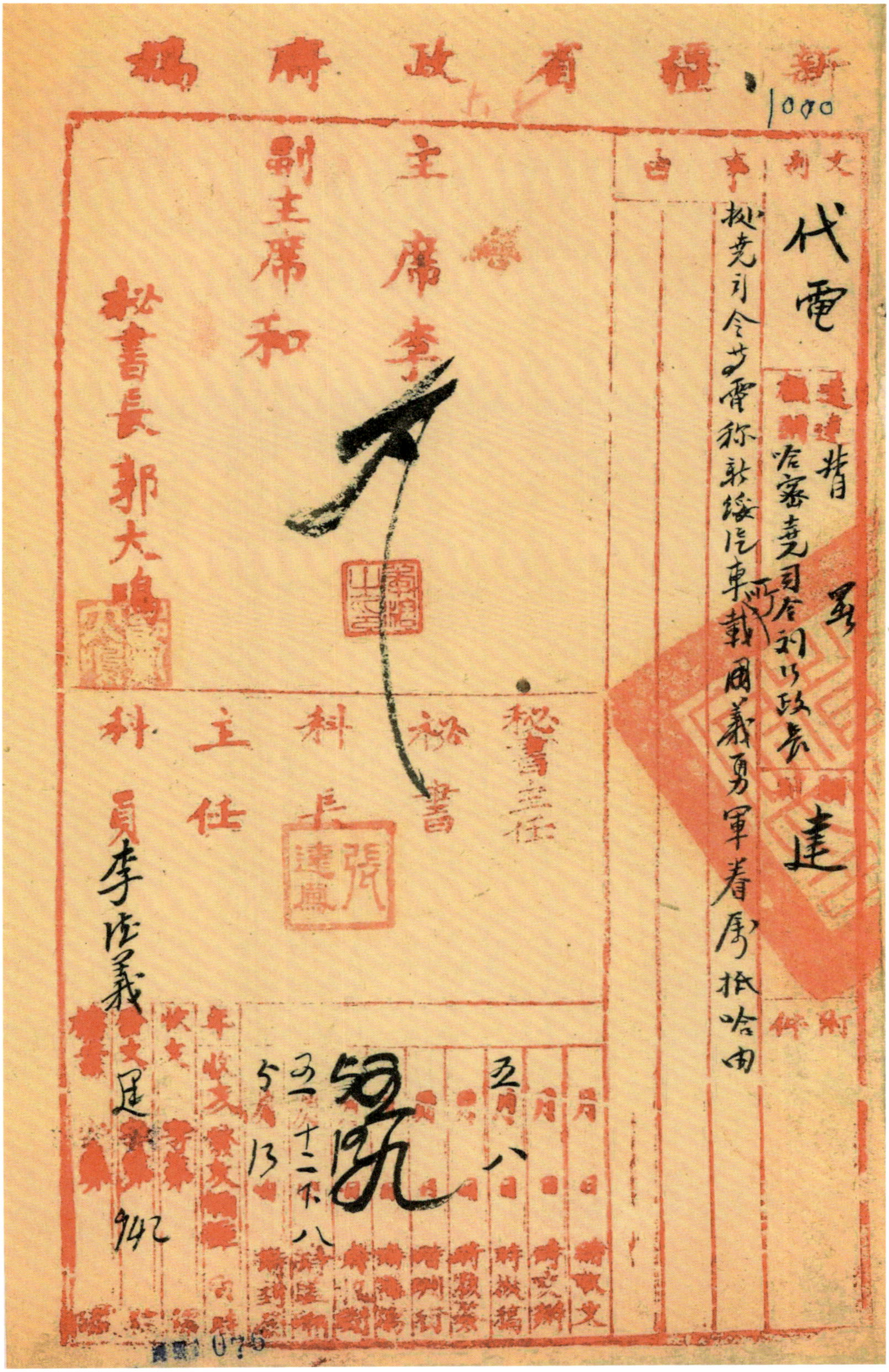
新疆省政府稿

文别：代电

事由：拟尧司令艾电称新绥汽车载国义勇军眷属抵哈由

速达 背署

哈密尧司令、刘代政长 建

主席 李

副主席 和

秘书长 郭大鸣

秘书主任

秘书

科长 张达肃

主任

科员 李法義

代電

迪化盛督辦並哈密堯司令、劉行政長均鑒：堯司令等長支電悉。據新綏第廿四次汽車所載義勇軍眷屬荊秀華等男女共二十四人及迪化福泰成商號之高錕年一名抵哈親既請並核辦時應係督署核示飭遵，望即查照辦理。主席李○、副主席和加尼牙孜長庚建印。

中華民國廿五年五月八日

新疆省政府之印

監印滕瑞芝

黄興棠

078

新疆省政府关于新绥第二十五次车载义勇军眷属二十八名抵哈事致边防督办盛世才、哈密尧司令等的代电

（一九三六年五月二十三日）

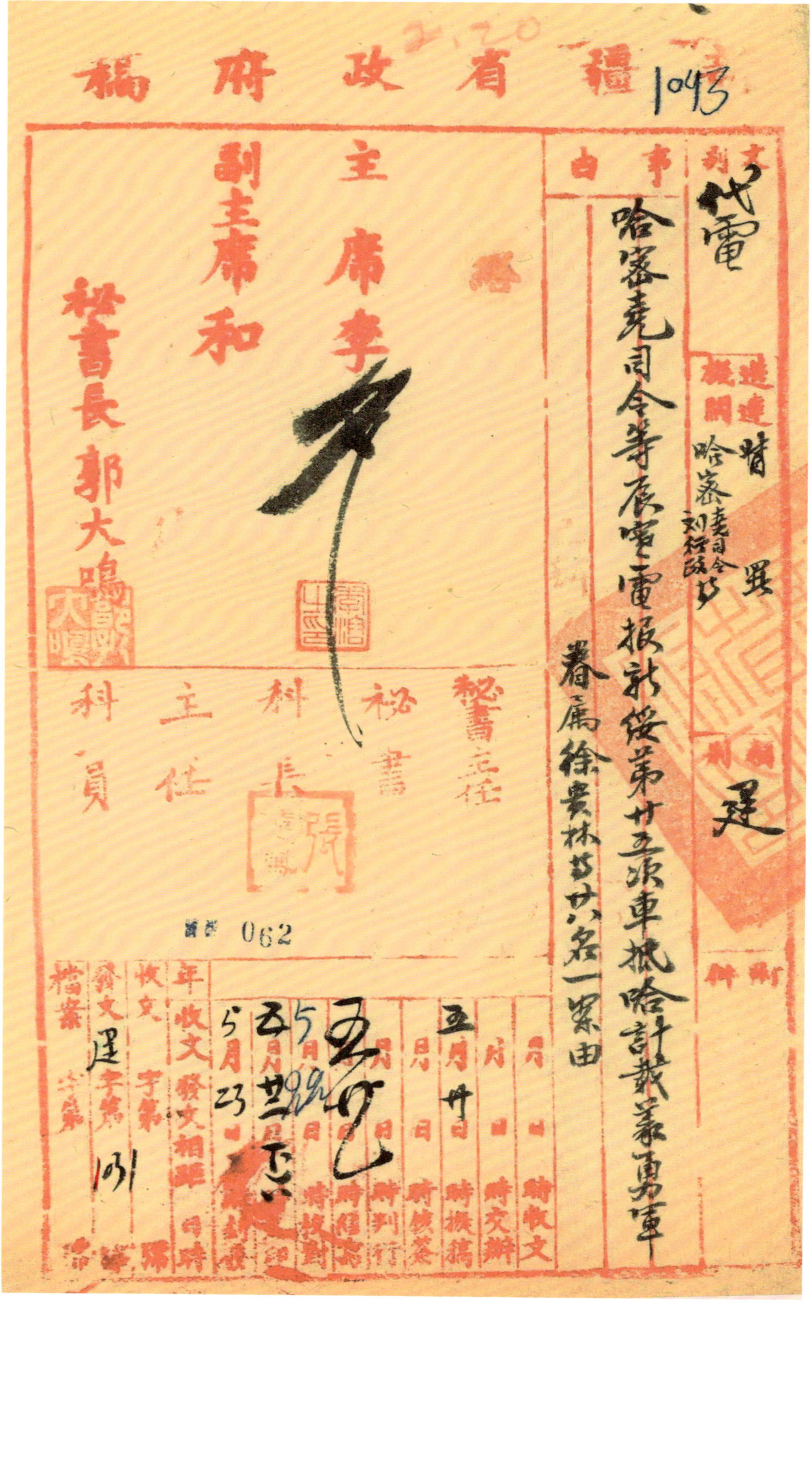
新疆省政府稿

1043

文别 代電

事由 哈密堯司令等底電報新綏第廿五次車抵哈計載義勇軍眷屬徐貴林等廿八名一案由

送達機關 哈密堯司令 刘行政長 督 署

主席 李

副主席 和

秘書長 郭大鳴

秘書主任 秘書 科長 主任 科員

062

代電

迪化督辦盛鑒、哈密堯司令、杜局長、劉行政長均鑒：堯司令等辰寒電呈新綏第廿五次車抵哈，計載義勇軍眷屬徐貴林等廿八名一案，應由

督署查核飭遵。合行電達，望知照。主席李溶、副主席和加尼牙孜。五月廿日廷印。

中華民國廿五年五月廿日

繕寫
校對 俊朝
監印

監印滕瑞芝

064

新绥长途汽车公司赴新东北义军眷属乘车报告表（一九三六年六月）

新綏長途汽車公司

赴新東北義軍眷屬乘車報告表綏字第 1 號

民國 25 年 6 月 日 28 次車搭載

乘車人姓名	性別	年齡	籍貫	票別	上下車站 上車	上下車站 下車	携帶行李 件數	携帶行李 過重斤數	在新疆親屬姓名關係及服務機關	
王關氏	女	44	吉林	正	綏遠	哈密	1		王坻庚之母	
王尚氏	女	27	仝上	仝	仝上	仝上	1		仝上之妻	
王滿庫	男	8	仝上	半	仝上	仝上	1		仝上之子	
王桂琴	女	6	仝上	仝	仝上	仝上			仝上之女	
王關氏	女	19	仝上	正	仝上	仝上			仝上之弟婦	
王月英	女	19	仝上	仝	仝上	仝上			仝上之妹	
周任氏	女	27	遼寧	仝	仝上	仝上	1		周玉峯之妻	
周秃子	女	8	仝上	半	仝上	仝上	1		仝上之女	
周香雲	女	6	仝上	仝	仝上	仝上	1		仝上之女	
周梁氏	女	31	仝上	正	仝上	仝上			仝上之弟婦	

00006

6

新綏長途汽車公司

赴新東北義軍眷屬乘車報告表綏字第2號

民國25年6月　日　28次車搭載

乘車人姓名	性別	年齡	籍貫	票別	上下車站		携帶行李		在新疆親屬姓名關係及服務機關
					上車	下車	件數	過重斤數	
周香琴	女	9	遼寧	正	綏遠	哈密			周玉峯之姪女
張任氏	仝	28	仝上	仝	仝上	仝上	1	15	張英武之妻
張馬氏	仝	22	仝上	仝	仝上	仝上	1		張鐘德之妻
王宋氏	仝	23	仝上	仝	仝上	仝上	1		吐魯番保安局王貴仁之妻

00007

7

新疆边防督办盛世才等关于请核发来新义勇军眷属补助费事致财政部的电报（一九三六年七月七日）

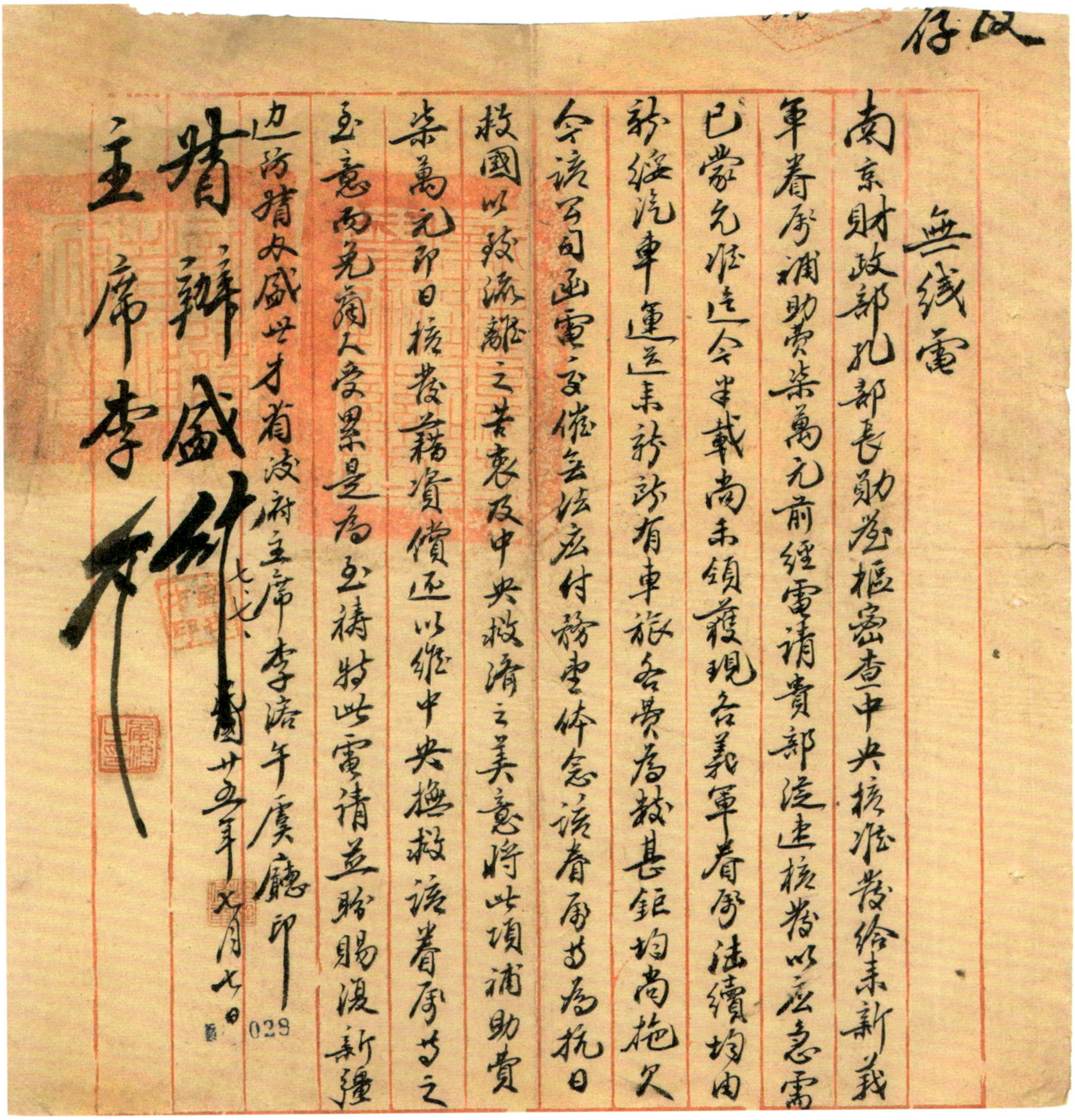
改存

無線電

南京財政部孔部長勛鑒：樞密查中央核准發給來新義
軍眷屬補助費柒萬元，前經電請貴部從速核發，以應急需，
已蒙允准。迄今半載，尚未領獲。現各義軍眷屬陸續均由
新綏汽車運送來新，所有車旅各費為數甚鉅，均尚拖欠，
令該公司函電交催，無法應付。務望體念該眷屬等為抗日
救國以致流離之苦衷，及中央救濟之美意，將此項補助費
柒萬元即日核發，藉資償還，以維中央撫救該眷屬等之
至意，而免商人受累。是為至禱。特此電請查照，賜復。新疆
邊防督辦盛世才、省政府主席李溶午虞廳印 七、七
民國廿五年七月七日
028

督辦盛（簽名）
主席李（簽名）

新疆边防督办公署、省政府关于制定东北来新军人家属公费搬运来新办法事致外交部驻新疆办事处的通令（一九三六年七月十五日）

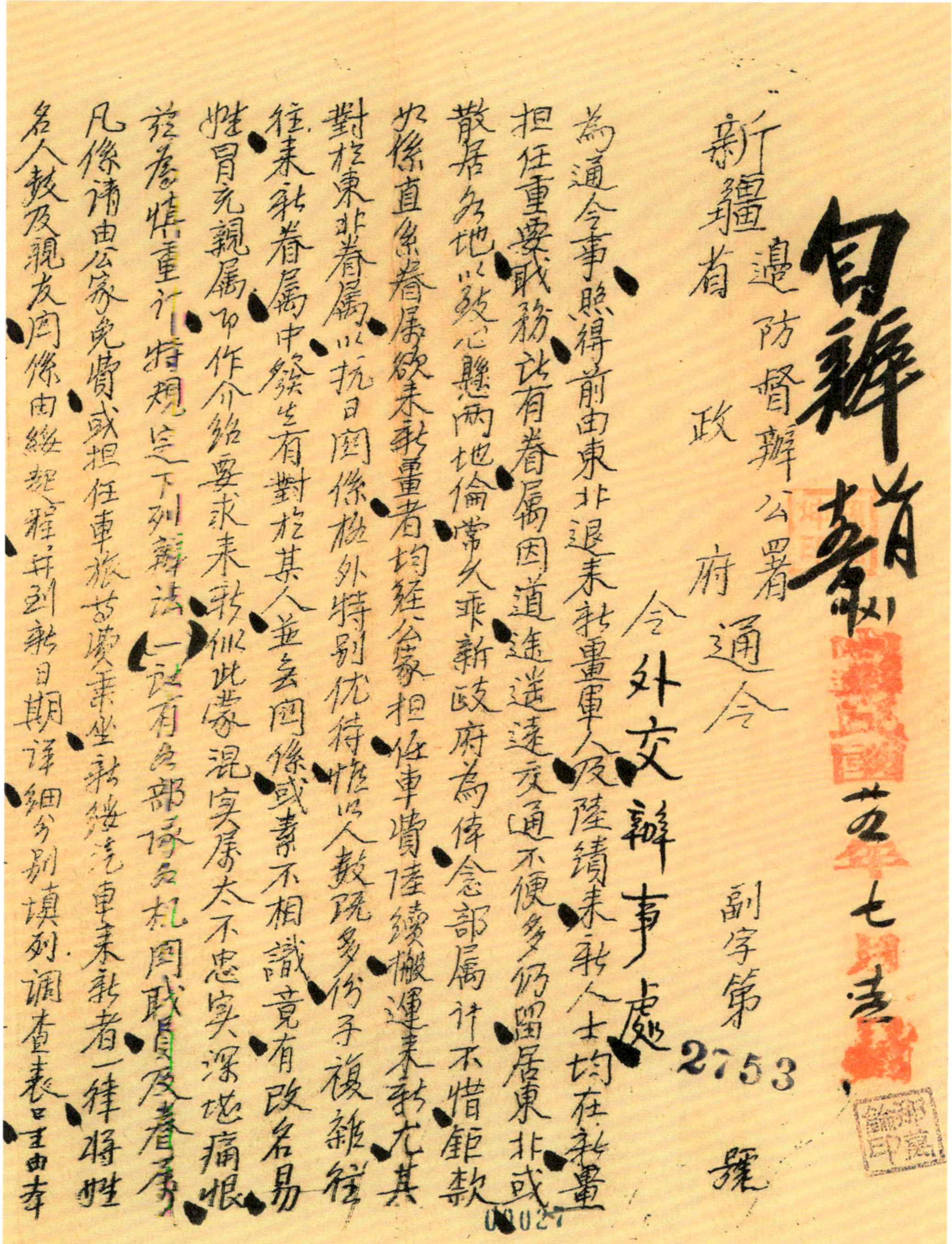

自辦

新疆邊防督辦公署
新疆省政府 通令 副字第2753號

令外交辦事處

為通令事，照得前由東北退來新疆軍人及陸續來新人士，均在新疆担任重要職務，該有眷屬，偏因道途遥遠，交通不便，多仍留居東北或散居各地，以致心懸兩地，倫常久乖。新政府為体念部屬計，不惜鉅款，如（?）係直系眷屬欲來新疆者，均經公家担任車費，陸續搬運來新。尤其對於東北眷屬，以抗日關係，格外特别优待。惟以人數既多，份子複雜，難保往來新眷屬中，發生有對於其人並無關係，或素不相識，竟有改名易姓，冒充親屬，即作介紹要求來新，似此蒙混，實屬太不忠實，深堪痛恨。茲為慎重計，特規定下列辦法：（一）該有各部、該各机關職員及眷屬，凡係請由公家免費或担任車旅費乘坐新綏汽車來新者，一律將姓名、人數及親友關係、由經過程（?），并到新日期，詳細分别填列調查表……

管主官考核，限文到半月内汇案分呈备查。至假道来新者，不在调查之列。（二）如有由新绥汽车来新之人员或眷属，现时不在军政机关服务者，仍应由各机关原介绍人及各长官调查，转饬照办，由原介绍机关或当地长官转呈，不得遗漏。（三）各部队各机关职员眷属及亲友，如有冒名顶替来新者，或介绍人员经介绍姓名不符者，限文到日即将实在情形自行展述，呈由本管主官转报省府署。倘有隐匿情事，一经查出，即认为不忠于政府，定将介绍人及来新之人一律驱逐出境，决不宽贷。（四）自此次通令后，各职员对于介绍来新人员，应特别慎重，不得改名易姓，冒充亲属，以杜流弊。除分行外，合行检发调查表式，令仰该处即便遵照，并饬属一体遵照办理为要。此令！

附发调查表式一份

督办　盛世才

主席　李溶

副主席　和加尼牙孜

附：新疆（某机关或某部队）由新绥汽车来新人员调查表

新疆（某機關或某部隊）〔外交辦事處〕由新綏汽車來新人員調查表

姓名	孫福坤
次章	玉層
性別	男
年歲	廿三
籍貫	山東牟平
由綏起程日期	廿五年三月廿三日
到新日期	四月廿三日到迪化
乘坐第幾次新綏汽車	第三次
同來眷屬或親友關係及數	無
介紹人姓名	前且塔甘僑留顧了自行電請核准
現在某機關服務	外交辦事處秘書主任

附記：如有冒名頂替在座在案摘由詳細聲述不得隱匿

列亦照聲明并無冒名頂替情弊

并無冒名頂替情事特此聲明

民國廿五年七月十六日 孫福坤 填報人簽名蓋章

00028 00029

哈密区行政长与新疆省政府关于遵令调查经介绍乘新绥汽车来新东北军人及其眷属事的来往文电（一九三六年八月至九月）

哈密区行政长刘应麟致新疆省政府的呈（一九三六年八月十五日）

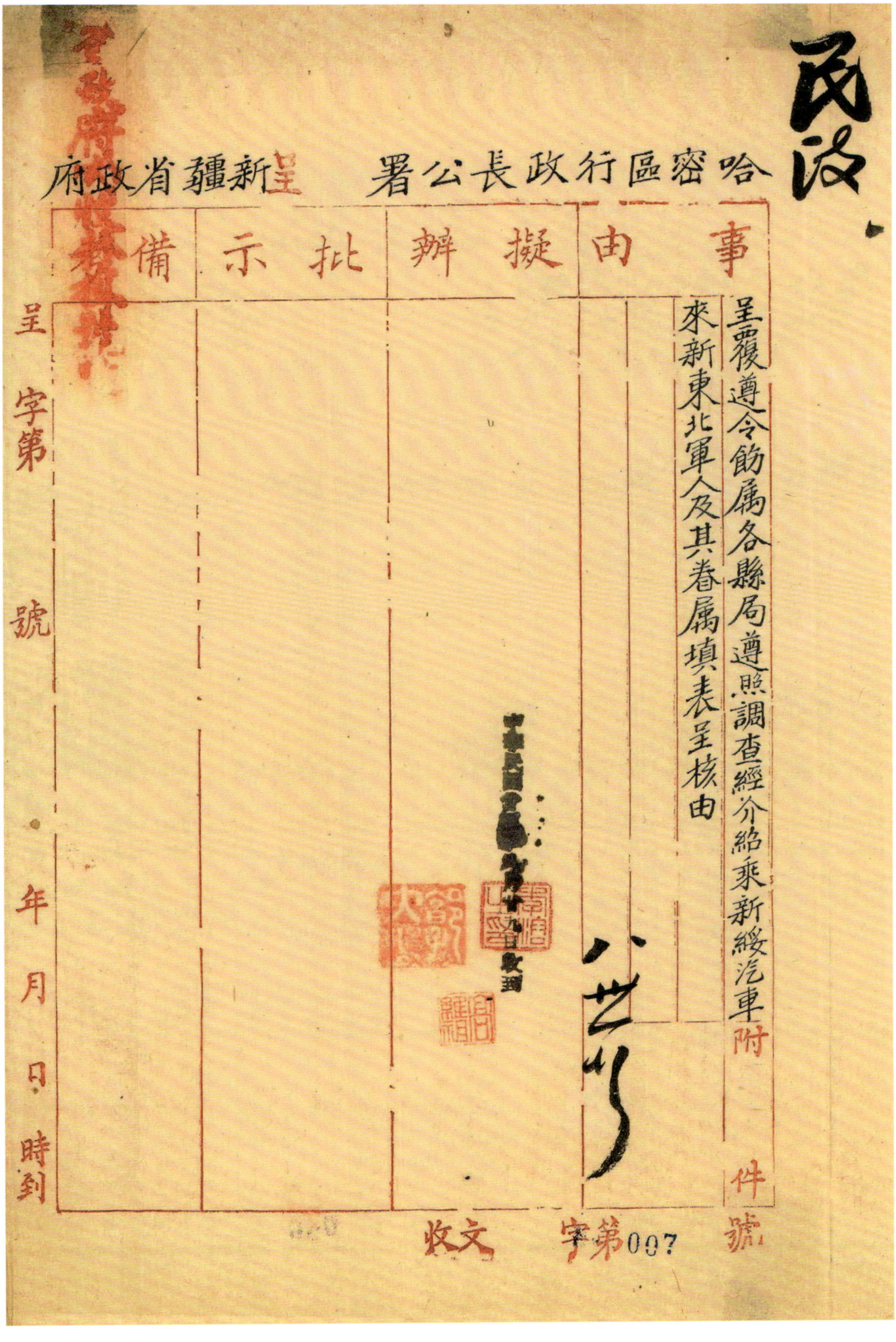

民政

哈密區行政長公署

呈新疆省政府

事由　呈覆遵令飭屬各縣局遵照調查經介紹乘新綏汽車來新東北軍人及其眷屬填表呈核由

附件

擬辦

批示

備

收文　字第007號

呈　字第　號　年　月　日　時到

呈為呈覆事本年七月二十八日案奉
鈞府副字第二七八三號通令并須發調查表式飭將請由公家免費
或担任車旅等費乘坐新綏汽車來新之東北退新軍人及陸續
所來人士姓名人數親友關係由綏起程并到哈日期詳細填列限
文到半月內彙案呈核等因奉此查職署並無曾經介紹由新
綏汽車來哈之人員及其眷屬或親友除飭各縣局遵照辦理
并分呈外理合具文呈請
鑒核備查再奉令查報之人員似專指乘新綏汽車而來之東
北退新軍人及陸續所來人士至於未經介紹由車駝來哈之甘肅
及其他各省人士可否調查呈報之處併祈

示遵謹呈

新疆省政府

哈密區行政長劉應麟

009

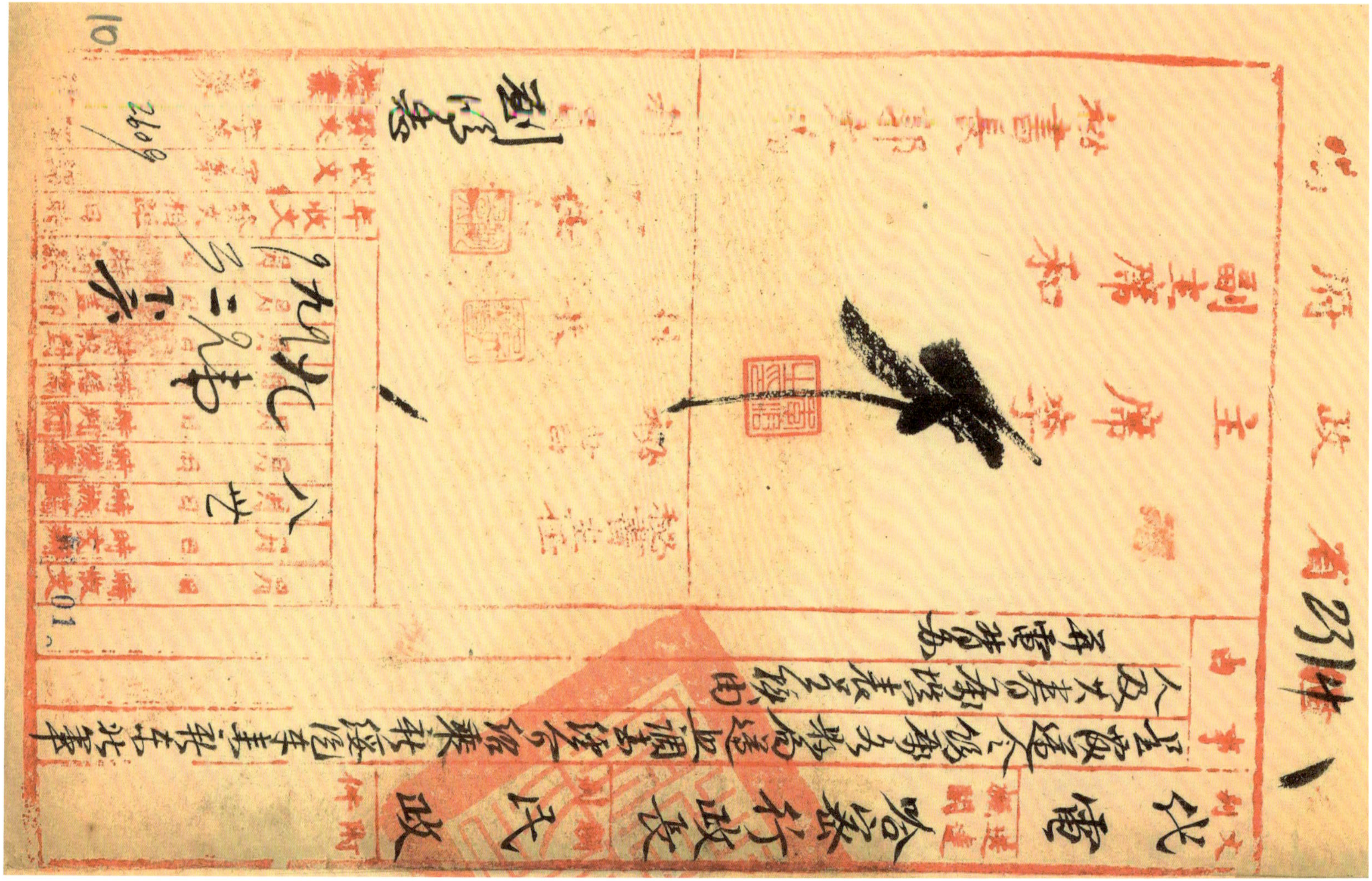

新疆省政府致边防督办盛世才及哈密行政长的代电（一九三六年九月三日）

代電

迪化盛督辦鑒：哈密劉行政長鑒。劉行政長八月十五日呈悉。據稱該署職員、并現籍由新綏汽車來新人士及其眷屬、戚友，并已給各縣商民，遂且調委工作，應准備案。至由車輛來哈之甘肅及其他各省人士，不准調委。至據前呈換發路費一節，凡此等來新人士既未請由公家免費或担任車旅等費，即不在此案前調委之列。仰即知照，并請督署委照。主席李〇劉主

應另案請核，隨時呈核備核

席和〇〇〇〇朱世民印

012

中華民國廿三年八月卅日

繕寫 汪祥甫

校對

監印

監印滕瑞芝

新綏長途汽車公司

赴新東北義軍眷屬乘車報告表綏字第 1 號

民國25年8月27日　30 次車搭載

乘車人姓名	性別	年齡	籍貫	票別	上下車站 上車	上下車站 下車	携帶行李 件數	携帶行李 過重斤數	在新疆親屬姓名關係及服務機關	備考
趙玉秋	女	28	吉林	正	綏遠	哈密	1		林鳳岐之妻	
祁甯氏	〃	37		〃	〃	〃	1		祁樹彬之妻	
陸謝氏	〃	38		〃	〃	〃	1		陸升春之妻	
陸札子	〃	15		〃	〃	〃			仝上之女	
陸林	男	12		〃	〃	〃			仝上之子	
于張氏	女	33	江省	〃	〃	〃	1		于化龍之妻	
于桂金	〃	11		〃	〃	〃			仝上之女	
于二鴨	〃	7		半	〃	〃			〃	
于挨小	〃	5		〃	〃	〃			〃	00002
李彥明	男	56	吉林	正	〃	〃	1		李春榮之父	

2

新綏長途汽車公司

赴新東北義軍眷屬乘車報告表　字第乙　號

民國25年8月　日　30次車搭載

乘車人姓名	姓別	年齡	籍貫	票別	上下車站 上車	上下車站 下車	携帶行李 件數	携帶行李 過重斤數	在新有重親屬姓名關係及服務機關	備考
李孔氏	女	56	吉林	正	綏遠	哈密	1		李春榮之祖母	
李王氏	〃	15	-〃-	〃	-〃-	-〃-			李春榮之妻	
宮純業	〃	30	-〃-	〃	-〃-	-〃-	1		宮自寬之妻	
宮彩雲	〃	8	-〃-	半	-〃-	-〃-	1		仝上之女	
宮日昌	男	4	-〃-	〃	-〃-	-〃-			仝上之子	
高曹氏	女	24	遼寧	正	-〃-	-〃-	1		高騰雲之母	
趙淑賢	〃	31	-〃-	〃	-〃-	-〃-			仝上之妻	
杜暢元	男	58	-〃-	〃	-〃-	-〃-	1		杜錫貴之父	
杜賈氏	女		-〃-	〃	-〃-	-〃-			仝上之妻	
杜維墨	〃	11	-〃-	〃	-〃-	-〃-			仝上之女	

出發站主任簽章　　　　經手人簽章

新綏長途汽車公司

赴新東北義軍眷屬乘車報告表　　字第3號

民國25年8月　日　30次車搭載

乘車人姓名	性別	年齡	籍貫	票別	上下車站		携帶行李		在新疆親屬姓名關係及服務機關	備考
					上車	下車	件數	過斤數		
杜英傑	男	20	遼寧	正	綏遠	哈密	1		杜錫貴之姪	
董長生	〃	4	〃	半	〃	〃			董紹林之子	
胡崔芳卿	女	26	〃	正	〃	〃	1		胡承潤之妻	
杜維俊	女	8	〃	半	〃	〃	1		杜錫貴之女	
曹景山	男	23	吉林	正	〃	〃	1		呂鳳閣之姨兄	00003
王彩鳳	女	20	濱江	〃	〃	〃			宋振武之妻	
董朱氏	女	30	奉天	〃	〃	〃	1		董紹林之妻	
張景載	男	28	山東	〃	〃	〃			王析卿眷内 張景照之弟	
張福生	女	19	〃	〃	〃	〃			〃 仝上之姪	
祁二喜	女	6	吉林	半	〃	〃			祁樹彬之子	

出發站主任簽章　　3　　經手人簽章

新綏長途汽車公司

赴新東北義軍眷屬乘車報告表 字第十號

民國25年8月28日 30次車搭載

乘車人姓名	性別	年齡	籍貫	票別	上下車站 上車	下車	携帶行李 件數	過重斤數	在新疆親屬姓名關係及服務机関	備考
任張氏	女	53	遼寧	正	綏遠	哈密	1		任棟梁之母	
宋奉勤	〃	23	〃	〃	〃	〃	1		任棟梁之妻	
任玉珍	〃	25	〃	〃	〃	〃	1		任棟梁之妹	
任小鶴	男	4	〃	半	〃	〃	1		任棟梁之子	
任阿拉	女	3	〃	〃	〃	〃	1		任棟梁之女	
任小濬	〃	1	〃	免	〃	〃			〃	
魏継武	男	52	〃	正	〃	〃			任棟梁眷内（友）	
黃金剛	〃	47	〃	〃	〃	〃	1		黃國振之叔父	
黃潘氏	女	39	〃	〃	〃	〃	1		黃國振之嬸母	
黃國文	男	24	〃	〃	〃	〃	1		黃國振之弟	

出發站 主任 畚童　　4　　經手人畚童

00004

新綏長途汽車公司

赴新東北義軍眷屬乘車報告表綏字第5號

民國25年8月28日 30次車搭載

乘車人姓名	性別	年齡	籍貫	票別	上下車站 上車	上下車站 下車	携帶行李 件數	携帶行李 過重斤數	在新疆親屬姓名關係及服務機關	備考
黃小姊	女	9	遼寧	正	綏遠	哈密			黃國振之妹	
黃小胖	女	5	〃	半	〃	〃			〃	
張楊氏	〃	34	江省	正	〃	〃	1		張權之妻	
張胖小	〃	9	〃	〃	〃	〃			張權之子	

（此聯由總公司轉寄迪督署）

00005

5

出發站主任簽章代　　經手人簽章

哈密司令尧乐博士等与新疆省政府关于招待义军眷属五十三人等事的来往电（一九三六年九月）

哈密司令尧乐博士等致新疆边防督办、省政府的电报（一九三六年九月十四日）

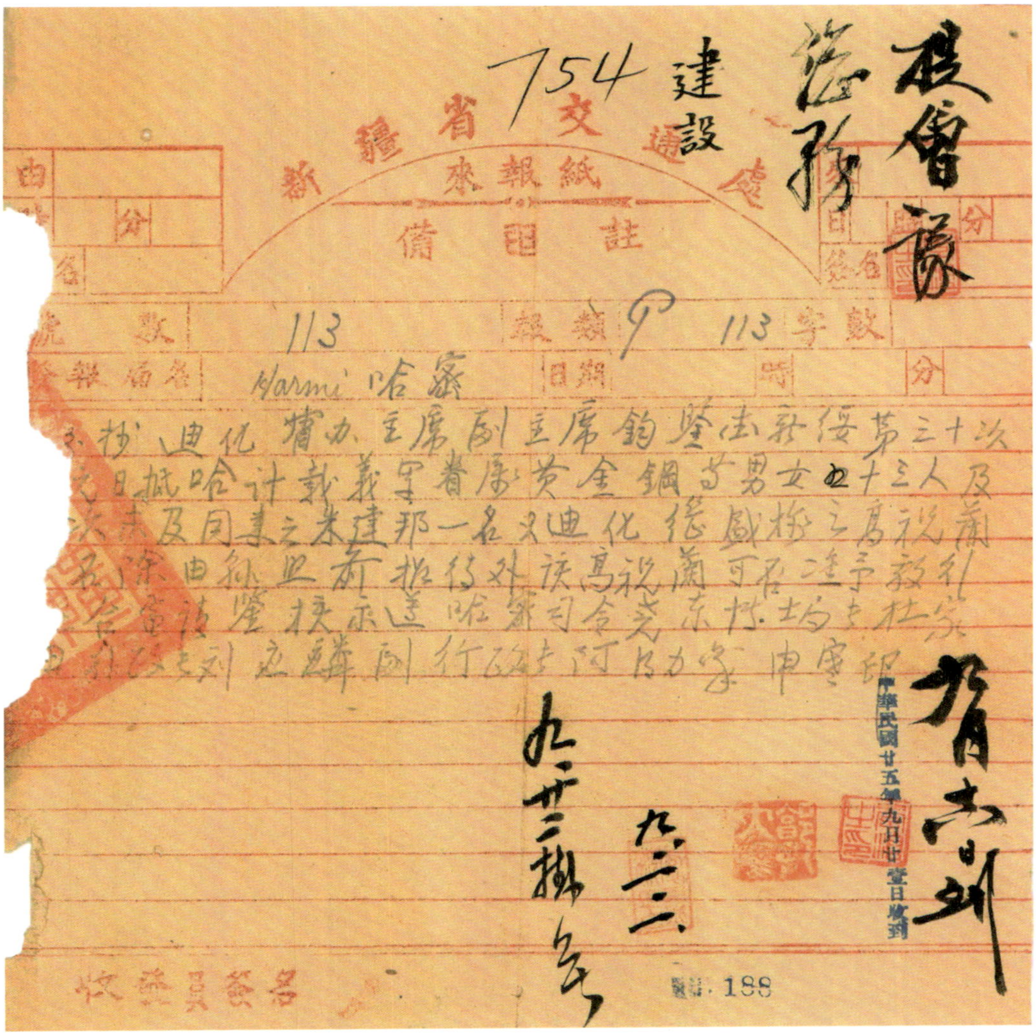

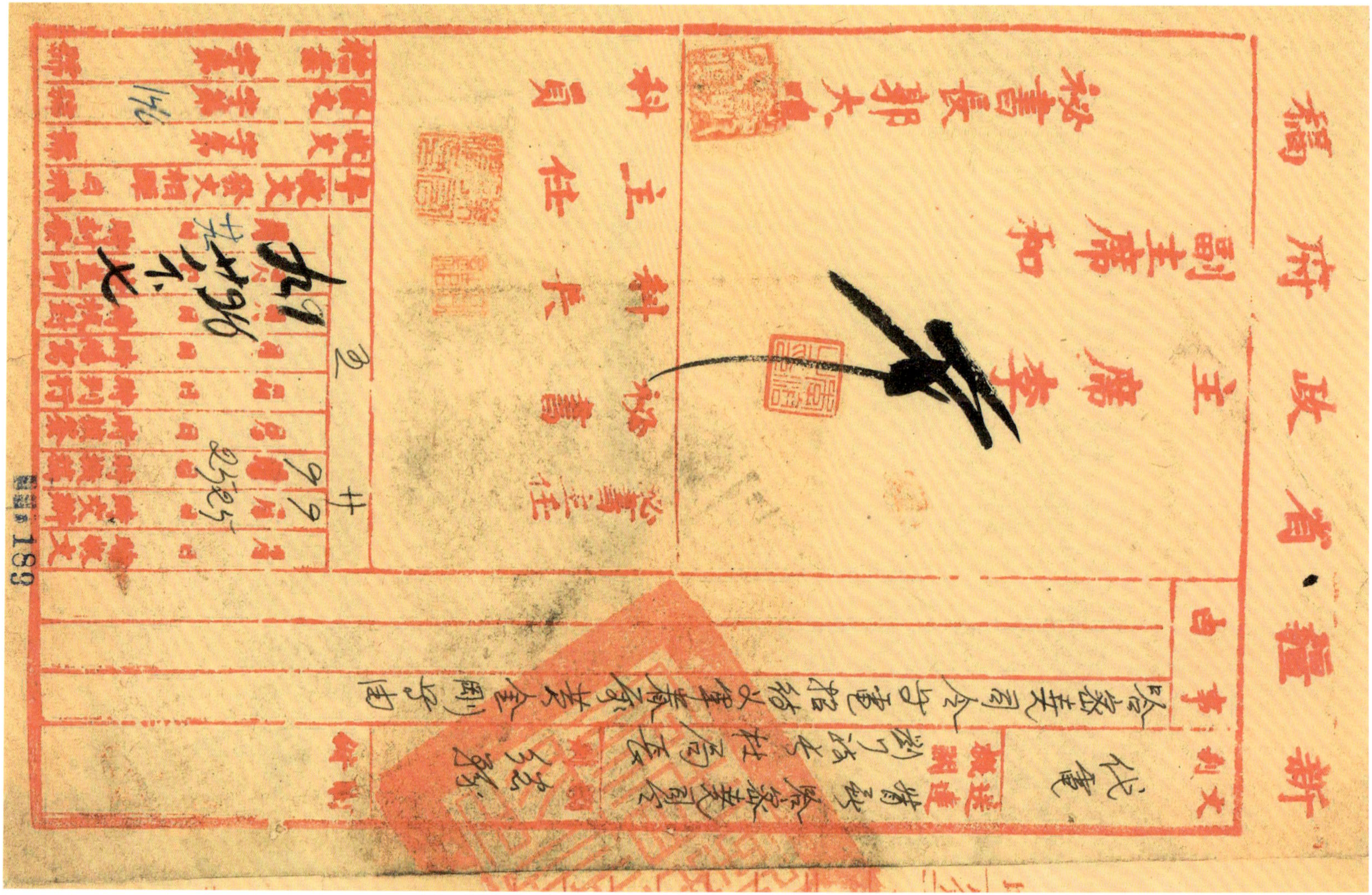
新疆省政府稿

主席李

副主席和

秘书长郭大鸣

文别：代电

新疆省政府致边防督办盛世才及哈密专员司令等的代电（一九三六年九月二十九日）

代電

迪化城請分飭盛哈密警司令劉、行政長阿、副行政長、公安局杜局長均鑒：警司令部申寒電悉。第卅次新綏汽車載來義軍眷屬黃金剛、朱建邦等男女五十四人，既經該司令等照前招待，准予備案，並由肅總城棧之高祝蘭一名，應否放行，既據分電，應請督核示防遵，並希查照。主席李溶、副主席和加尼牙孜。九月廿三日總印。

190

中華民國 23 年 9 月 日

新疆省政府印

繕寫
校對 黃典常
監印

監印滕瑞芝

陳焯炳

25

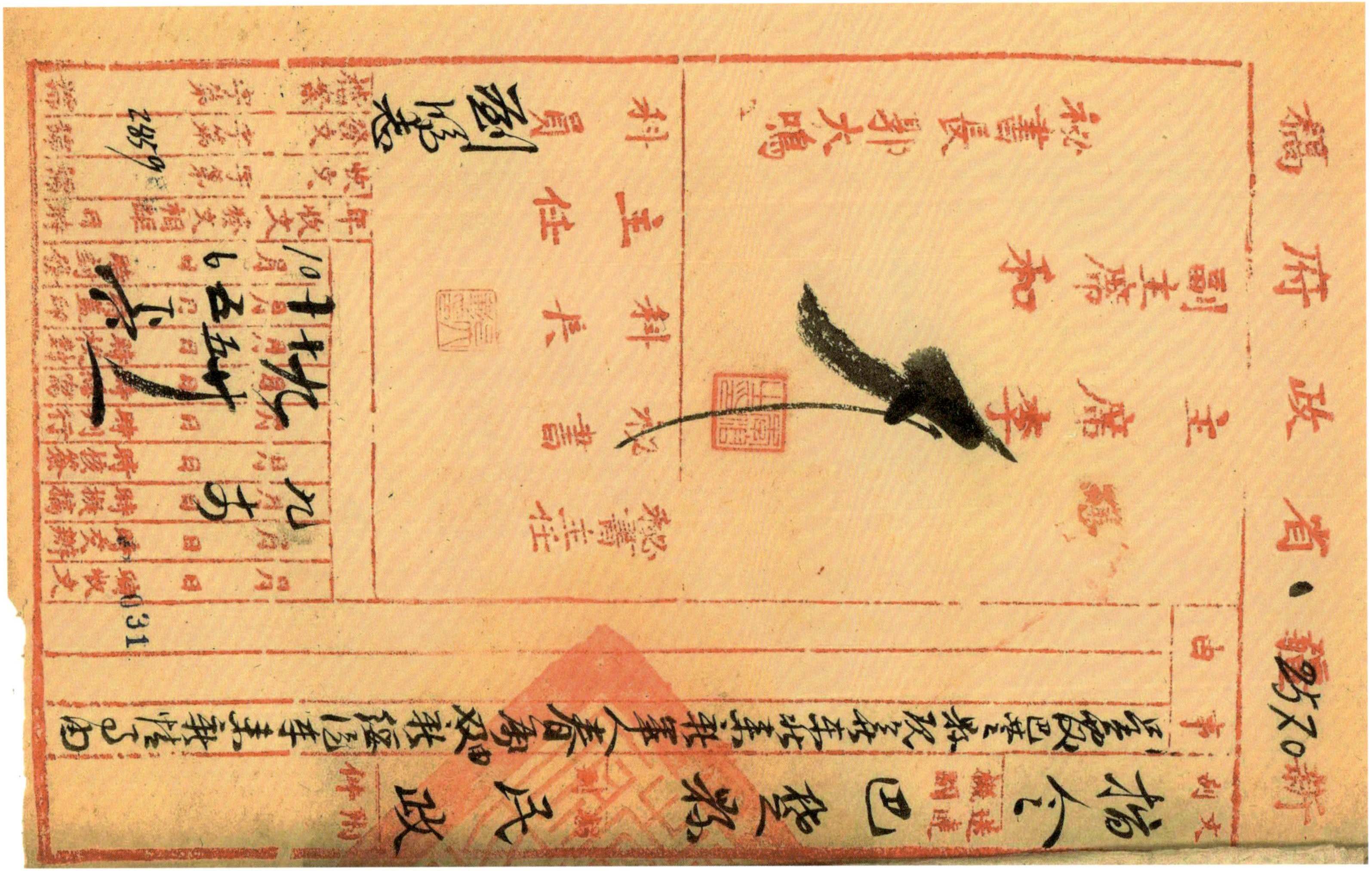
新疆省政府
主席 李溶
副主席 和
秘书长 郭大鸣

新疆省政府关于巴楚县现无乘新绥汽车来新东北军人及眷属事致巴楚县县长的指令（一九三六年十月六日）

指令　第　　号

令巴楚县县长艾来的拉

呈复巴楚县现无东北来新军人之眷属及由新疆汽车来新情事由

呈案，该县现无东北来新军人及陆续来新人士眷（乘新疆汽车来新）属、由新疆汽车来新者，应准备案，仰即知照。此令。

032

中華民國廿二年九月十日

繕寫

校對

監印

監印滕瑞芝

033

哈密司令尧乐博士等与新疆省政府关于招待义军眷属连福永等二十六人事的来往电（一九三六年十月）

哈密司令尧乐博士等致新疆边防督办、省政府的电报（一九三六年十月十八日）

新疆省交通處 來報紙 備註 備 1010

由 xof 18

時 18 分 20 簽名 yih

來 日 時 分 簽名

號數 114 報類 P 字數 86

來報局名 哈密 Hami 日期 18 時 分

迪化省办主席副主席钧鉴查新绥第卅一次车昨晚抵哈计载义军眷属连福永等男女廿六人除由哈密县招待外理合电请鉴核等查哈密司令尧乐博士局长杜宗田行政长刘应麟副行政长阿得力等酉巧印

收發員簽名 099

新疆省政府致边防督办盛世才、哈密司令尧乐博士等的代电（一九三六年十月二十七日）

新疆省政府

秘书长 郭大鸣

副主席 和

主席 李

科员

主任

科长

秘书主任

代電

迪化盛督辦鈞鑒：路總司令劉、副司令趙、公安局杜局長均鑒：竟司令等酉巧電悉。茲第卅一次新綏汽車載來蒙軍眷屬連福、永等男女廿六人，抵路後經總司令等飭給旅費、備車遣送，除電呈主席李、副主席鈞外，希照。職十月廿二日總印

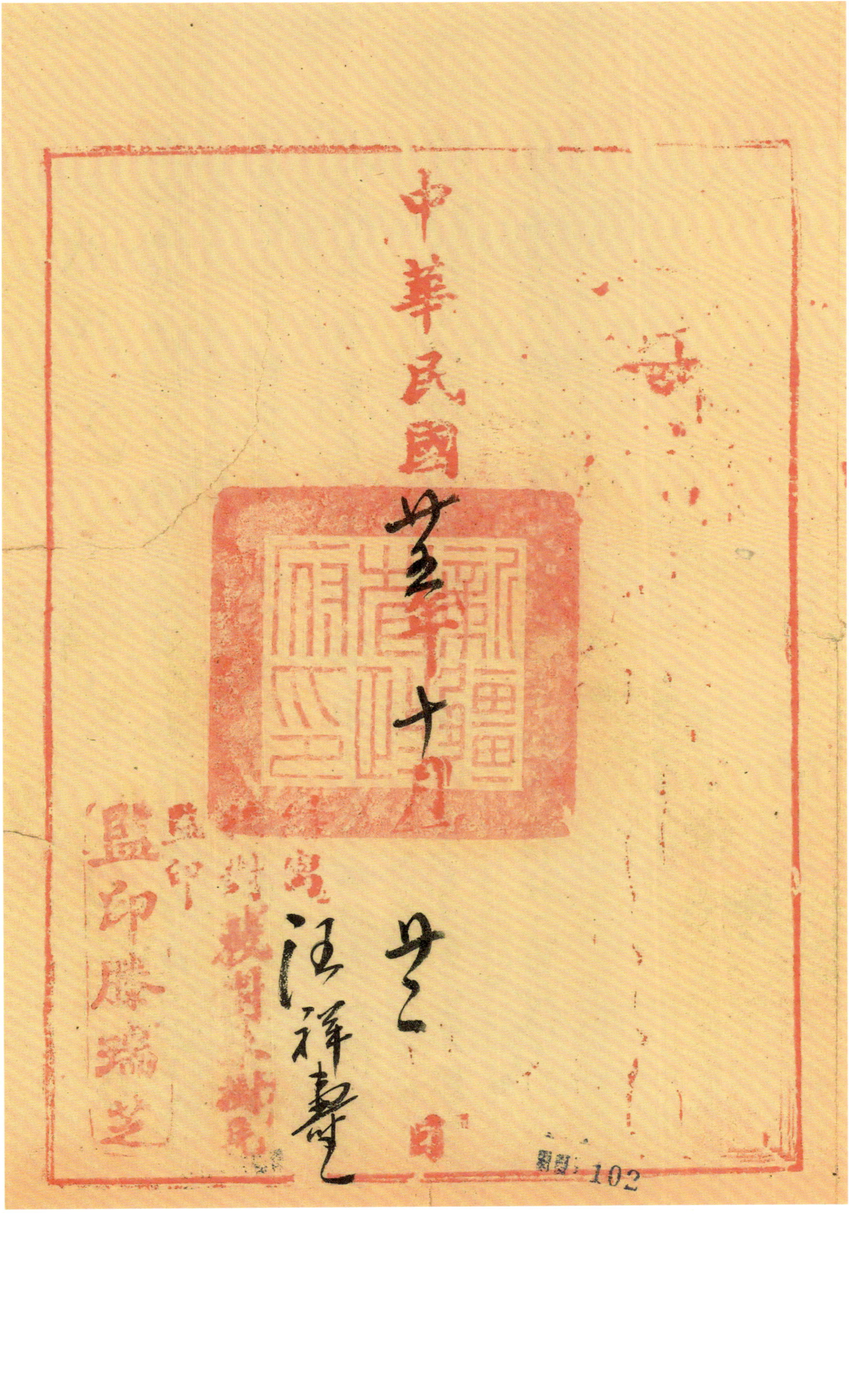
安

中華民國廿五年十一月廿一日

監印 滕瑞芝

102

新疆边防督办盛世才等关于招待东北义勇军一百零八名进省事致塔城行政长赵得寿等的电报

（一九三六年十一月二十一日）

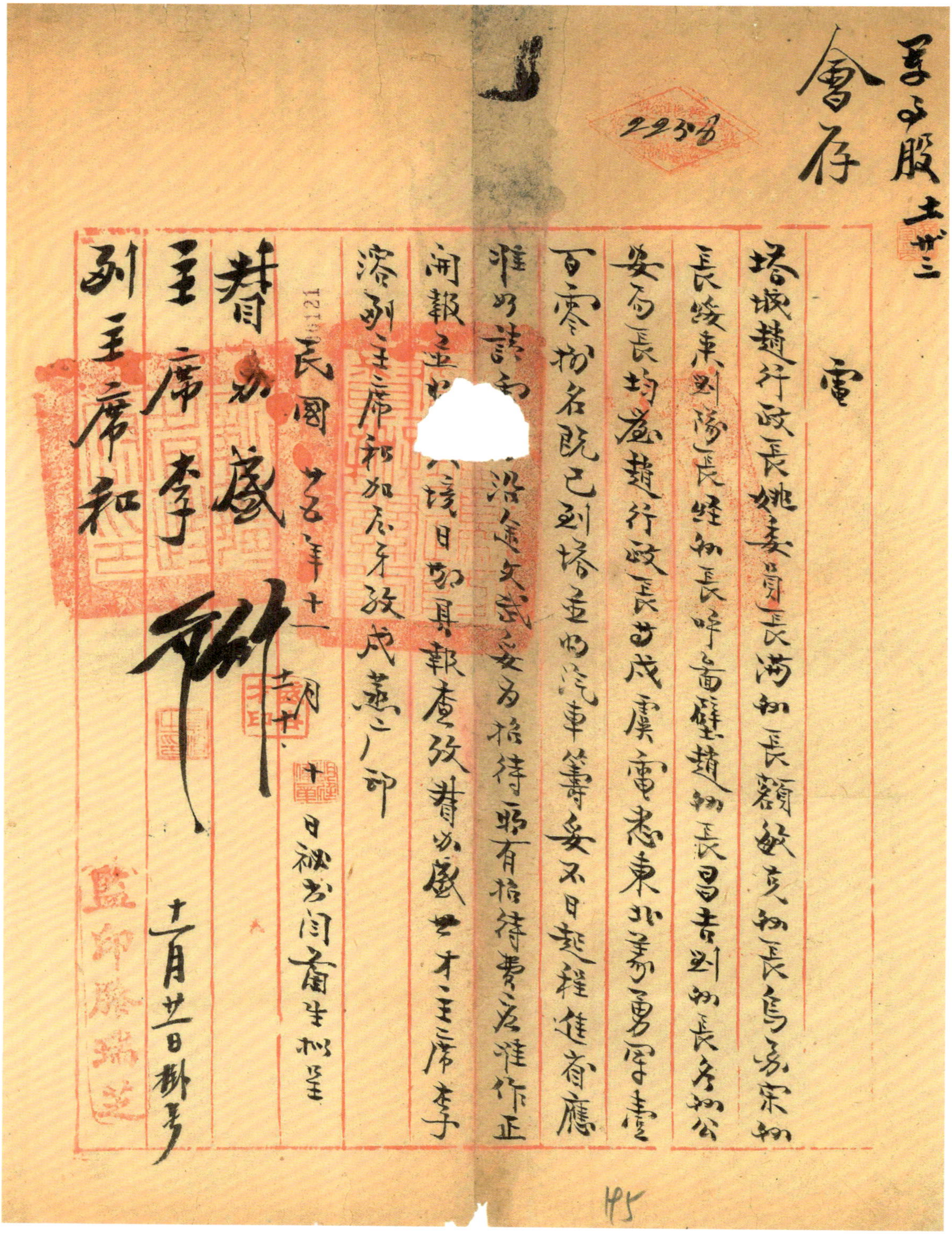

会存

電

塔城趙行政長、姚委員長、滿知長、額敏克知長、烏蘇宋知長、綏來劉局長、沙灣姓知長、呼圖壁趙知長、昌吉劉知長、孚遠公安局長均鑒：趙行政長世茂虞電悉。東北義勇軍壹百零捌名既已到塔，並由汽車籌妥，不日起程進省。應准如請，[illegible]沿途文武妥為招待，所有招待費應准作正開報，並[illegible]境日期具報查考。督辦盛世才、主席李溶、副主席和加尼牙孜。戌蒸一印

民國二十五年十一月二十日 十日秘書間甯生擬呈

督辦盛

主席李

副主席和

十一月廿日掛号

哈密县政府与新疆省政府关于哈密县招待第三十一次汽车来新东北眷属需用银两报请核销事的来往文书（一九三六年十二月）

哈密县县长陈大兴等致新疆省政府的呈（一九三六年十二月八日收）

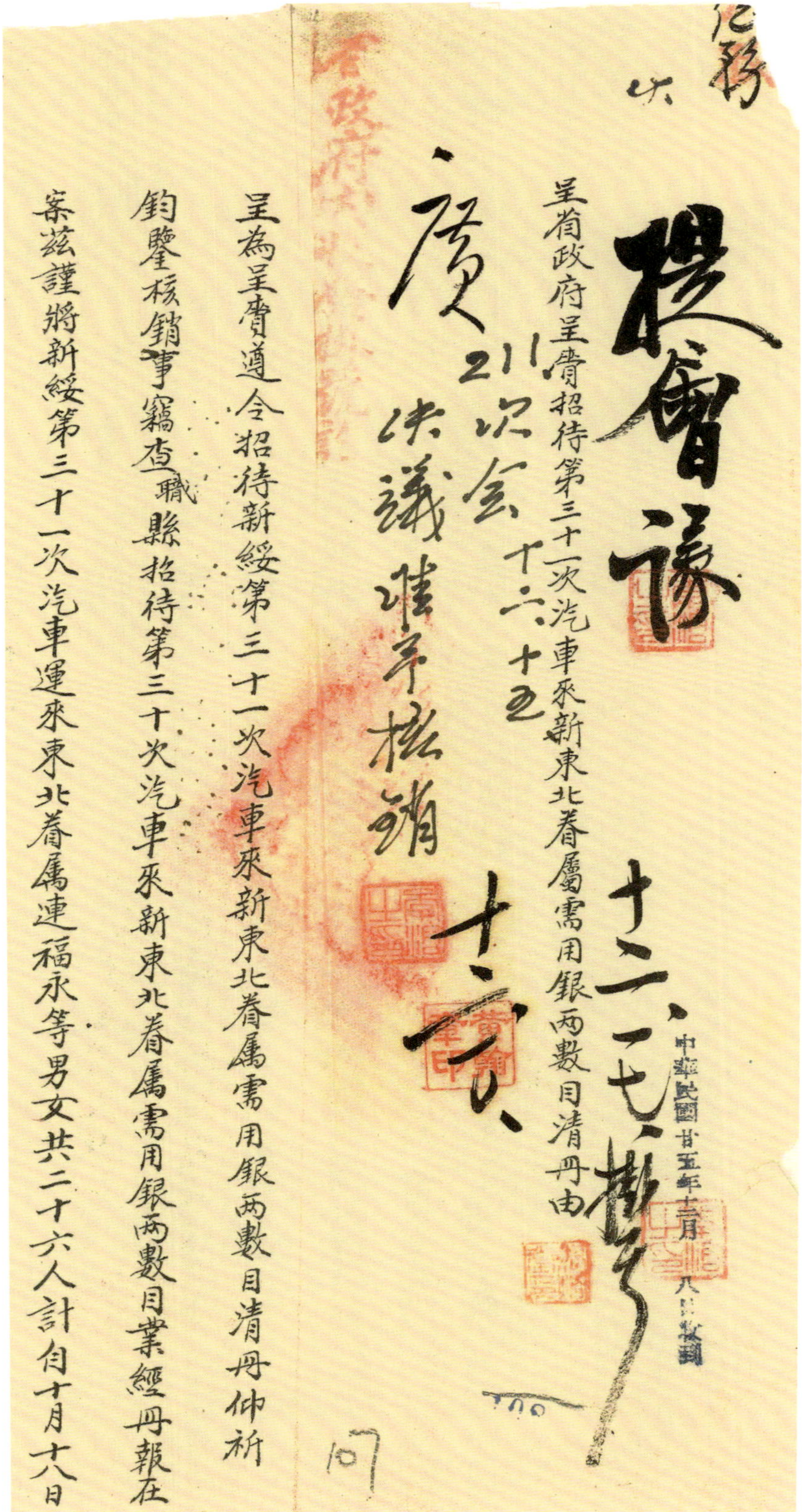
中華民國廿五年十二月八日收到

提會議

十二、十七、撤

呈省政府呈賫招待第三十一次汽車來新東北眷屬需用銀兩數目清冊由

十二、十五

廣

211次会

決議准予核銷

十二、十八

呈為呈賫遵令招待新綏第三十一次汽車來新東北眷屬需用銀兩數目清冊仰祈

鈞鑒核銷事竊查職縣招待第三十次汽車來新東北眷屬需用銀兩數目業經冊報在

案茲謹將新綏第三十一次汽車運來東北眷屬連福永等男女共二十六人計自十月十八日

抵哈二十日出境出入三日當由縣長派員妥為招待共需招待費銀壹拾萬零玖千九百二
十伍兩謹分晰造具清冊三本除分呈外理合檢同清冊二本條據二十七張具文呈請
鈞鑒核銷施行謹呈
新疆省政府
計呈賫清冊二本條據二十七張

署哈密縣縣長陳大興
哈密縣副縣長蘇希坡

陳大興印
蘇希坡印

附：哈密县政府造赍招待新绥第三十一次汽车运哈东北眷属需用银两数目清册（一九三六年十一月三十日）

哈密縣政府造賫招待新綏第三十一次汽車運哈東北眷屬需用銀兩數目清冊

110 112

署哈密縣縣長陳大興謹將招待新綏第三十一次汽車運哈東北眷屬運福永等男女二十六人自十月十八日起二十日止計三天需用銀兩數目理合分晰造具清册呈請

鑒核

計開

舊管 截至第三十次止

一存銀壹拾肆萬柒千零肆拾兩

新收

無項

111

113

開除

一除招待連福永等需銀壹拾萬零九千九百貳拾五兩

查招待東北眷屬連福永等二十六人計三日需食麵壹百貳
拾觔每斤價銀八十兩合銀九千六百兩又需大米九升每升價
銀九百五十兩合銀八千五百五十兩又需清醬三斤每斤價
銀六百兩合銀壹千八百兩又需香油壹斤合銀壹千五
百兩又需粉丐三斤每斤價銀六百兩合銀壹千八百兩又
需清油九斤每斤價銀八百兩合銀七千貳百兩又需粉条
四斤每斤價銀七百兩合銀貳千八百兩又需豆腐七十五塊

每塊價銀二十五兩合銀壹千八百七十五兩又需調和盐鹹
陳醋銀肆千伍百伍十兩又需鷄蛋五十五箇每箇價銀五
十兩合銀貳千七百五十兩又需羊肉四十五斤每斤價銀三
百兩合銀壹萬三千五百兩又需途用饢餅二百九十五箇每
箇銀五十兩合銀壹萬肆千七百五十兩又需洋蜡三包
每包價銀壹千五百兩合銀肆千五百兩又需菜蔬
銀六千五百五十兩又需紅茶壹斤合銀叁千貳百兩又
需燒柴兩車每車價銀八千兩合銀壹萬陸千兩又
需廚工六箇每箇工銀壹千五百兩合銀九千兩麦銀兩如上數

以上統共支出湘平銀壹拾萬零玖千玖百貳拾伍兩

實在

一存銀叁萬柒千壹百壹拾伍兩

右　具

冊

中華民國二十五年十一月三十日

縣長陳大興

陳大興印

新疆省政府致哈密县政府的指令及致边防督办公署的咨、致财政厅与财监会的训令（一九三六年十二月三十日）

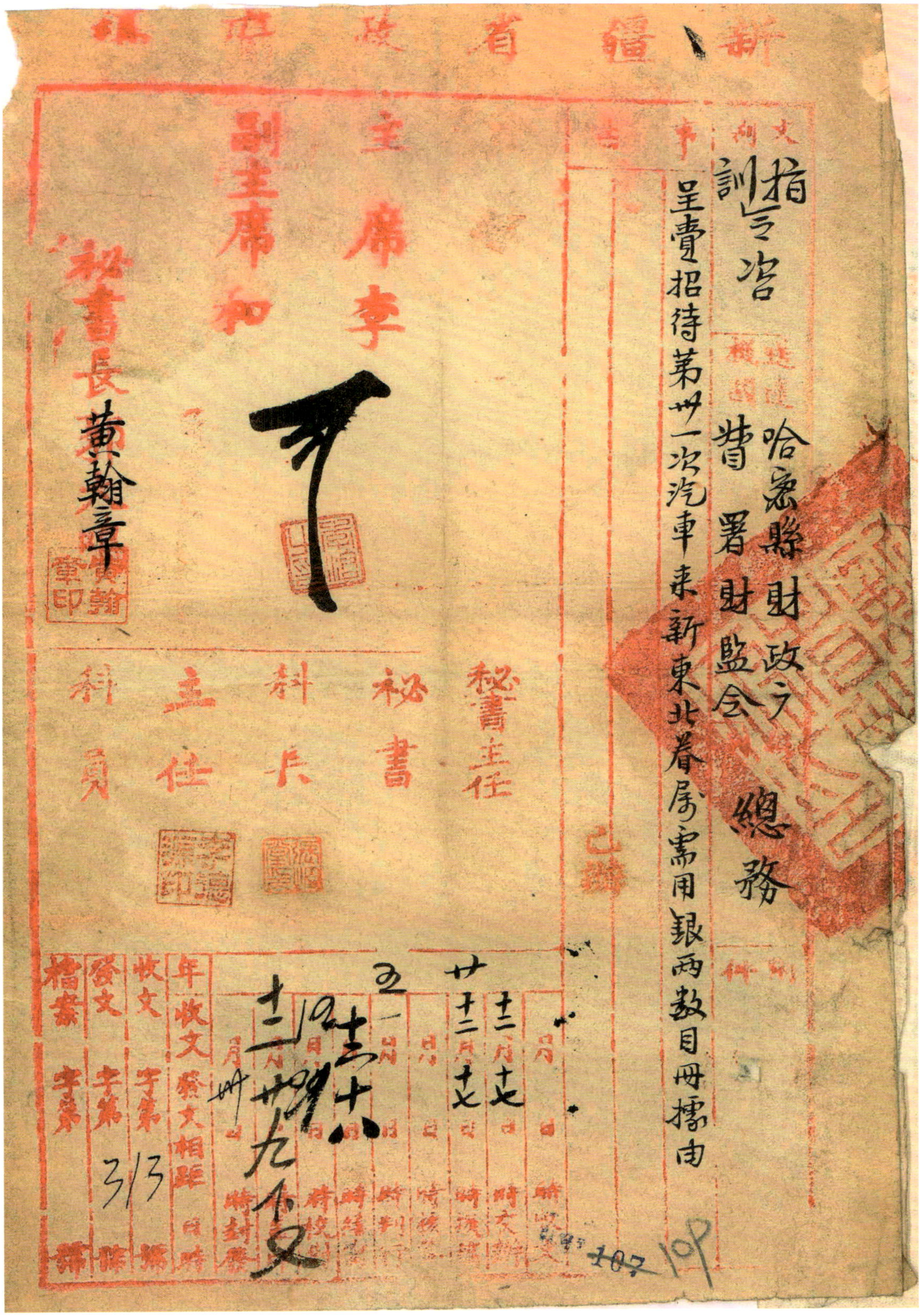
新疆省政府

主席李
副主席和
秘書長黄翰章

秘書主任
秘書
科長
主任
科員

文別：指、咨、訓
送達機關：哈密縣、財政廳、總務、督署、財監會
事由：呈賫招待第卅一次汽車來新東北眷屬需用銀兩數目冊據由

年收文發文相距日時
收文字第
發文字第
檔案字第
3/13

指令

令哈密陳縣長

呈賫招待第三十一次汽車來新東北眷屬需用銀兩

數目册據由

呈暨册據均悉。此案业經提交本府第二二一次會議

決議准予核銷。等因，紀錄在卷。除咨行

督辦公署查照及財政廳財監會遵辦核銷外，仰

即知照，册據存发。此令。

~~116~~ 110

咨
訓令

為咨請
令行事。案據哈密縣長陳大興呈稱：呈為呈賫遵　　財政廳、監會

令招待云云施行，計呈賫清册二本、條據二十七張等

情。據此，除指令呈暨册據均悉云云，前此令印發，並分行

外，相應咨請
合行令仰該會即便查照辦理。此令。

貴署查照為荷。此咨。

新疆邊防督辦盛

計發清册一本、條據二十七張（發財監会）

117

中華民國廿五年十二月十七日

監印滕瑞芝

118

塔城区行政长赵得寿关于调查乘新绥汽车来新东北军人及眷属事致新疆省政府的呈（一九三六年十二月八日）

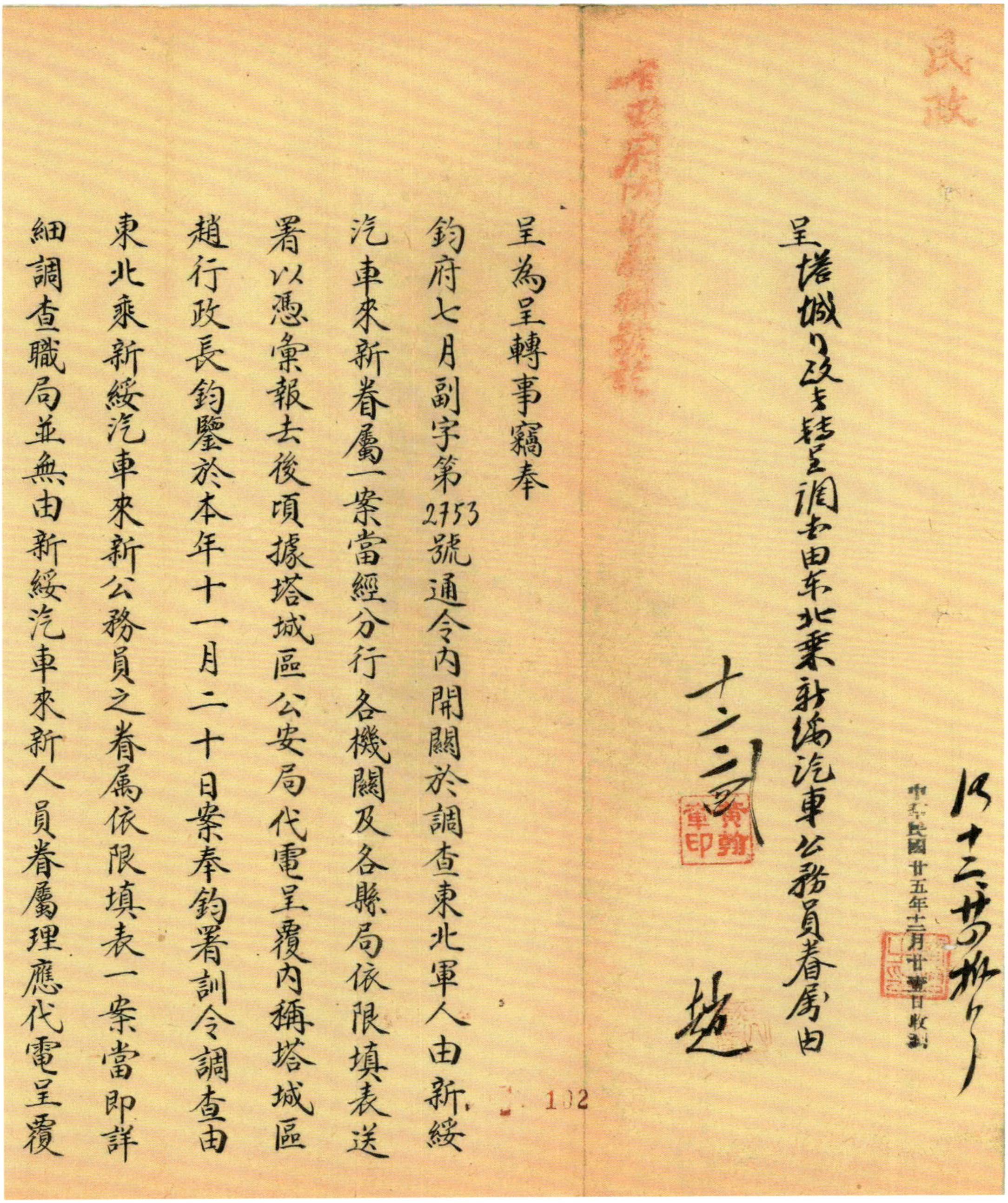
民政

呈塔城行政長趙呈調查由東北乘新綏汽車公務員眷屬由

趙

中華民國廿五年十二月廿　日收到

呈為呈轉事竊奉

鈞府七月副字第2753號通令内開關於調查東北軍人由新綏汽車來新眷屬一案當經分行各機關及各縣局依限填表送署以憑彙報去後頃據塔城區公安局代電呈覆内稱塔城區趙行政長鈞鑒於本年十一月二十日案奉鈞署訓令調查由東北乘新綏汽車來新公務員之眷屬依限填表一案當即詳細調查職局並無由新綏汽車來新人員眷屬理應代電呈覆

鑒核備查施行塔城區公安局局長王大山中華民國二十五

年十一月二十三日叩等情據此除分呈並指令外理合轉呈

鈞府鑒核備查施行謹呈

新疆省政府

塔城區行政長趙得壽

103

民國二十五年十二月八日

哈密县县长与新疆省政府关于拨发招待新绥第二十九次汽车来新东北眷属需用银两并补造凭单事的来往文书（一九三六年十二月）

哈密县县长陈大兴等致新疆省政府的呈（一九三六年十二月十日）

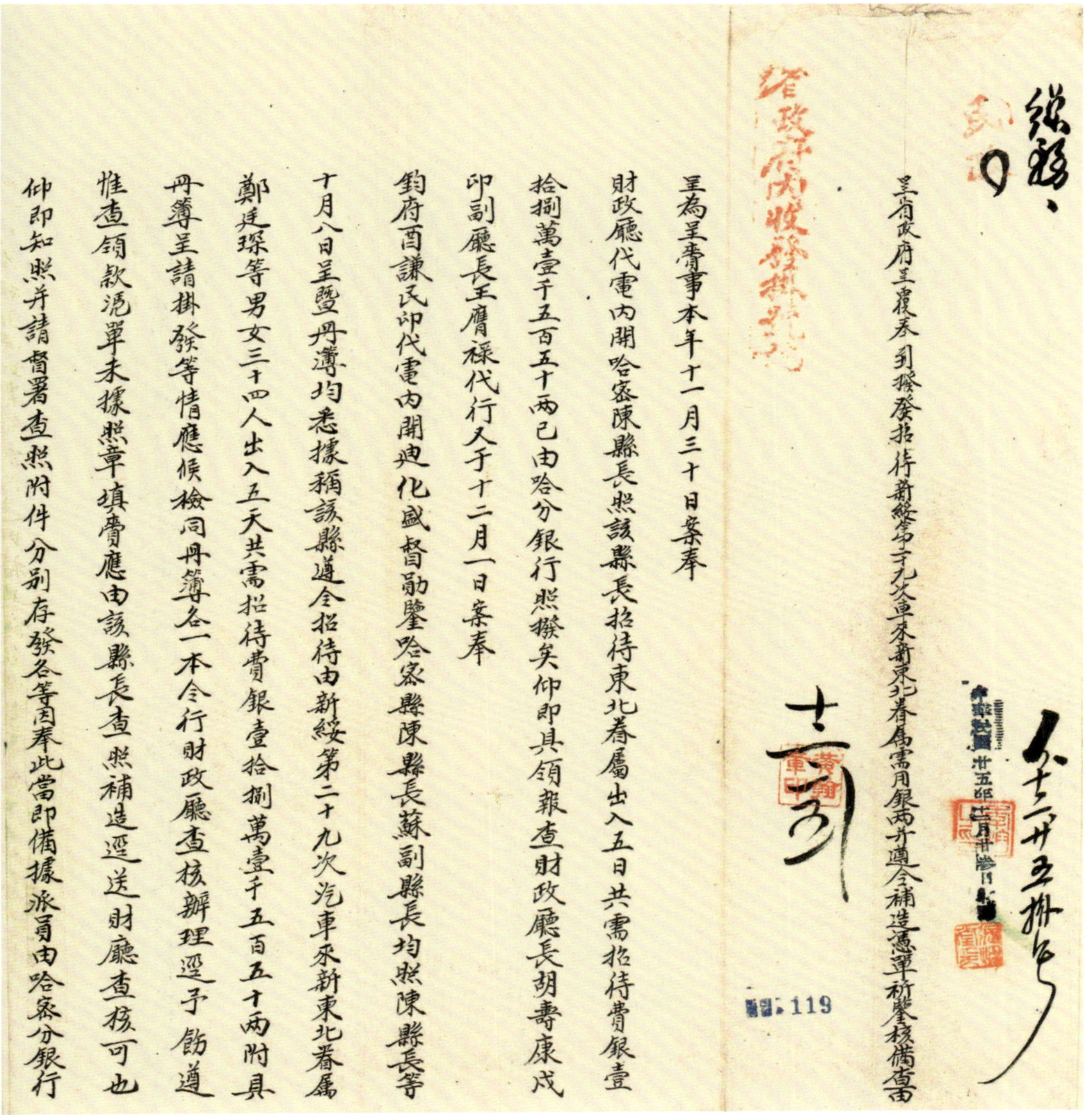
呈省政府呈復奉電撥發招待新綏第二十九次車來新東北眷屬需用銀兩并遵令補造憑單祈鑒核備查由

呈為呈覆事。本年十一月三十日案奉
財政廳代電內開：哈密陳縣長，照該縣長招待東北眷屬出入五日共需招待費銀壹
拾捌萬壹千五百五十兩，已由哈分銀行照撥矣，仰即具領報查。財政廳長胡壽康。戌
印。副廳長王膺祿代行。又于十二月一日案奉
鈞府酉諫民印代電內開：迪化盛督辦鑒：哈密縣陳縣長、蘇副縣長均照，陳縣長等
十月八日呈暨丹冊均悉。據稱該縣遵令招待由新綏第二十九次汽車來新東北眷屬
鄭廷琛等男女三十四人出入五天，共需招待費銀壹拾捌萬壹千五百五十兩，附具
丹簿呈請掛發等情。應候檢同丹簿各一本，令行財政廳查核辦理，遲予飭遵。
惟查領款憑單未據照章填齎，應由該縣長查照補造，遲送財廳查核可也。
仰即知照，并請督署查照。附件分别存發。各等因。奉此，當即備據派員由哈密分銀行

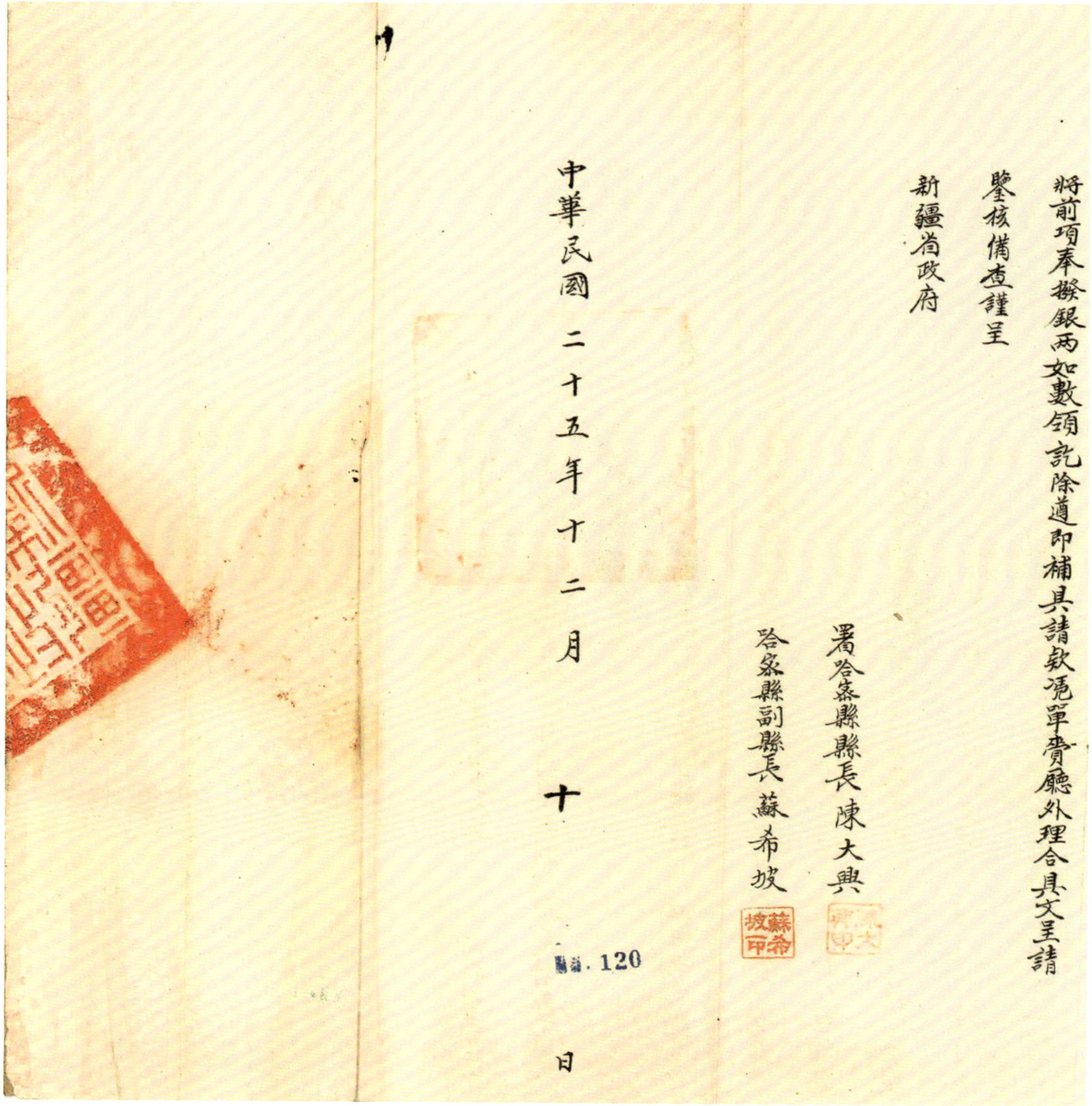

將前項奉撥銀兩如數領訖除道即補具請款憑單賫廳外理合具文呈請

鑒核備查謹呈

新疆省政府

署哈密縣縣長陳大興

哈密縣副縣長蘇希坡

中華民國二十五年十二月十日

120

新疆省政府致哈密县县长陈大兴的指令及致省财政厅的抄令（一九三六年十二月二十九日）

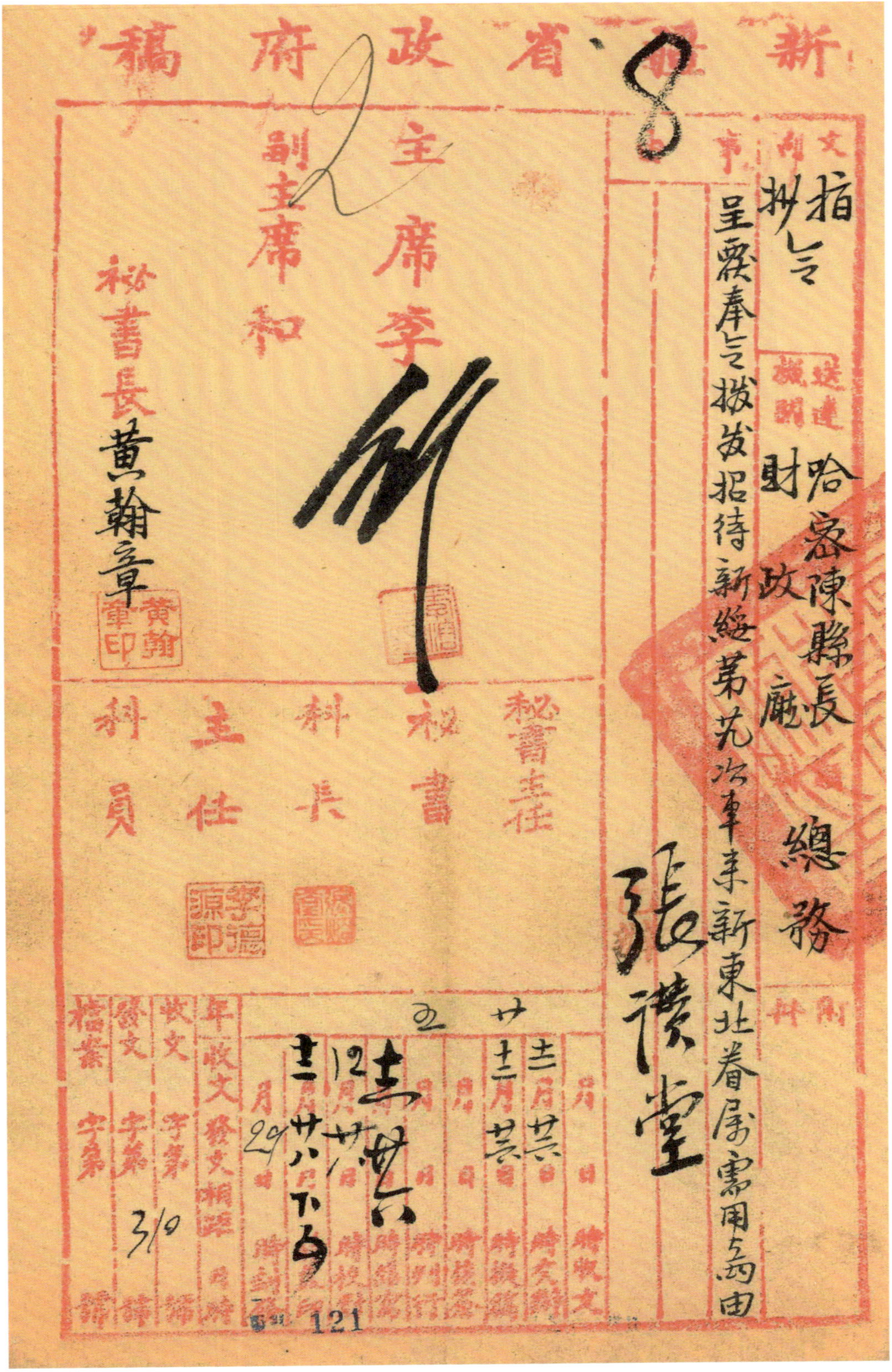

抄指令

哈密陳縣長

財政廳

哈密縣呈賚奉令撥發招待新綏第九次汽車來新東北眷屬需用銀兩并遵令補造憑單祈鑒核備查由

呈悉。該縣請領新綏第九次汽車來新東北眷屬需用招待費銀壹拾捌萬壹千五百五十兩，既經該縣長備據派員由哈密分銀行如數領訖，應准

122-1

备案，仰即知照，并仰财政厅查照，此令。

1222

中華民國廿五年十二月廿六日

繕寫　張纘堂

校對　殷翔　朱樹先

監印　滕瑞芝

塔城区行政长赵得寿关于上报招待来新东北义勇军所需费用缮具清折事致新疆省政府的呈

（一九三六年十二月十八日）

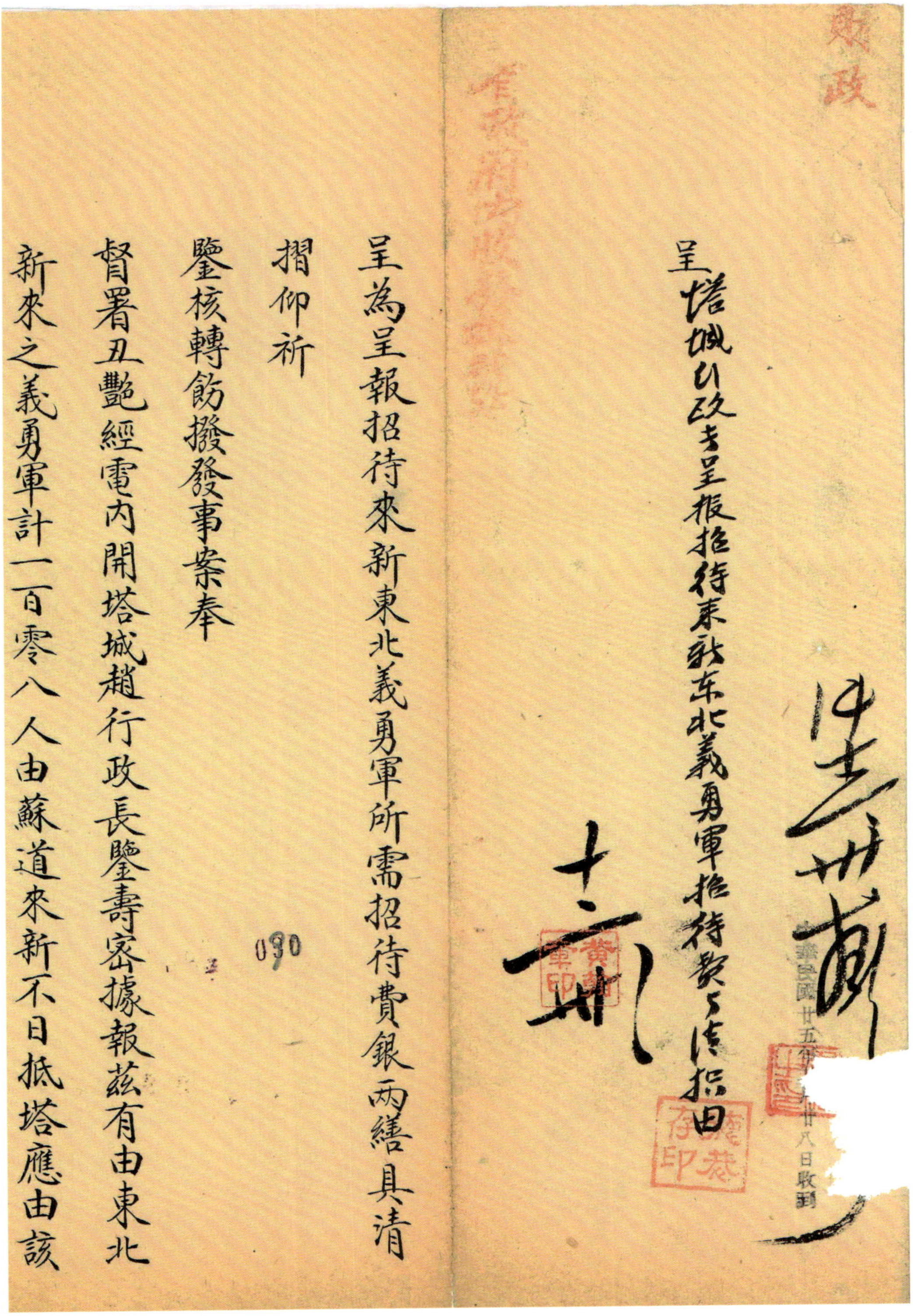
呈塔城區行政長呈報招待來新東北義勇軍招待款項清摺由

呈為呈報招待來新東北義勇軍所需招待費銀兩繕具清摺仰祈鑒核轉飭撥發事案奉督署丑艷經電內開塔城趙行政長鑒壽密據報茲有由東北新來之義勇軍計一百零八人由蘇道來新不日抵塔應由該

行政長預先準備俟該軍人等到達後妥為招待供給一切作
正開報並設法送省仍將入境暨起程日期隨時具報為要督
辦盛世才丑艷經印等因奉此查東北義勇軍於本年十一月
六日入境計官兵一百零七員名導在塔城新城內備好房舍
派塔區公安局長王大山邊防騎兵隊長焦耐成等從優招待
行政長並在署内另行設筵歡迎邀請塔區各機關首領座陪
嗣即備妥汽車將該義勇軍於十日晚全部運省計在塔休息
五日所有一切招待費用共需省票銀捌拾伍萬兩此項銀兩
業由塔城稅局暫借付訖除將單據咨送財政廳核發外理合
繕具開支清摺一併備文呈請
鈞府鑒核轉飭撥發實為公便謹呈

附：塔城区行政长赵得寿缮具招待来新之东北义勇军所需一切招待费用银两数目清折
（一九三六年十二月十八日）

清摺

塔城區行政長趙得壽謹將招待來新之東北義勇軍所需一切招待費用銀兩數目繕具清摺恭呈

鑒核

計開

一據一張海參席貳棹共付銀伍萬陸千兩

一據一張筵席用各種酒共付銀貳萬壹千七百兩

094

一據一張筵席用各種糖菓共付銀壹萬叁千零九十兩

以上三筆在行政公署設筵用共支票銀玖萬零柒百九十兩

一據一張付汽車費銀叁萬五千兩（由塔赴卡接收時因天雨路濘接收人員僱乘汽車赴卡花用）

一據九張買（洋爐葦席菜刀盌盆水壺毡子）等共付銀壹拾五萬貳千捌百兩

一據四張買燃料（蒿柴煤塊）共付銀貳拾五萬柒千兩

一據五張買（賬本瓶子洋糖治病葯錢洗澡錢）共付銀貳萬零五百五十兩

一據一張買大米三斗共付銀壹萬五千六百兩

一據七張買伙食及饃饃共付銀五萬捌千五百兩

一據七張買猪羊鷄肉共付銀五萬五千貳百兩

一據四張買酒共付銀四千五百五十兩

一據二十張買（油塩醬醋調和菜蔬）等共付銀肆萬壹千六百六十兩

一據十一張買紙烟共付銀捌萬柒千八百兩

一據八張買茶葉洋燭洋火共付銀叁萬零五百五十兩

以上十一筆由招待處用共支省票柒拾五萬玖千貳百壹拾兩

以上總共支付招待費省票銀捌拾伍萬兩

096

民國二十五年十二月十八日

新疆省政府关于财政厅已由哈密分银行拨发哈密县招待东北眷属费用事致省财政厅的指令及致哈密县县长的抄令（一九三七年一月十九日）

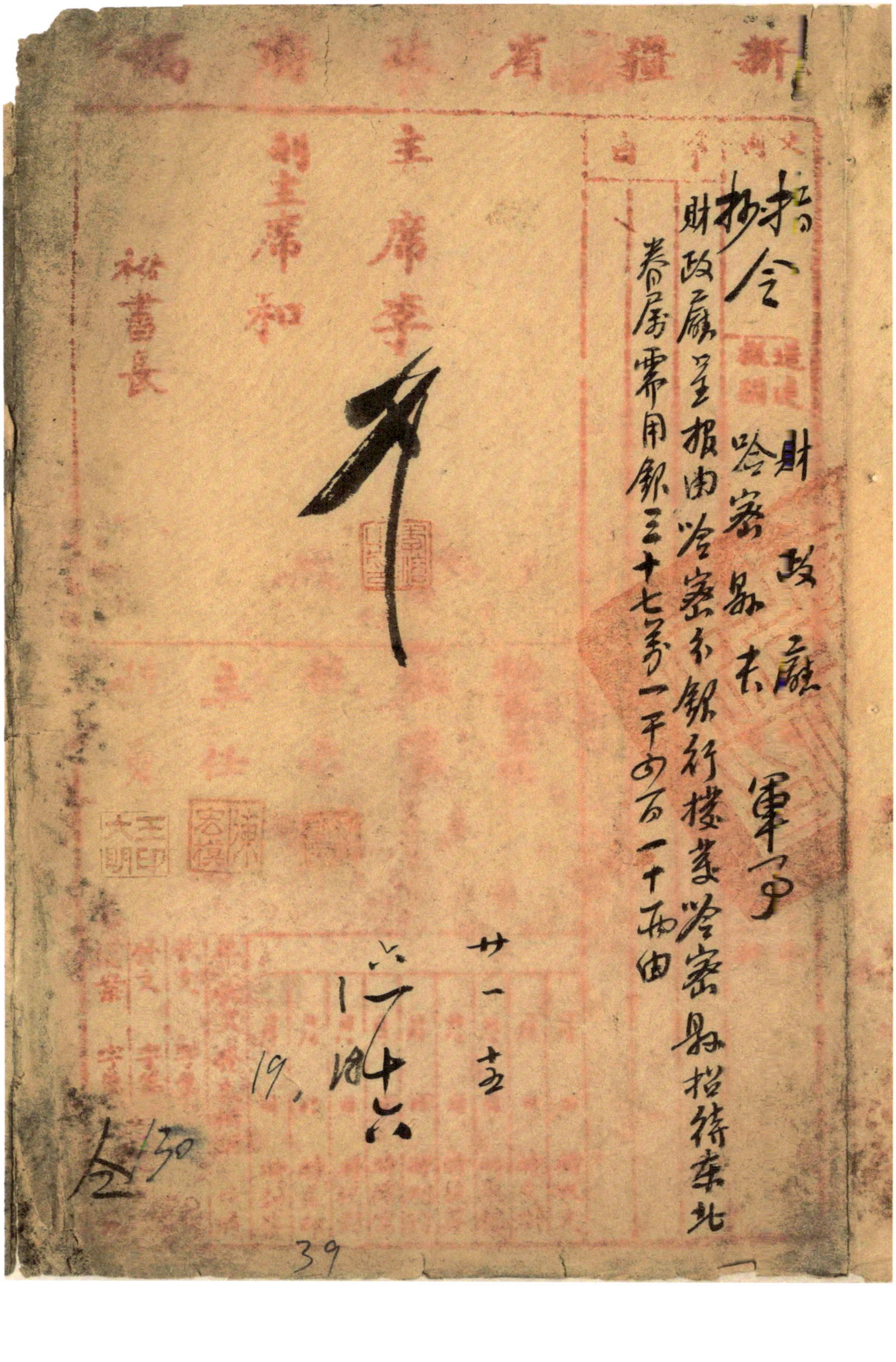

抄 指令

財政廳

哈密縣陳縣長

財政廳呈報由哈密分銀行撥發哈密縣指待

東北眷屬需用銀三十七萬壹千四百

壹拾兩由

呈悉應准備案仰即知照并仰哈

密縣長查照此令

40-1

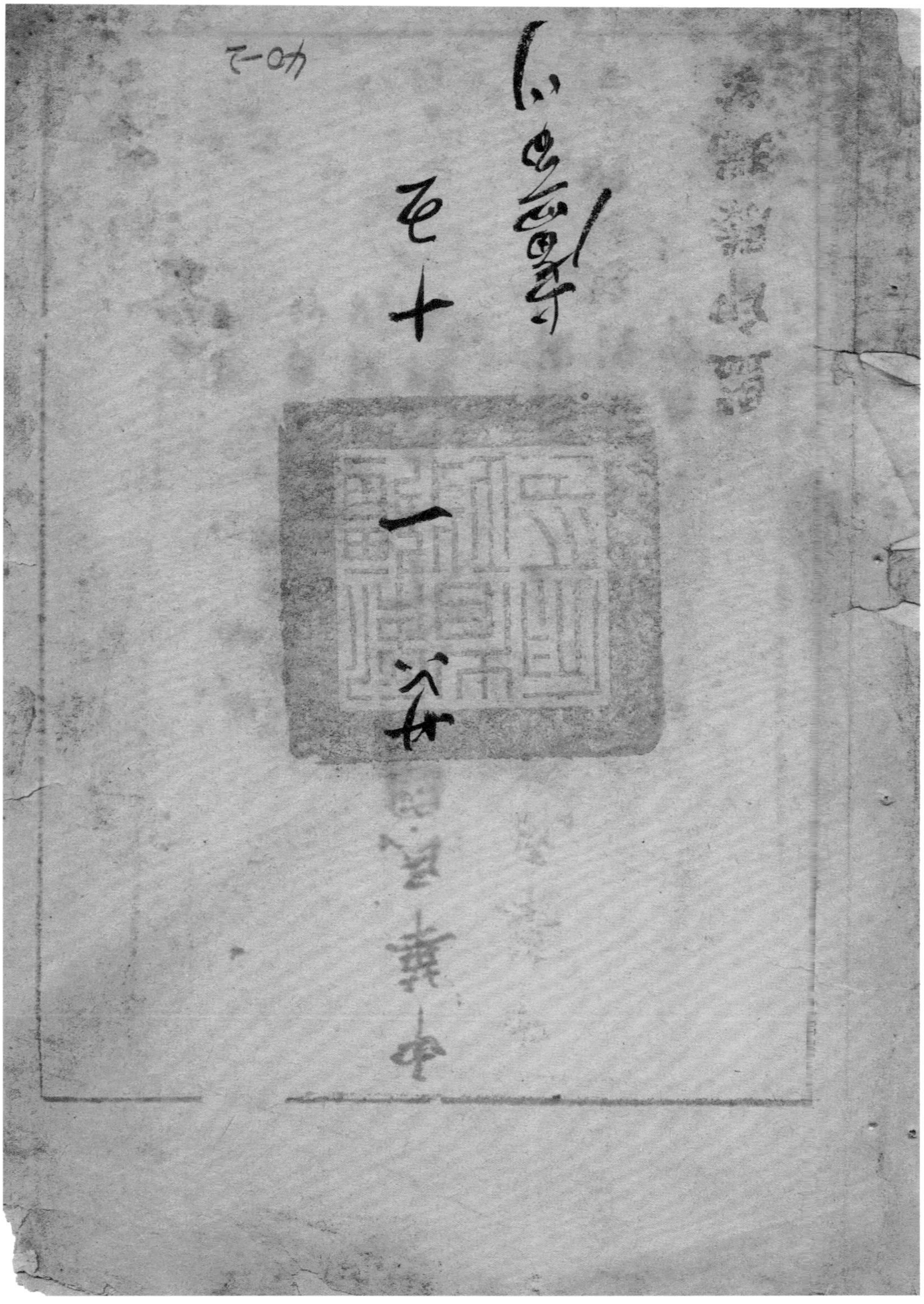

哈密县县长与新疆省政府关于招待新绥第三十二次汽车载运来新东北眷属需用银两事的来往文书（一九三七年一月至二月）

哈密县县长陈大兴等致新疆省政府的呈（一九三七年一月二十日）

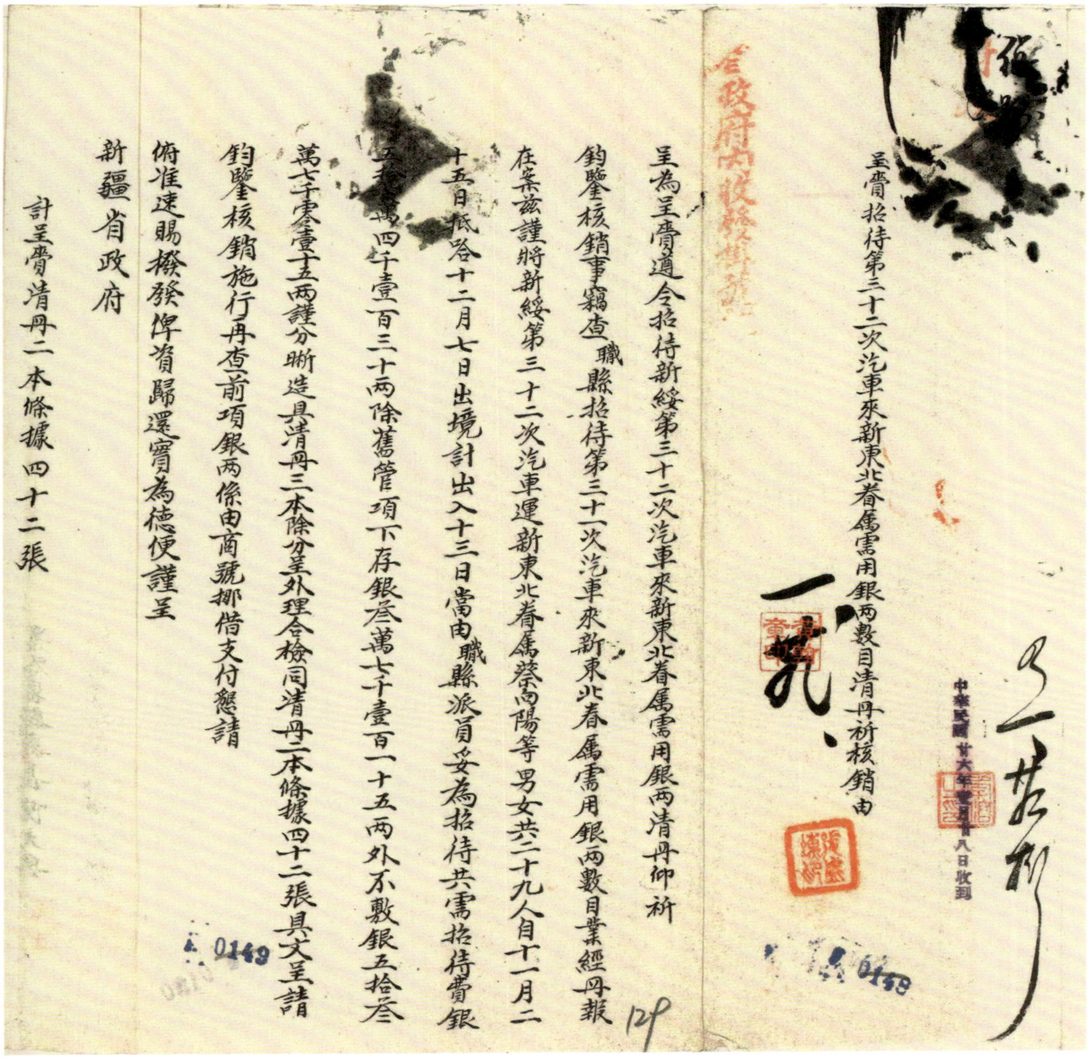
呈賫招待第三十二次汽車來新東北眷屬需用銀兩數目清冊祈核銷由

呈為呈賫適令招待新綏第三十二次汽車來新東北眷屬需用銀兩清冊仰祈
鈞鑒核銷事竊查職縣招待第三十一次汽車來新東北眷屬需用銀兩數目業經冊報在案茲謹將新綏第三十二次汽車運新東北眷屬蔡尚陽等男女共二十九人自十一月二十五日抵哈十二月七日出境計出入十三日當由職縣派員妥為招待共需招待費銀[illegible]四千壹百三十兩除舊管項下存銀叁萬七千壹百一十五兩外不敷銀五拾叁萬七千零壹十五兩謹分晰造具清冊三本除分呈外理合檢同清冊二本條據四十二張具文呈請
鈞鑒核銷施行再查前項銀兩係由商號挪借支付懇請
俯准速賜撥發俾資歸還實為德便謹呈
新疆省政府
計呈賫清冊二本條據四十二張

署哈密縣縣長陳大興
哈密縣副縣長蘇希坡

中華民國二十六年一月二十日

附：哈密县政府造赍招待第三十二次汽车运哈东北眷属需用银两数目清册（一九三七年一月）

哈密縣政府造賫招待第三十二次汽車運哈東北眷屬需用銀兩數目清冊

0156

135

署哈密縣縣長陳大興謹將招待新綏第三十二次汽車運哈東北眷屬蔡向陽等男女三十九人自十一月二十五日抵哈起至十二月六日出境止計十三天所有需用銀兩數目理合分晰造具四柱清册呈請

鑒核

計開

舊管

一存銀叁萬七千一百一十五兩

新收

無項

開除

一除招待蔡向陽等銀五拾七萬四千一百三十兩

查招待東北眷屬蔡向陽等二十九人計十三日需食丙六百五十二斤每斤價銀九十兩合銀五萬八千六百八十兩又需大米五斗五升每升價銀一千一百兩合銀六萬零五百兩又需清油五十五斤每斤價銀八百兩合銀四萬四千兩又需清醬二十三斤每斤價銀六百兩合銀一萬三千八百兩又需香油三斤每斤價銀一千五百兩合銀四千五百兩又需粉丙二十七斤每斤價銀六百兩合銀一萬六千二百兩又需粉条二十三斤每斤價

銀二百兩合銀一萬六千一百兩又需豆腐四百五十塊每塊銀三十兩
合銀一萬三千五百兩又需鹽醃調和陳醋銀一萬七千二百兩
又需雞蛋銀一萬二千五百兩又需羊肉二百二十五斤每斤價
銀三百兩合銀六萬七千五百兩又需饃饃五百三十六個每
個銀五十兩合銀二萬六千八百兩又需菜蔬銀三萬二千五
百兩又需洋蠟十九包每包價銀一千五百兩合銀二萬八
千五百兩又需紅茶三斤半每斤價銀三千五百兩合銀一
萬二千二百五十兩又需燒柴一十三車每車價銀八千
五百兩合銀一十一萬零五百兩又需厨工二十六個每個工

銀一千五百两合銀三萬九千两共支銀两如上數

查以上統共支出湘平銀伍拾七萬四千一百三十两

實在

一實不敷銀伍拾叁萬七千零一十五两

右

丹　　具

中華民國二十六年一月　日縣長陳大興

新疆省政府致哈密县县长陈大兴的指令及致省财政厅的训令（一九三七年二月三日）

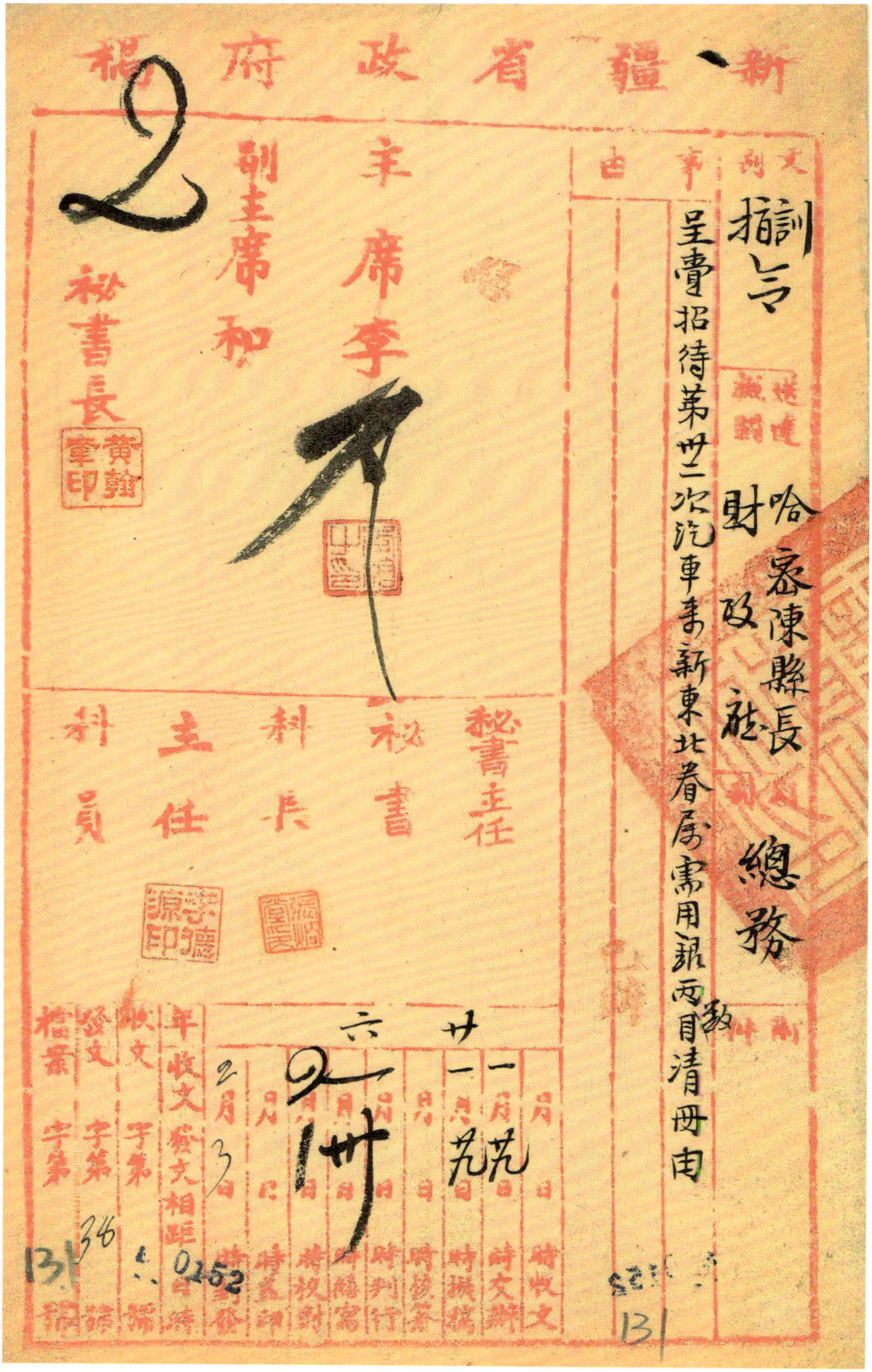
新疆省政府稿

文别：指令　訓令

送達機關：哈密陳縣長　財政廳　總務科

事由：呈賷招待第卅二次汽車隊新東北眷屬需用銀兩數目清冊由

主席李

副主席和

秘書長　黄翰章印

秘書主任　秘書　科長　主任　科員

指令

令哈密縣長

呈賫招待第三十二次汽車來新東北眷屬需用銀兩數目清册祈核銷由

呈暨册據均悉是否相符應候財政廳核辦飭遵具報仍由該縣長補造預計算書簿憑單呈賫來府以憑核銷册據存轉此令

訓令 財政廳

檢发

為咨行事案據哈密縣長陳大興呈稱呈為呈賫

遵咨云云謹呈計呈賫清冊二本條據四十二張等情

據此除指咨呈暨冊據均悉云云前此咨印發外合行檢發

原冊據咨仰該廳即便查照辦理此咨

計發清冊一本條據四十二張

中華民國廿二年一月　日

先

高致遠

監印　校對　繕寫

監印人蔡瑞芝

0155

134

新疆省财政委员会与新疆省政府关于核议塔城行政长请核发招待东北义勇军费用事的来往文书（一九三七年一月）

新疆省财政委员会致省政府的呈（一九三七年一月二十二日）

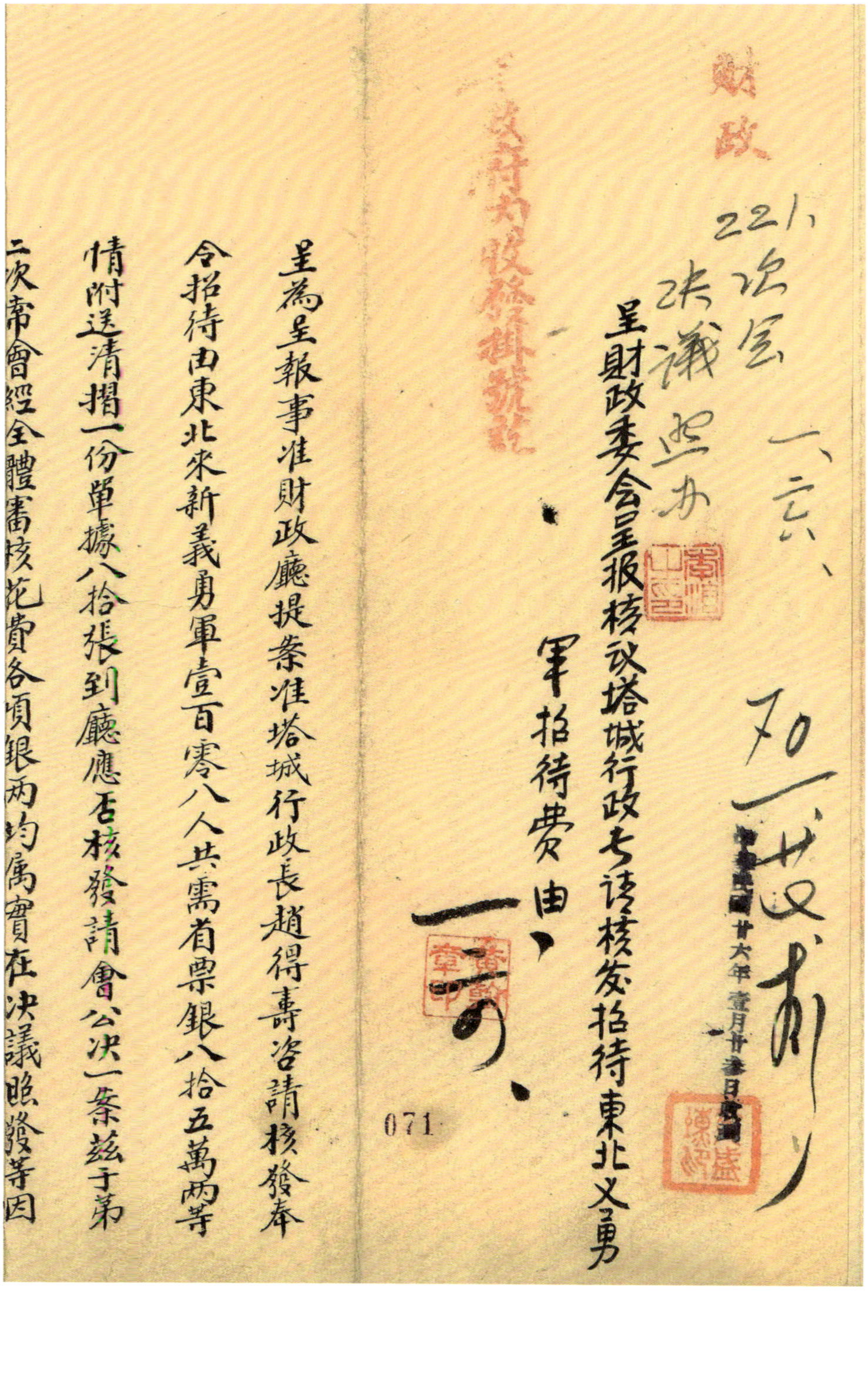
呈財政委會呈報核議塔城行政長請核發招待東北義勇軍招待費由

呈為呈報事准財政廳提案准塔城行政長趙得壽咨請核發奉令招待由東北來新義勇軍壹百零八人共需省票銀八拾五萬兩等情附送清摺一份單據八拾張到廳應否核發請會公決一案茲于第二次常會經全體審核花費各項銀兩均属實在決議照發等因

紀録在案所擬是否有當理合具文呈請

鈞府鑒核示遵并行財政廳查照施行謹呈

新疆省政府

財政委員會

072

民國二十六年一月二十二日

新疆省政府致省财政委员会、财政厅的指令及致塔城区行政长官的抄令（一九三七年一月三十日）

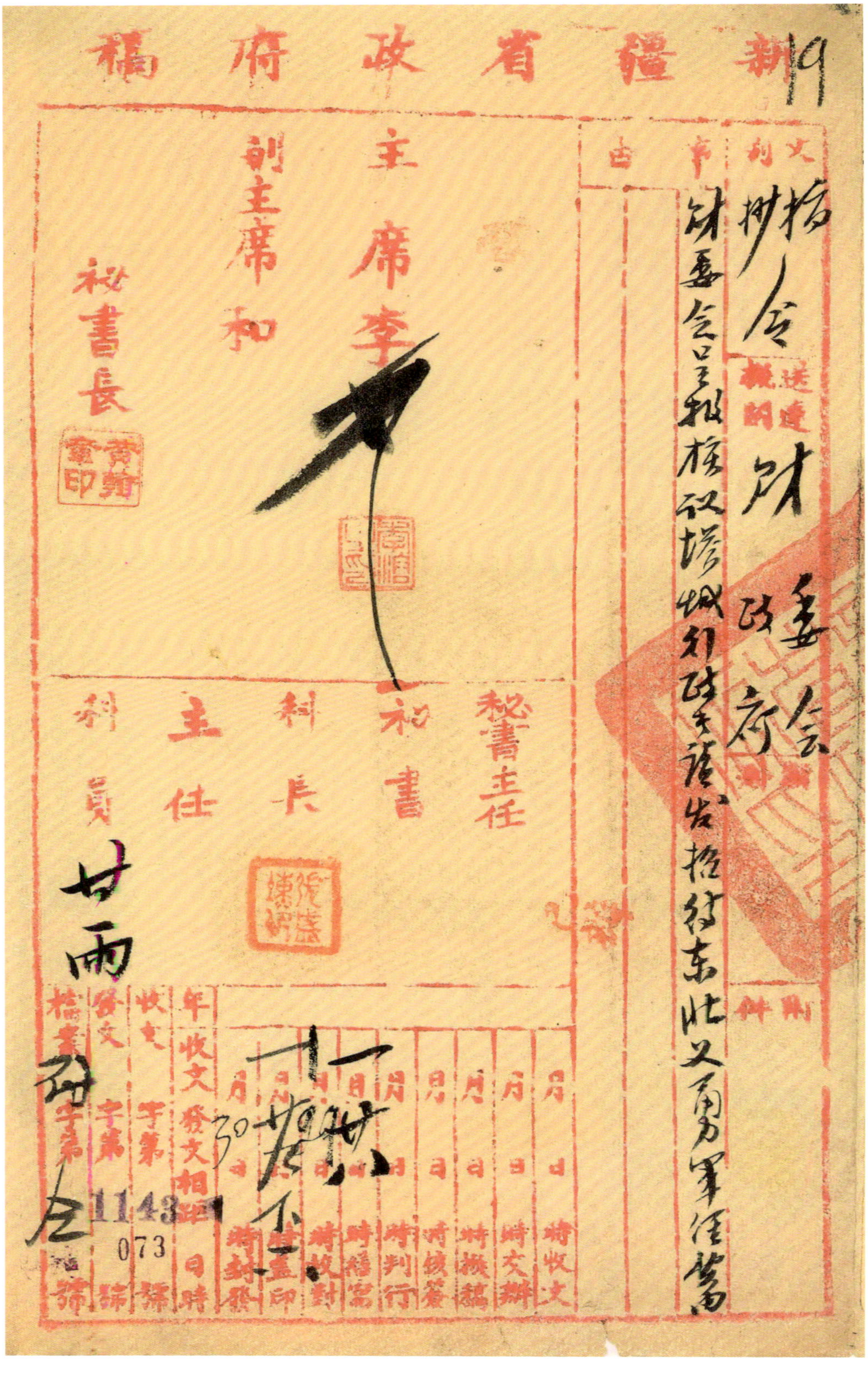

指令
抄令

令财委会
塔城赵行政长

财委会呈报核议塔城补发津贴沿途招待东北义勇军经费由

呈悉。案经本府第二一次委员会议决：议照办，并因记录在卷，仰即知照（塔城赵行政长查照）
并行财政厅遵照。此令。

0741

中華民國廿七年一月廿七日

繕寫 宋道祥

校對

監印

監印滕瑞芝

74-2

新疆财政监察委员会与新疆省政府关于哈密县招待新绥第三十三次汽车运哈东北眷属需用银两事的来往文书（一九三七年四月至五月）

新疆财政监察委员会致新疆省政府的呈（一九三七年四月二十六日）

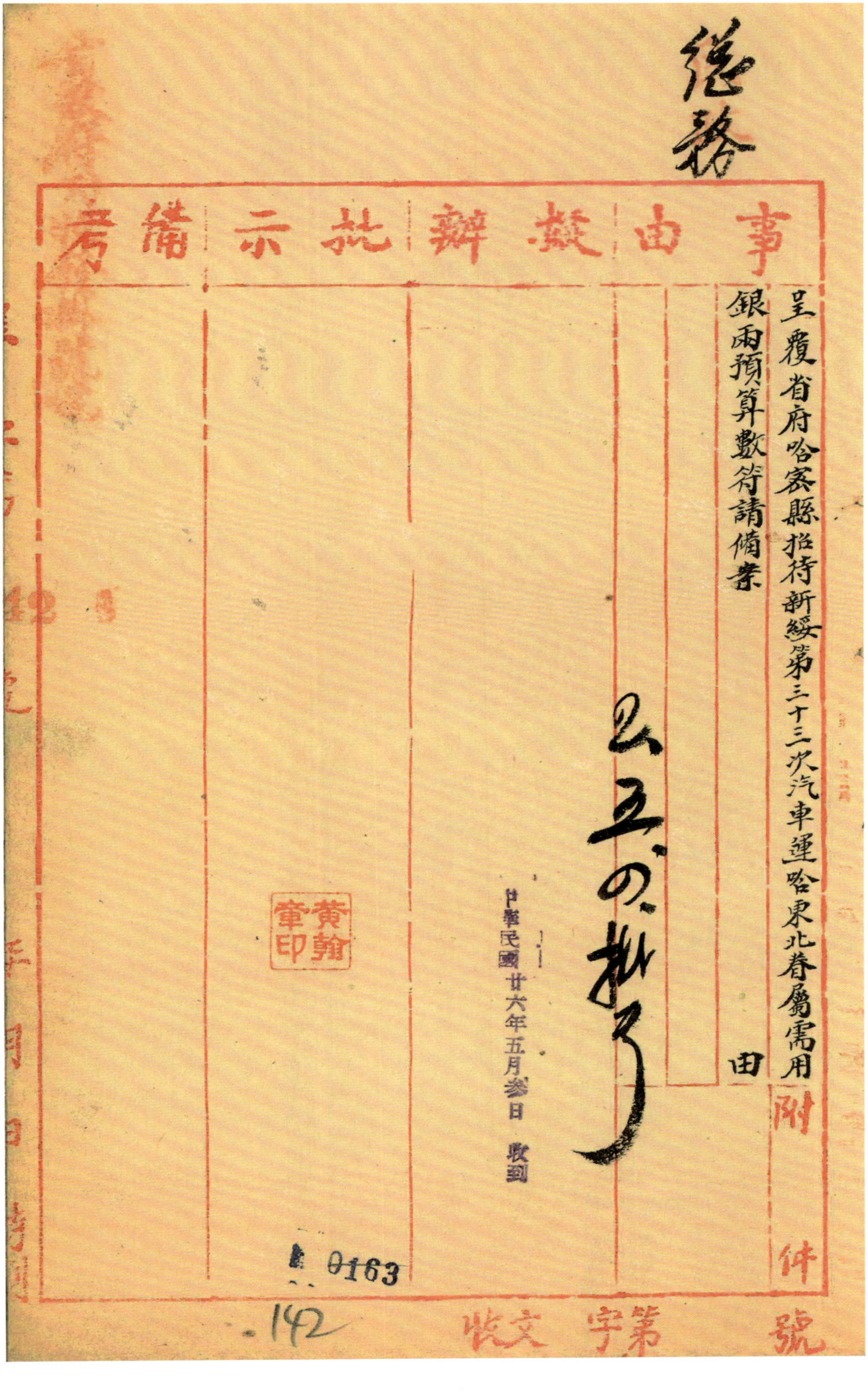
總務
事由
呈覆省府哈密縣招待新綏第三十三次汽車運哈東北眷屬需用銀兩預算數符請備案
擬辦
批示
備考
附件
田
中華民國廿六年五月參日　收到
黃翰章印
0163
142
字第　號

呈為呈覆事案奉

鈞府令發哈密縣招待新綏第三十三次汽車運哈東北眷屬需用銀兩預算書一本等因

奉此遵即飭核數尚相符除分别記存外理合具文呈請

鑒核備案施行謹呈

新疆省政府

新疆財政監察委員會委員長李溥霖

副委員長曾紹周

張永澤

高雲珠

富崇銓

0184

143

馬謨德

色提阿孜

01

144

中華民國二十六年四月二十六日

0166

新疆省政府致财政监察委员会的指令及致哈密县政府的抄令（一九三七年五月七日）

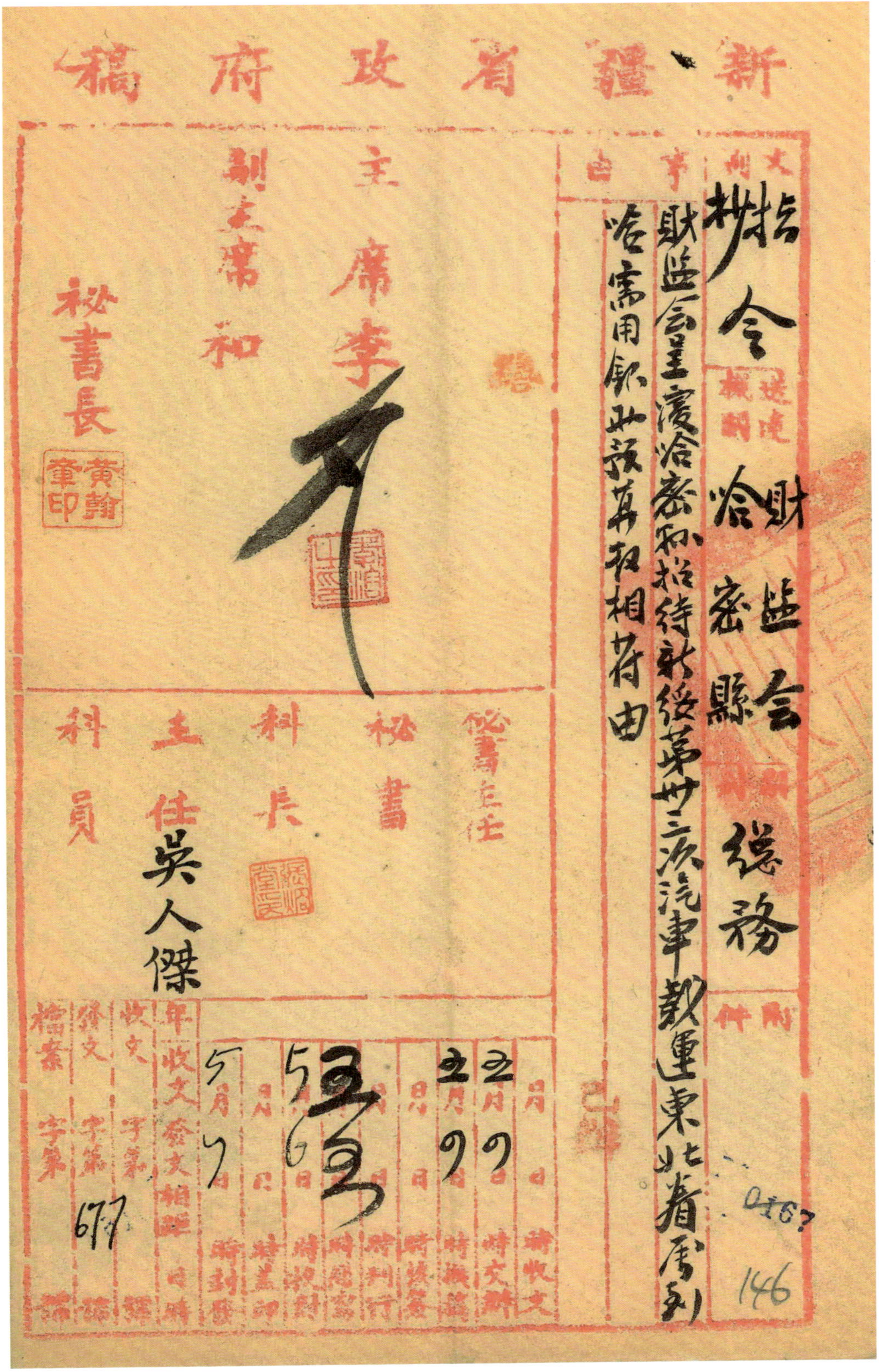
新疆省政府稿

文別：指令 抄令

送達機關：財監会 哈密縣

主辦：總務科

事由：財監会呈復哈密和招待新綏第卅三次汽車載運東北眷屬到哈需用飲水蔬菜款相符由

主席 李

副主席 和

秘書長

黃翰章印

秘書主任

秘書

科長

主任 吳人傑

科員

附件

0167

146

677

指令

令財政監察委員会

抄哈密縣

財監会呈覆查撥哈密縣招待新綏第卅三次汽車載運東北

眷屬到哈需用飯如預算數相符由

呈悉准予備案仰即知照并仰哈密縣查

照此令

0168

147

中華民國廿二年五月九日

繕寫 張
校對
監印
監印 陳瑞芝

0169

148

新绥长途汽车公司赴新东北义军眷属乘车报告表（一九三七年四月）

新綏長途汽車公司

赴新東北義軍眷屬乘車報告表 綏字第 1 號

民國 26年 4 月 22日 37 次車搭載

乘車人姓名	性別	年齡	籍貫	票別	上下車站 上車	下車	携帶行李 件數	過重斤數	在新疆親屬姓名關係及服務機關	備考
李松山	男	60	營口	正	[illegible]	[illegible]	3	41C.	李亞先之父	
李于氏	女	55	〃	〃	〃	〃			〃 之母	
李吳氏	女	25	〃	〃	〃	〃			〃 之妻	
李仁敏	男	17	〃	〃	〃	〃			〃 之弟	
李士學	男	13	〃	〃	〃	〃			〃 之弟	
李東興	男	7	〃	半	〃	〃			〃 之子	
楊郭氏	女	59	山東掖縣	正	〃	〃	4	18C.	楊喜三之母	
王德貴	男	29	〃	〃	〃	〃			〃 舅父	
鄒占先	〃	56	〃	〃	〃	〃			〃	
生楊氏	女	27	〃	〃	〃	〃			〃 之妹	

出發站主任簽章　　400　經手人簽章

（總公司轉…迪督署）

新綏長途汽車公司

赴新東北義軍眷屬乘車報告表 綏字第 2 號

民國 26年 4月 22日 37 次車搭載

乘車人姓名	性別	年齡	籍貫	票別	上下車站 上車	上下車站 下車	携帶行李 件數	携帶行李 過重斤數	在新疆親屬姓名關係及服務機關	備考
郝傳超	男	11	山東掖縣	正					楊喜三之表弟	
郝朧	女	13	〃	〃	〃	〃			〃之表妹	
徐啟祥	男	26	河北樂亭	〃	〃	〃	2		徐桂清之子	
徐馬氏	女	27	〃	〃	〃	〃			〃之子媳	
徐勤業	男	8	〃	半	〃	〃			〃之孫	
徐子平	女	5	〃	〃	〃	〃			〃之孫女	
郭傅氏	女	44	遼寧台安	正	〃	〃	3	18C.	郭德榮之妻	
郭翠華	女	18	〃	〃	〃	〃			〃之女	
郭翠雲	女	13	〃	〃	〃	〃			〃	
郭翠玉	女	10	〃	〃	〃	〃			〃	

出發站主任簽章 [signature] 經手人簽章 [signature]

（此聯由…公司轉…迪督署）

新綏長途汽車公司

赴新東北義軍眷屬乘車報告表綏字第3號

民國26年4月21日　　37次車搭載

乘車人姓名	性別	年齡	籍貫	票別	上下車站		携帶行李		在新疆親屬姓名關係及服務機關	備考
					上車	下車	件數	過重斤數		
劉高氏	女	33	黑山	正	[illegible]	[illegible]	2	18C.	劉佐廷之妻	
劉換柱	男	6	〃	半	〃	〃			〃之子	
劉侯氏	女	31	〃	正	〃	〃			劉佐臣之妻	
劉喬柱	男	10	〃	〃	〃	〃			〃之子	
趙陳氏	女	32	吉林双城	〃	〃	〃	1	26C.	趙景雲之妻	
呂孫氏	女	30	吉林公棚子	〃	〃	〃	2	28C.	呂春甫之妻	
張王氏	女	59	濱江	〃	〃	〃	4	90C.	張福存之母	
張王氏	女	36	〃	〃	〃	〃			〃之妻	
張福昌	男	24	〃	〃	〃	〃			〃之弟	
張邵氏	女	24	〃	〃	〃	〃			〃之弟妇	

出發站主任簽章　　　　經手人簽章 054 401

(本表由總公司轉寄迪督署)

新綏長途汽車公司

赴新東北義軍眷屬乘車報告表綏字第4號

民國26年4月21日　37次車載

乘車人姓名	性別	年齡	籍貫	票別	上下車站		携帶行李		在新疆親屬姓名關係及服務機關	備考
					上車	下車	件數	過重斤數		
張玉蘭	女	5	濱江	半					張福存之姪女	
張玉琴	女	2	〃	免	〃	〃			〃之姪女	
張秀琳	女	27	瀋陽	正	〃	〃	4	148C.	張甫之妻	
張效壽	男	4	〃	半	〃	〃			〃之子	
陳琳	男	61	〃	正	〃	〃			〃之外祖父	
郝佐民	男	26	〃	〃	〃	〃			〃之妹夫	
張淑身	女	28	〃	〃	〃	〃			〃之妹	
劉悅庭	男	45	哈爾濱	〃	〃	〃	3	34C.	劉堯漢之父	
趙爾恩	男	25	〃	〃	〃	〃			〃之內兄	
趙爾英	女	21	〃	〃	〃	〃			〃之妻	

（此聯由總公司轉寄迪督署）

出發站主任簽章　1752　經手人簽章　42

新綏長途汽車公司

赴新東北義軍眷屬乘車報告表綏字第 5 號

民國 26 年 4 月 21 日　　37 次車搭載

乘車人姓名	性別	年齡	籍貫	票別	上下車站		携帶行李		在新疆親屬姓名關係及服務機關	備考
					上車	下車	件數	過重斤數		
王欧氏	女	37	撫順	正	[illegible]	哈密	5	12C.	王幼心之妻	
王俊羲	男	53	〃	〃	〃	〃			〃之父	
王李氏	女	58	〃	〃	〃	〃			〃之母	
王玉成	女	15	〃	〃	〃	〃			〃之女	
王琢成	女	12	〃	〃	〃	〃			〃之女	
王四胖	女	8	〃	半	〃	〃			〃之女	
范玉生	男	50	海城	正	〃	〃	5	72C.	范付文之父	
范田氏	女	49	〃	〃	〃	〃			〃之母	
范付章	男	24	〃	〃	〃	〃			〃之弟	
范付忠	男	22	〃	〃	〃	〃			〃之弟	

（此聯由總公司轉寄迪督署）

出發站主任簽章　　47　　經手人簽章

新綏長途汽車公司

赴新東北義軍　屬乘車報告表綏字第6號

民國26年4月21日　　37次車搭載

乘車人姓名	性別	年齡	籍貫	票別	上下車站 上車	上下車站 下車	携帶行李 件數	携帶行李 過重斤數	在新疆親屬姓名關係及服務機關	備考
范長福	男	5	海城	半					范緒文之子	
王振業	男	22	吉林	正	〃	〃	1		王勇之侄	
王小五	〃	7	〃	半	〃	〃			〃	
謝徐氏	女	32	〃	正	〃	〃	2		謝福臣之妻	
徐恩陵	男	24	〃	〃	〃	〃			〃内弟	
謝斌	男	9	〃	〃	〃	〃			〃子	
謝書琴	女	12	〃	〃	〃	〃			〃女	
王世範	女	26	〃	〃	〃	〃	2	52C.	孟慶章之妻	
孟秀蘭	女	6	〃	半	〃	〃			〃之女	
張滿倉	男	22	河北饒陽	正	〃	〃	3	42C	張順興之子	

（此聯由總公司轉寄迪督署）

出發站主任簽章　　經手人簽章

44

新綏長途汽車公司

赴新東北義軍眷屬乘車報告表綏字第 7 號

民國 26 年 4 月 21 日 37 次車搭載

乘車人姓名	性別	年齡	籍貫	票別	上下車站 上車	上下車站 下車	携帶行李 件數	携帶行李 過重斤數	在新疆親屬姓名關係及服務機關	備考
張李氏	女	52	饒陽本						張順興之妻	
張陳氏	女	32	〃	〃	〃	〃			〃 之子媳	
張適清	男	12	〃	〃	〃	〃			〃 孙	
劉文剛	男	48	綏中	〃	〃	〃	6	1230	劉樹章之父	
張氏	女	51	〃	〃	〃	〃			〃 之母	
劉樹屏	男	26	〃	〃	〃	〃			〃 之弟	
劉樹廷	男	23	〃	〃	〃	〃			〃 之弟	
康氏	女	33	〃	〃	〃	〃			〃 之妻	
賀氏	女	28	〃	〃	〃	〃			〃 之弟妇	
王氏	女	22	〃	〃	〃	〃			〃 之弟妇	

049

出發站主任簽章　　　　經手人簽章

45

…公司轉奇迪督署）

新疆边防督办公署关于东北军人张白净之父母亲属等六人准予搭车来新事致该署经理处的训令（一九三七年六月八日）

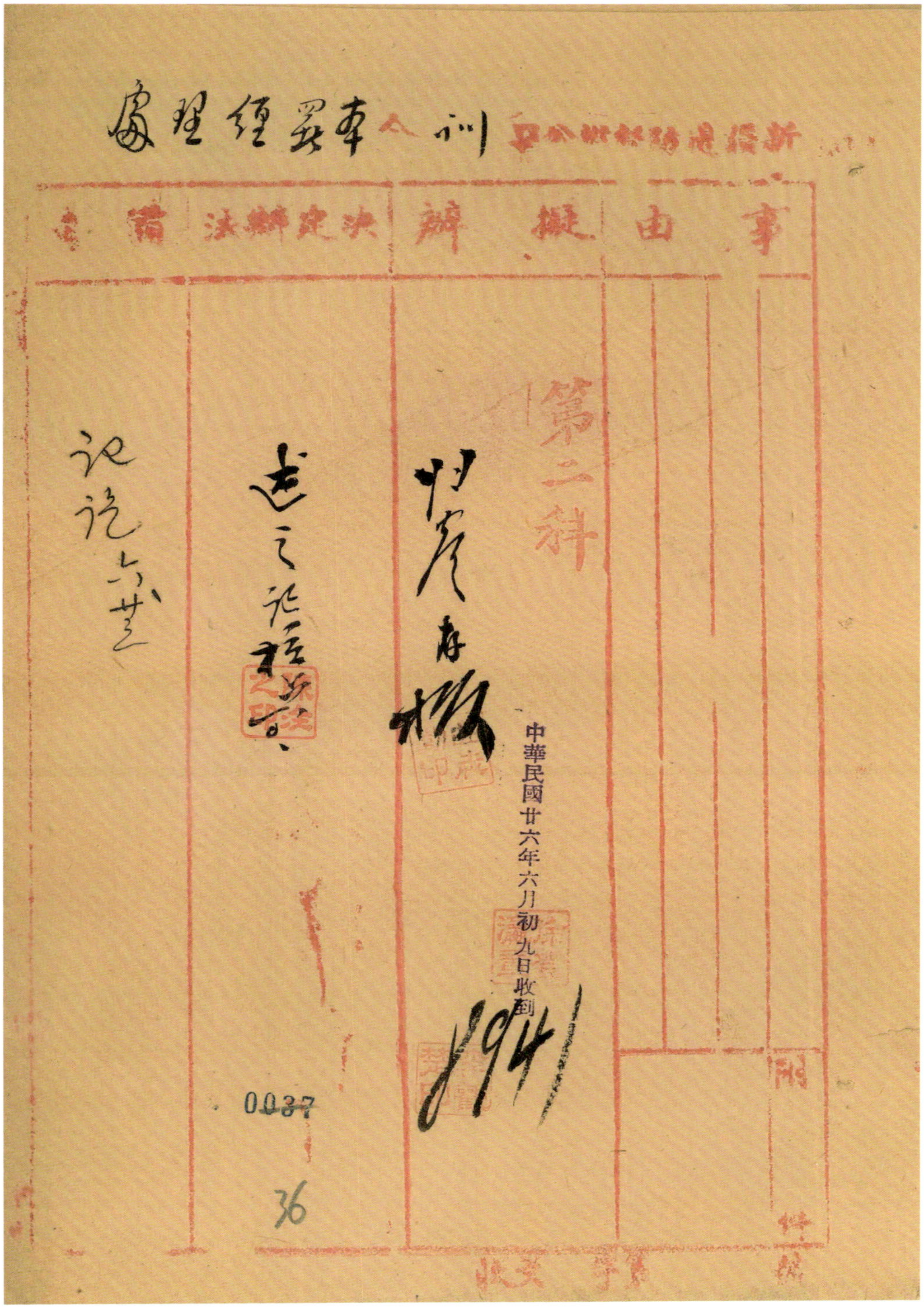

新疆邊防督辦公署訓令　歷字第　　號

0038

為令行事。頃蒙天津朱經理一電文曰：天津朱經理鑒：查有東北軍人張白淨之父張德啟夫婦，因其胞弟張榮棠夫婦及姪張道文、張保小姪一共計六人，俟到後派員接來新，特懇電查照。弟盛世才已歷印拍發外，合行令仰該方安為便查照。此令。

督辦盛世才

中華　廿六　六月　八　日

0040

28

新绥长途汽车公司关于造报赴新东北义军眷属乘车报告表事致新疆边防督办盛世才的函（一九三七年七月十日）

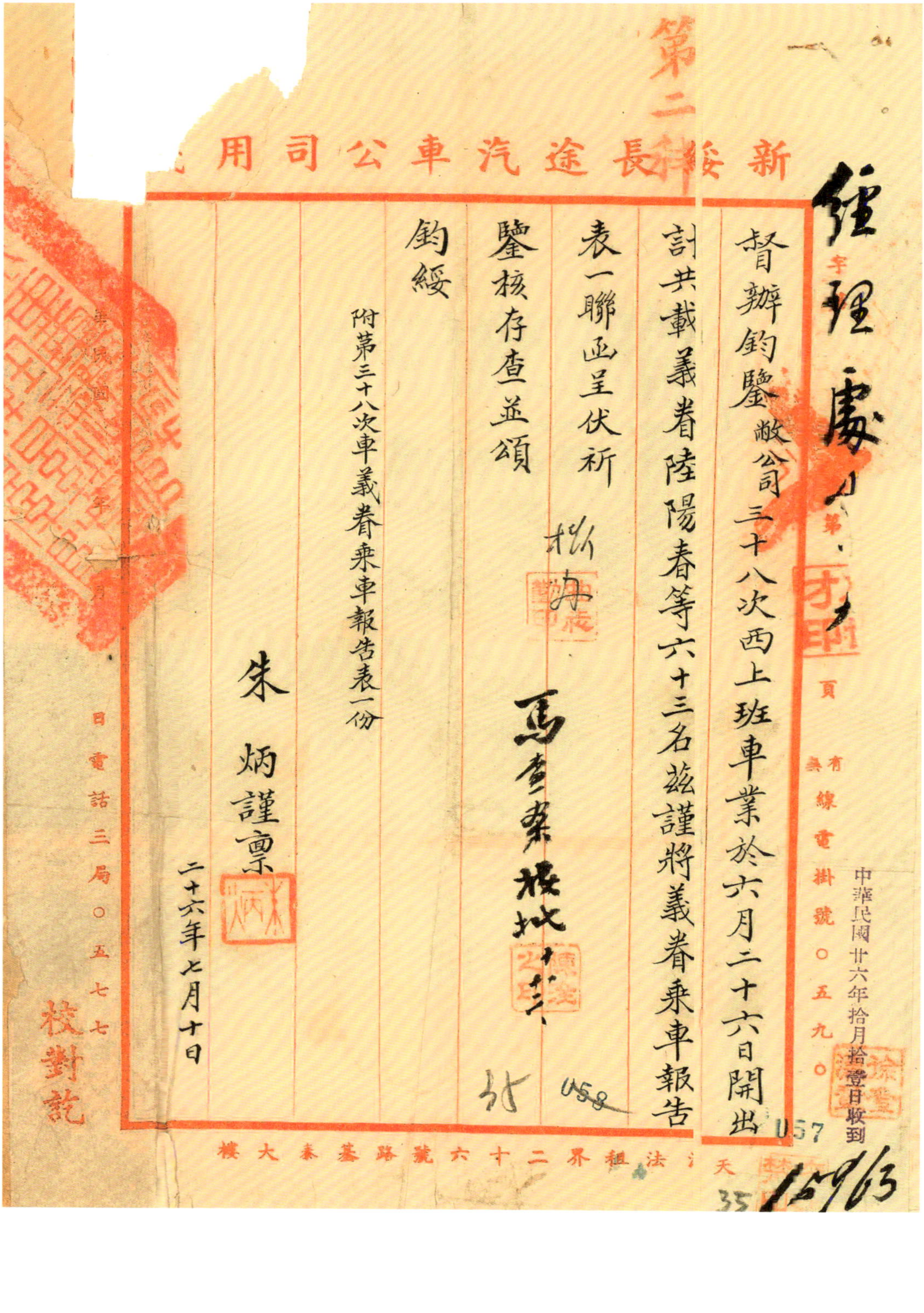
新綏長途汽車公司用箋

督辦鈞鑒：敝公司三十八次西上班車業於六月二十六日開出，計共載義眷陸陽春等六十三名，茲謹將義眷乘車報告表一聯函呈，伏祈鑒核存查，並頌鈞綏。

朱炳謹稟

二十六年七月十日

附第三十八次車義眷乘車報告表一份

中華民國廿六年拾月拾壹日收到

電話三局〇五七七

有線電掛號〇五九〇

天津法租界二十六號路泰來大樓

校對訖

附：新绥长途汽车公司赴新东北义军眷属乘车报告表（一九三七年六月）

T

新綏長途汽車公司

赴新東北義軍眷屬乘車報告表綏字第 1 號

民國 26年 6月 26日 38 次車搭載

乘車人姓名	性別	年齡	籍貫	票別	上下車站 上車	上下車站 下車	攜帶行李 件數	攜帶行李 過重斤數	在新疆親屬姓名關係及服務機關	備考
陸陽春	男	45	吉林	全	綏遠	哈密			陸生春 眷屬	
陸秉生	〃	14	〃	〃	〃	〃			〃	
陸連奎	〃	7	〃	半	〃	〃			〃	
陸秀子	女	16	〃	全	〃	〃			〃	
陸鳳蘭	女	9	〃	〃	〃	〃			〃	
趙亞奎	男	24	〃	〃	〃	〃			趙新亞 眷屬	
趙楊氏	女	30	〃	〃	〃	〃			〃	
趙福來	男	8	〃	半	〃	〃			〃	
趙小雲	女	6	〃	半	〃	〃			〃	
趙亞洲	男	25	〃	囗	〃	〃			〃	因病未走

出發站主任簽章　　　058　　　經手人簽章 吕宝貞　28

（此聯由總公司轉寄迪督署）

新綏長途汽車公司

赴新東北義軍眷屬乘車報告表綏字第 之 號

民國 26年 6 月 26 日 88 次車搭載

乘車人姓名	性別	年齡	籍貫	票別	上下車站		携帶行李		在新疆親屬姓名關係及服務機關	備考
					上車	下車	件數	過重斤數		
李雲閣	男	47	黑龍江		綏遠	哈密	八	2350	李溥林之眷屬	
王錫祥	女	51	〃	〃	〃	〃			〃	
孫錫文	〃	44	〃	〃	〃	〃			〃	
李金堂		17	〃	〃	〃	〃			〃	
李宝符		12	〃	〃	〃	〃			〃	
李宝江		12	〃	〃	〃	〃			〃	
李宝福		9	〃	〃	〃	〃			〃	
李玉茹		10	〃	〃	〃	〃			〃	
宋曲氏		37	熱河	〃	〃	〃	二	75斤	宋伯翔之眷屬	
宋和遙		18	〃	〃	〃	〃			〃	

出發站主任簽章 [印] US7 經手人簽章 景重英

（此聯由總公司轉寄迪督署）

新綏長途汽車公司

赴新東北義軍眷屬乘車報告表 綏字第 3 號

民國 26 年 6 月 25 日　38 次車搭載

乘車人姓名	性別	年齡	籍貫	票別	上下車站 上車	下車	携帶行李 件數	過重斤數	在新疆親屬姓名關係及服務機關	備考
宋桂英	女	7	遼寧	半	綏	哈			宋伯翔之眷屬	
吳青山	男	39	〃	正	〃	〃	三	80	吳亞山之眷屬	
吳溫氏	女	29	〃	正	〃	〃			〃	
吳來信	男	8	〃	半	〃	〃			〃	
吳叩信	〃	6	〃	半	〃	〃			〃	
于廣存	〃	37	〃	正	〃	〃	二	100	劉佐臣之眷屬	
于劉氏	女	34	〃	〃	〃	〃			〃	
于海峰	男	8	〃	半	〃	〃			〃	
姚錦堂	〃	43	〃	正	〃	〃	六	750	姚雄眷屬	
姚劉氏	女	27	〃	正	〃	〃			〃	

出發站主任簽章 U68　經手人簽章

（此聯由總公司轉寄迪督署）

新綏長途汽車公司

赴新東北義軍眷屬乘車報告表綏字第 4 號

民國 26 年 6 月 26 日　　38 次車搭載

乘車人姓名	性別	年齡	籍貫	票別	上下車站		携帶行李		在新疆親屬姓名關係及服務機關	備考
					上車	下車	件數	過重斤數		
姚小[illegible]	男	4	奉天	半	綏	哈			姚雄之眷屬	
姚[illegible]仁	〃	31	〃	中	〃	〃			〃	
姚葉[illegible]	女	33	〃	〃	〃	〃			〃	
姚維[illegible]	男	12	〃	〃	〃	〃			〃	
姚統一	〃	13	〃	〃	〃	〃			〃	
姚寶贇	女	10	〃	〃	〃	〃			〃	
葛瑞蓮	女	41	遼寧	〃	〃	〃			嚴德中之眷屬	
嚴長濤	男	10	〃	〃	〃	〃			嚴德中之眷屬	
嚴[illegible]	〃	35	〃	〃	〃	〃			〃	
嚴秀英	女	13	〃	〃	〃	〃			〃	

（此聯由總公司轉寄迪督署）

出發站主任簽章　　經手人簽章 [illegible] 31

新綏長途汽車公司

赴新東北義軍眷屬乘車報告表綏字第5號

民國26年6月26日　　38次車搭載

乘車人姓名	性別	年齡	籍貫	票別	上下車站		携帶行李		在新疆親屬姓名關係及服務機關	備考
					上車	下車	件數	過重斤數		
姚成顯	男	46	吉林	臣	綏	哈	四	1250	姚成章眷屬	
姚高氏	女	74	〃	〃	〃	〃			〃	
姚小全	男	15	〃	〃	〃	〃			〃	
王蘊璞	男	54	遼寧	臣	〃	〃	二	1000	王化心之眷屬	
王李氏	女	58	〃	臣	〃	〃			〃	
王百安	男	1	〃	半	〃	〃			〃	
張達嘉	男	27	[illegible]	臣	〃	〃			張振東眷屬	
張李氏	女	54	〃	〃	〃	〃			〃	
張鐵錚	男	17	〃	〃	〃	〃			〃	
郭[illegible]	女	36	遼寧	〃	〃	〃			郭宗棠之眷屬	[illegible]

出發站主任簽章　　經手人簽章　呂道英　32

（此聯由總公司轉寄迪督署）

新綏長途汽車公司

赴新東北義軍眷屬乘車報告表征字第 6 號

民國 26 年 6 月 26 日　　38 次車搭載

乘車人姓名	性別	年齡	籍貫	票別	上下車站		携帶行李		在新疆親屬姓名關係及服務機關	備考
					上車	下車	件數	過重斤數		
趙歐章	男	37	密山	正	綏	哈	三	60	趙季平眷屬	
趙張氏	女	39	〃	正	〃	〃			〃	
趙　氏	女	37	〃	〃	〃	〃			〃	
趙傍小	女	11	〃	〃	〃	〃			〃	
楊植山	男	29	吉林	〃	〃	〃			楊德祥眷屬	
楊孫氏	女	26	〃	〃	〃	〃			〃	
楊樹棱	男	6	〃	半	〃	〃			〃	
楊樹珍	女	1	〃	免費	〃	〃			〃	
楊孫氏		45	〃	正	〃	〃			〃	
楊淑琴		18	〃	正	〃	〃	〃		〃	

出發站主任簽章　　　　經手人簽章 吳宣貴 3/3

（此聯由總公司轉寄迪督署）

新[illegible]途汽車公司

赴新東北義軍眷屬乘車報告表 綏字第 7 號

民國 26年 6 月 26日 38 次車搭載

乘車人姓名	性別	年齡	籍貫	票別	上下車站 上車	上下車站 下車	携帶行李 件數	携帶行李 過重斤數	在新疆親屬姓名關係及服務機關	備考
楊淑賢	女	15	吉林	區	綏	哈			楊德祥眷屬	
楊德福	男	40	〃	區	〃	哈			〃	
楊桂森	男	12	〃	區	〃	〃			〃	
李玉堂	男	47	〃	〃	〃	〃			李福祥之父	
李恩國	男	36	〃	〃	〃	〃			李建魁之子	

出發站主任簽章　　經手人簽章 吳光英 24

（此聯由總公司轉寄迪督署）

新疆省政府关于哈密县请领招待义勇军眷属银两事致省财政厅的指令及致哈密县政府的抄令
（一九三七年八月二十三日）

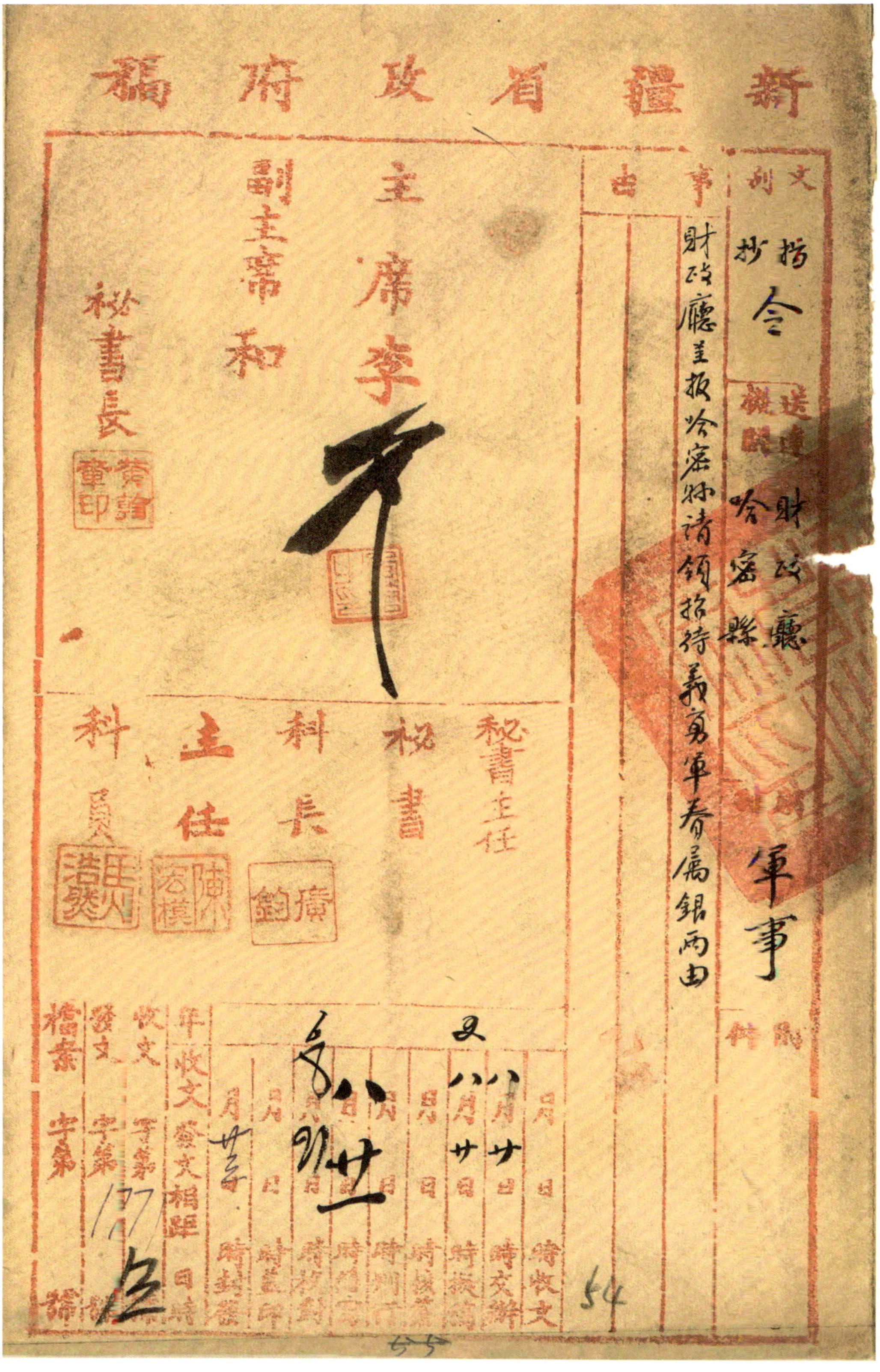
新疆省政府稿

文別：指令　抄令

送達機關：財政廳　哈密縣

事由：財政廳呈報哈密縣請領招待義勇軍眷屬銀兩由

附件

軍事

主席　李

副主席　和

秘書長

秘書主任

秘書

科長

主任

科員

指令 軍字第　　號
抄

令財政廳
　哈密縣

財政廳呈報撥發哈密縣請領招待第二十五次汽車運新義勇軍眷屬臨時經費銀兩由

呈悉。應准備案，仰即知照。併仰哈密縣查照。此令。

56　55

中華民國二十六年八月二十

陳其修

繕寫
校對
監印

監印滕瑞芝

新疆省财政厅关于拨发鄯善县请领招待东北眷属费用事致省政府的呈（一九三七年九月二日）

軍事

呈報撥發鄯善縣請領本年一二三等月分臨時軍需費銀兩一案由

074

新疆省政府財政廳爲呈報事案奉

鈞府掛發鄯善縣長張智高呈賚請領二十六年一二三等月分招待東北眷屬費銀壹百肆拾陸萬叁仟四百四十兩憑單三張等因到廳奉此除於八月三十日通知省銀行轉飭吐分行如數照撥並代電張縣長具領報查及分呈外理合具文呈請

鈞府鑒核備查施行謹呈

新疆省政府

廳　長胡壽康

副廳長王膺祿代行

民國二十六年九月　二　日

哈密县政府、新疆省财政厅、新疆省政府关于哈密县招待第三十六次汽车运新东北义军眷属需用银两事的来往文书（一九三七年十月至十一月）

哈密县政府致新疆省政府的呈（一九三七年十月二十日收）

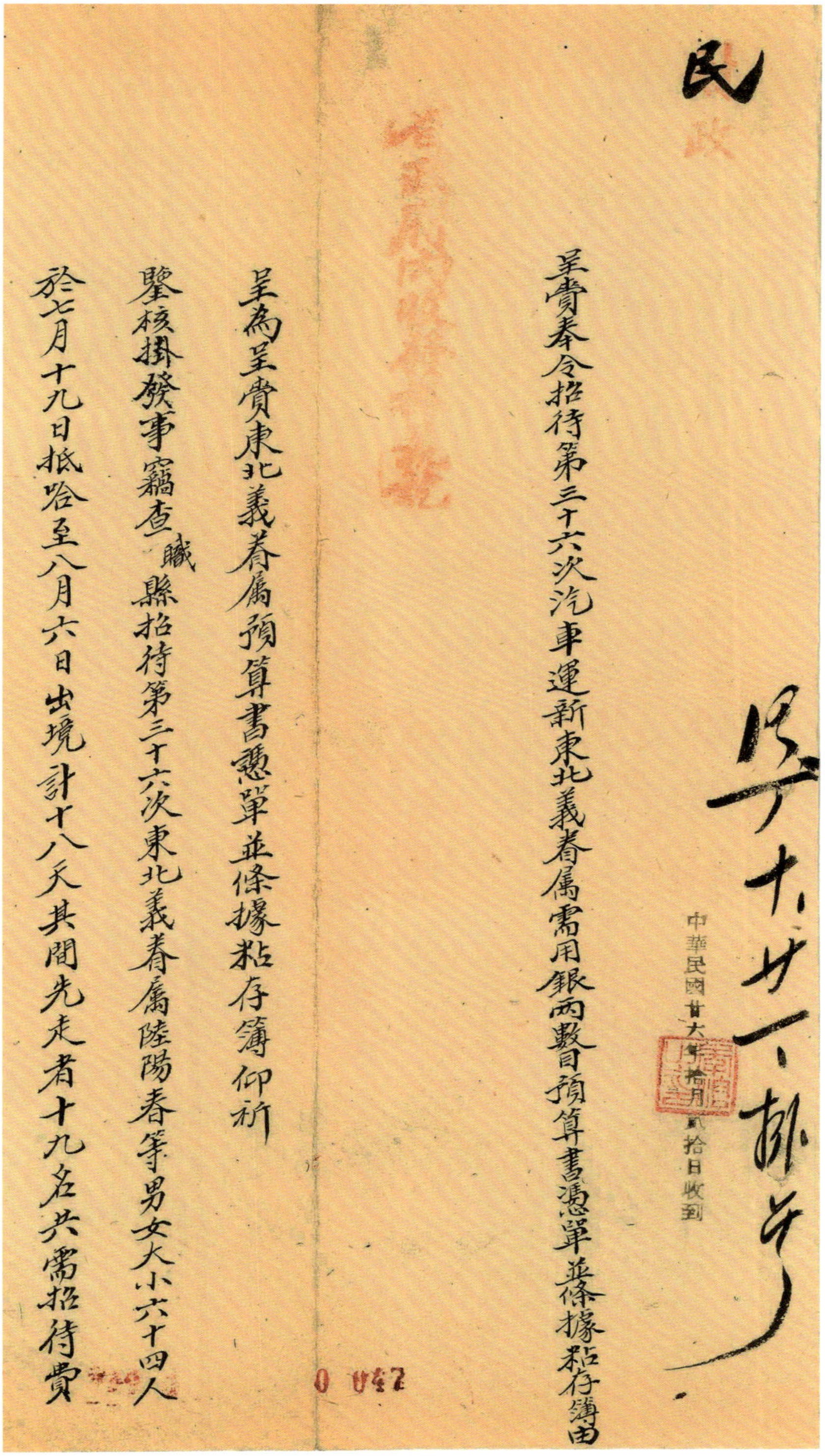
民

呈賫奉令招待第三十六次汽車運新東北義眷屬需用銀兩數目預算書憑單並條據粘存簿由

中華民國廿六年拾月貳拾日收到

呈為呈賫東北義眷屬預算書憑單並條據粘存簿仰祈

鑒核掛發事竊查職縣招待第三十六次東北義眷屬陸陽春等男女大小六十四人

於七月十九日抵哈至八月六日出境計十八天其間先走者十九名共需招待費

省票銀八十五萬叁千九百伍拾兩茲飭承編造支付預算書三份請款憑單
一張條據粘存簿一本除分呈外理合具文呈請
鑒核准發以便具領施行謹呈
新疆省政府主席 李 和
計呈齎預算書二本 請款憑單一張 條據粘存簿一本
哈密縣縣長孔慶文
哈密縣副縣長蘇希坡
中華民國二十六年十月 日

附：哈密县政府造费奉令招待第三十六次东北义军眷属支付预算书（一九三七年七月）

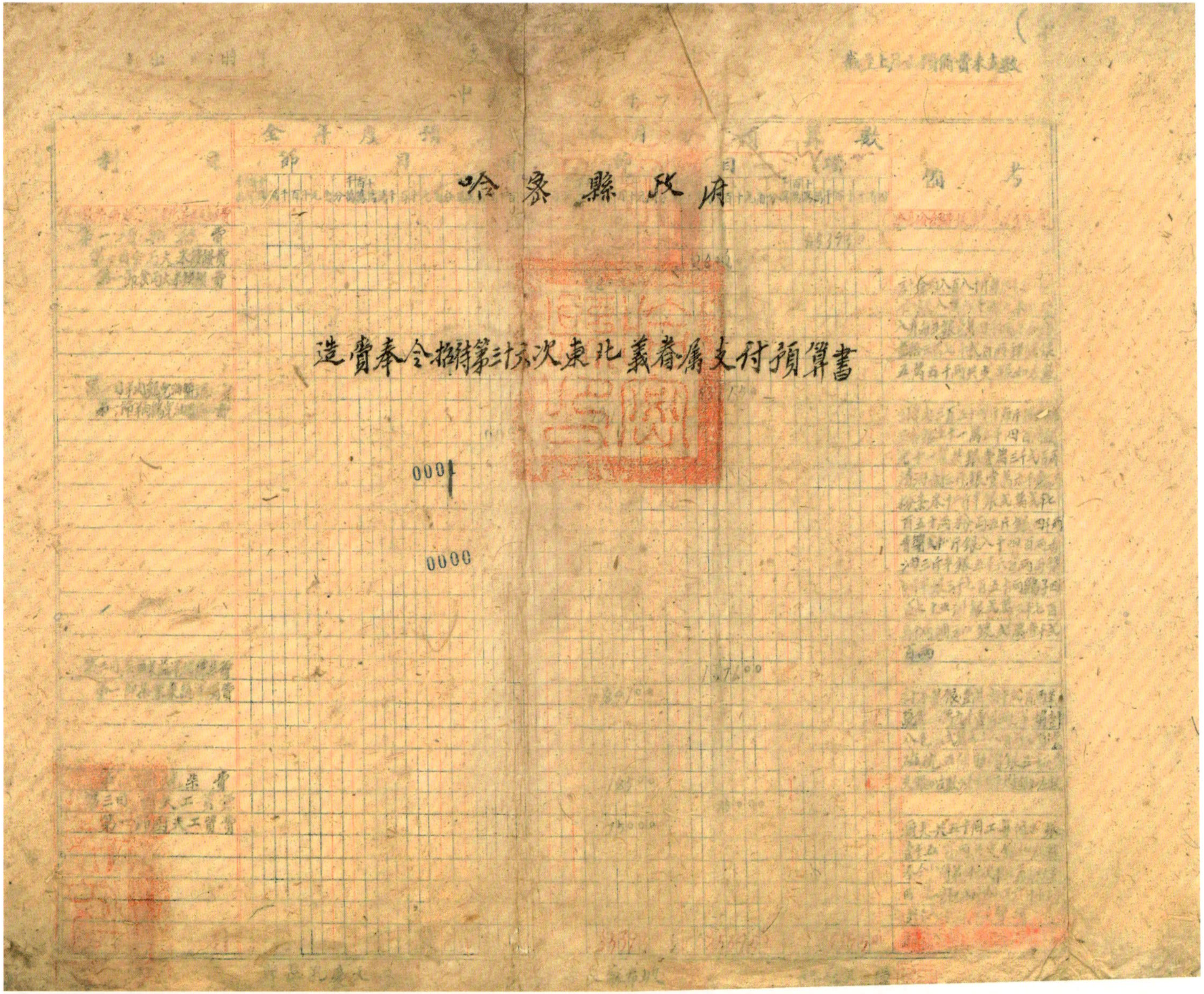
哈密縣政府

造費奉令招待第三十六次東北義眷屬支付預算書

科目	全年度預算數	考覈
[illegible]	[illegible]	[illegible]

哈密縣政府

支出臨時門　　**支付預算書**　　截至上月止預備費未支數

中華民國26年7月份

（第　頁）

科目	全年度預算數 節	全年度預算數 目	全年度預算數 項	本月分預算數 節	本月分預算數 目	本月分預算數 項	備考
第一款哈密縣招待東北義勇軍經費							本月份總需銀853950兩
第一項招待費						853950	
第一目食丐大米饃饃費					280200		
第一節食丐大米饃饃費				280200			計食丐八百八十八勒壹百兩共合銀八萬八千兩大米九斗八升每斗銀壹萬四千兩共合銀壹拾三萬七千貳百兩饃饃銀五萬五千兩共支銀如左數
第二目羊肉雞兒油醬調和費					331150		
第一節羊肉雞兒油醬調和費				331150			計羊肉三百五十四斤每斤銀六百兩共合銀二十一萬二千四百兩雞兒十一隻共銀壹萬三千弍百兩清油貳拾斤銀壹萬六千壹百兩粉条叁十斤半銀弍萬弍仟百五十兩粉丐五斤銀四千兩青鹽弍十斤銀八千四百兩香油三斤半銀五千六百兩丐醬七斤半銀三千七百五十兩雞子四百七十五個銀弍萬三千七百五十兩調和銀弍萬壹千弍百兩
			0002				
第三目茶葉菜蔬洋燭燒柴費					167600		
第一節茶葉菜蔬洋燭費				89100			計茶葉銀壹萬弍千弍百兩菜蔬銀四萬九千壹百兩洋燭壹廿八包銀弍萬弍千八百兩又損壞磁碗五個賠償銀五千兩共支銀如左數燒柴兩車共支銀如左數
第二節燒柴費				78500			
第三目廚夫工資費					75000		
第一節廚夫工資費				75000			廚夫共五十個工每個工銀壹千五百兩共支銀如左數奉令招待第三十六次東北義勇軍共十四(?)自六月廿日到哈八月六日出境共十八天合併聲明
計				853950	853950	853950	

縣長孔慶文　　副縣長蘇布坡　　科長王 墫

新疆省财政厅致省政府的呈（一九三七年十月三十日）

呈報哈密縣造賫供支東北眷屬臨時費書單請掛發由

新疆省政府財政廳為呈報事案奉
鈞府令據哈密縣長孔慶文造賫供支第三十六次東北眷屬臨
時費書簿憑單請核撥款一案除原文有案邀免冗叙外尾
開合檢原件令仰該廳查照核辦具報計發預算書粘存簿各一本憑單壹聯
到廳奉此覆核無異惟查此項開支事屬臨時動用公款除

將書簿暫存外理合檢同原單具文呈請

鈞府鑒核批發以便撥款謹呈

新疆省政府

計呈賫憑單一紙

廳長胡壽康

副廳長王膺祿代行

民國二十六年十月三十日

0201

0202

178

新疆省政府致省财政厅的指令及致哈密县政府的抄令（一九三七年十一月六日）

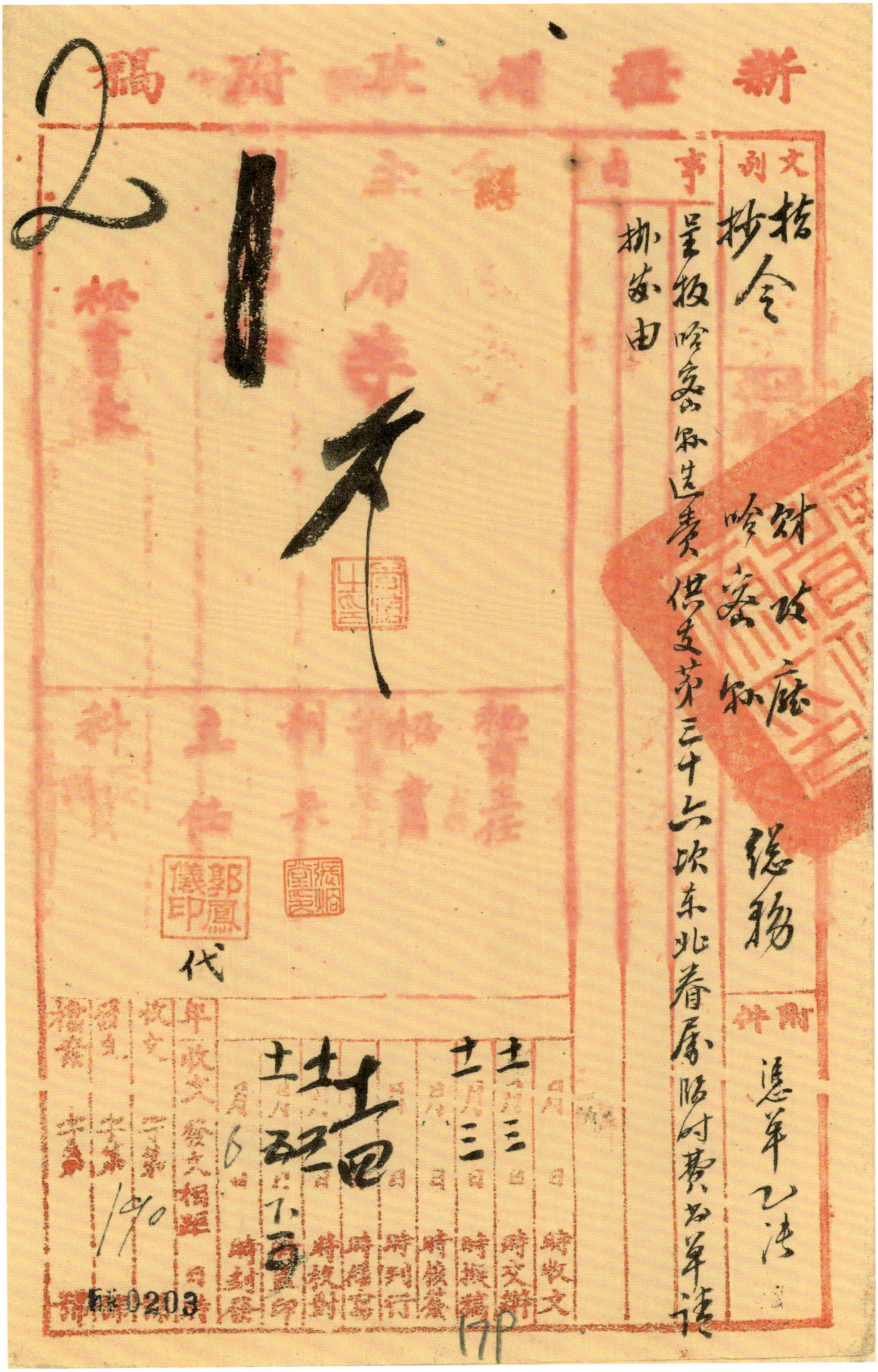

指令　財政廳
抄令　哈密孔稅長

財政廳呈報哈密稅造責供支第三十六次東北眷屬臨時費如單請撥發由

呈暨憑單均悉。上項拾柒費銀捌拾伍萬叁千玖百五拾兩，既經該廳復核無異，准將憑單撥發撥款，仰即知照並仰哈密孔稅長，查照單存轉，此令。

180

计发总军李联（发历）

（8）

哈密县政府与新疆省政府关于招待第三十七次汽车运新东北义军眷属费用事的来往文书
（一九三七年十月至十一月）

哈密县政府致新疆省政府的呈（一九三七年十月二十二日）

總務

呈賚奉令招待第三十七次汽車運新東北義眷需用銀兩預算書憑單条據粘存簿由

中華民國……十一月貳……收到

呈為呈賚招待東北義眷屬預算書憑單並条據粘存簿仰祈
鑒核撥發事竊查職縣招待第三十七次汽車運新東北義眷屬李維芳等
男女大小四十九人於八月二十八日到哈至九月四日出境共計八天共需招待費銀
四拾萬零六千貳百兩茲飭承編造預算書三份請款憑單一張条據粘存簿
一本除分呈外理合具文呈請

十一月三日，九

0192

170

鑒核掛發以便具領施行謹呈

新疆省政府

計呈賫預算書二份 請款憑單一張 条據粘存簿一本

哈密縣縣長孔慶文

哈密縣副縣長蘇希坡

中華民國二十六年十月二十二日

171

0193

附：哈密县奉令招待第三十七次东北眷属需用银两预算书（一九三七年八月）

哈密縣政府

中華民國二十六年八月　日造賫奉令招待第三十七次東北眷屬需用銀兩預算書

96

1 0199

中華民國26年 月

科目	全年度預算數 節	全年度預算數 目	全年度預算數 項	本月分預算數 節	本月分預算數 目	本月分預算數 項	備考
第一項招待費						406200	
第一目招待費					406200		
第一節食丐饃饃大米費				147550			計食丐三百三十五斤每斤一百三十兩合銀四萬三千五百五十兩饃饃三百七十個每個五十兩合銀壹萬八千五百兩大米五斗七升每斗壹萬五千兩合銀八萬五千五百兩共支銀如左數
第二節羊肉雞兒雞子費				56500			計羊肉四十五斤每斤五百兩合銀二萬二千五百兩雞兒五隻每隻壹仟貳百兩合銀六千兩雞子壹百六十個每個五十兩合銀八千兩共支銀如左數
第三節油醬粉條調和菜蔬費				66250			計清油十六斤半每斤七百兩合銀壹萬一千五百五十兩粉條二十四斤每六百兩合銀一萬四千四百兩粉丐銀壹千貳百兩青醬銀三千六百兩香油三斤每斤一千六百兩合銀四千二百兩丐醬銀七百五十兩調和銀五千九百五十兩菜蔬銀貳萬四千六百兩共支銀如左數
第四節茶葉洋糖洋燭燒柴費				56900			計茶葉三斤半每斤六千合銀二萬壹千兩洋糖二包銀三千八百兩白大布銀七百五十兩洋火筷子銀一千壹百五十兩洋燭五包銀七千五百兩燒柴銀二萬三千七百兩共支銀如左數
第五節廚工工資				39000			計二十六個工每個工銀一千五百兩合銀叁萬九千兩共支銀如左數
							查奉令招待第三十七次東北義勇軍四十九人自八月二十八日到哈至九月初四日出境共計八天合併聲明
計				406200	406200	406200	本預算以銀兩爲單位

縣長孔慶文　副縣長蘇布坡　科長王瑋

0198

177

新疆省政府致哈密县政府的指令及致省财政厅、财政监察委员会的抄令（一九三七年十一月六日）

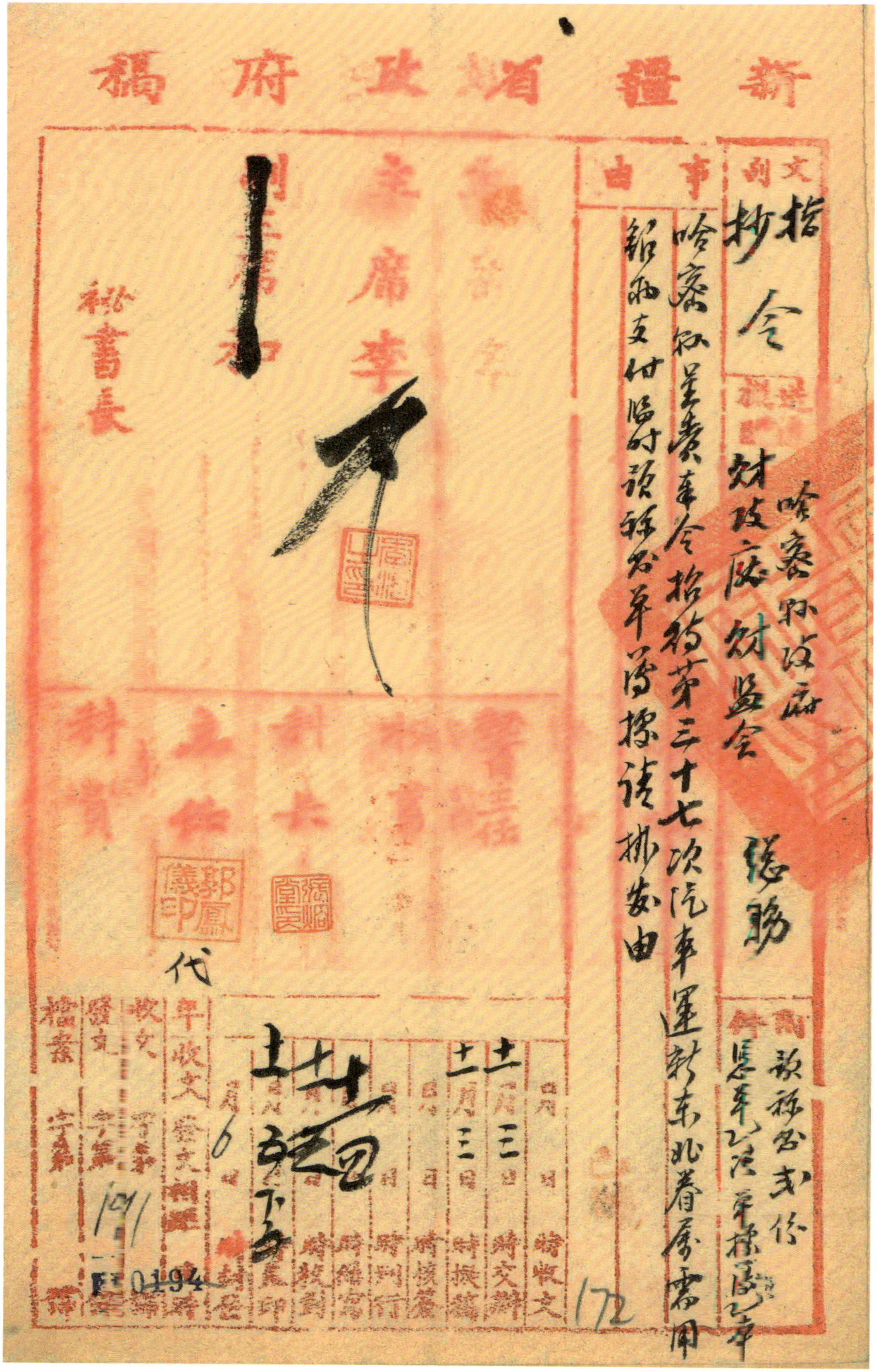
新疆省政府稿

文别：指令 抄令

受文者：哈密县政府　财政厅 财监会　总务

事由：哈密县呈覆奉令拨补第三十七次汽车运新东北眷属需用给养支付路费拟请核销由

主席李

秘书长

年收文　月　日　时收文
十一月三日　时交办
十一月三日　时拟稿
时判行
时缮写
时校对
十一月六日　时盖印
时封发

代

指令　哈密孔行長
抄　財政廳
　財政監察委員会

哈密行呈爲奉令招待第三十七次汽車運新東北義眷需用銀兩支付臨時預算分單籍據請核發由

呈暨分單籍據均悉。據稱該行此次招待東北眷屬李維芳等男女大小四十九人，到哈八天，共需銀捌拾萬六千貳百兩，苟

情，查核数目[illegible]尚符，合将原件检发财

政厅，核办拨款，仰即知照，并仰财政厅

及财监会查照，将单存案，此令。

计发预算书粘存册各壹本、汇总算壹本、（发厅）

0196

174

中華民國廿六年十二月三日

新疆省政府印

監印滕瑞芝

Nr 0197

175

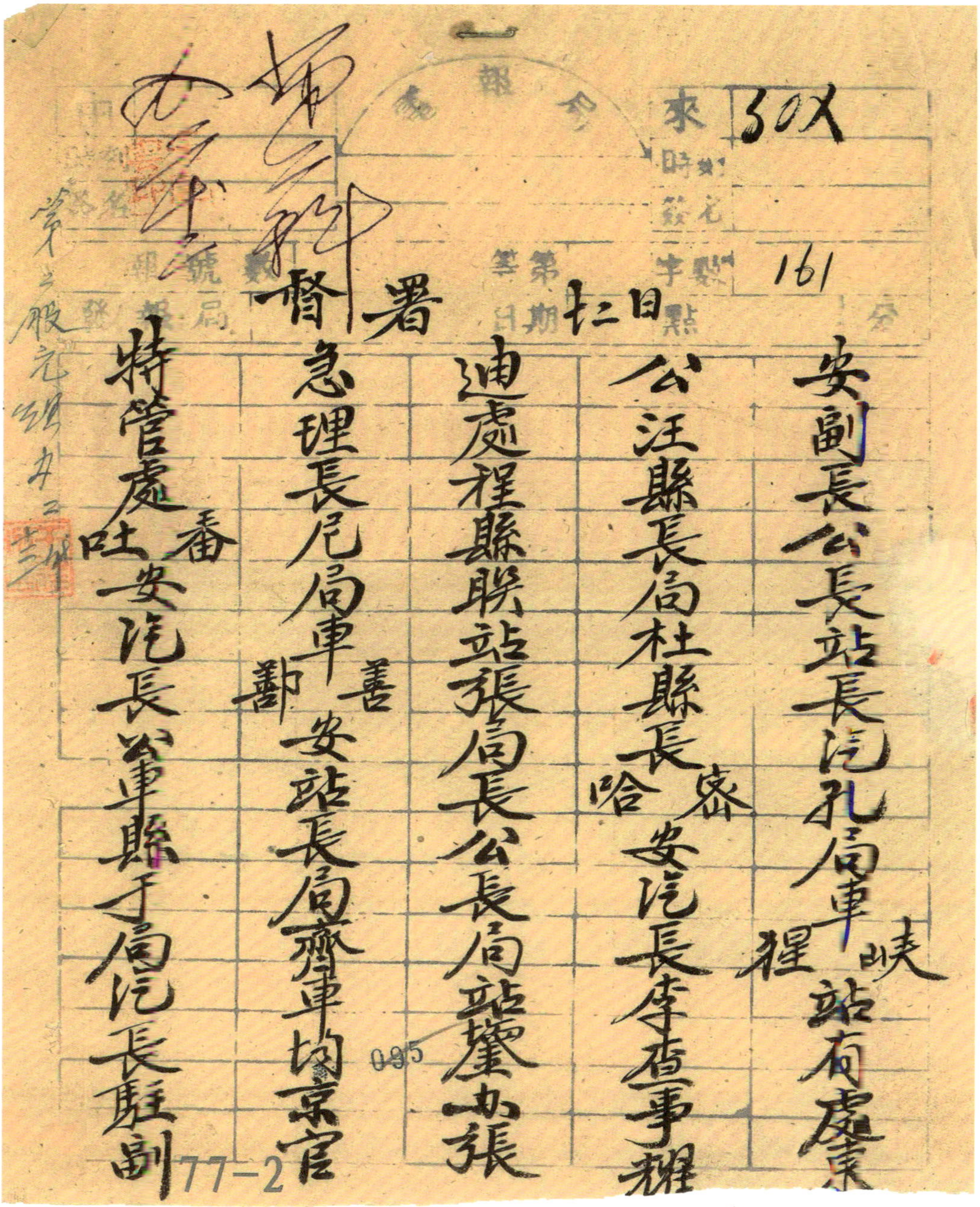

新疆边防督办盛世才关于驻京办事处副官张耀东护送义军眷属来新各县应妥为招待保护事致公安管理处等的电报（一九三八年二月十二日）

來 報 局

字數 第 等

分 點 日期

數號報 發報局

軍餘兀乘來各應待遇待作將期督丑

義十月卅程達特招利招于并日要才

送五本蘭啟到站爲以需准報境爲世印

護屬於由車候縣要護所款開入報勘飭

康春入日汽新該即係行貴正出具办文

77-1

新疆边防督办公署关于张耀东护送义军眷属沿途各局不必按站检查等事致公安管理处的密令
（一九三八年二月二十三日）

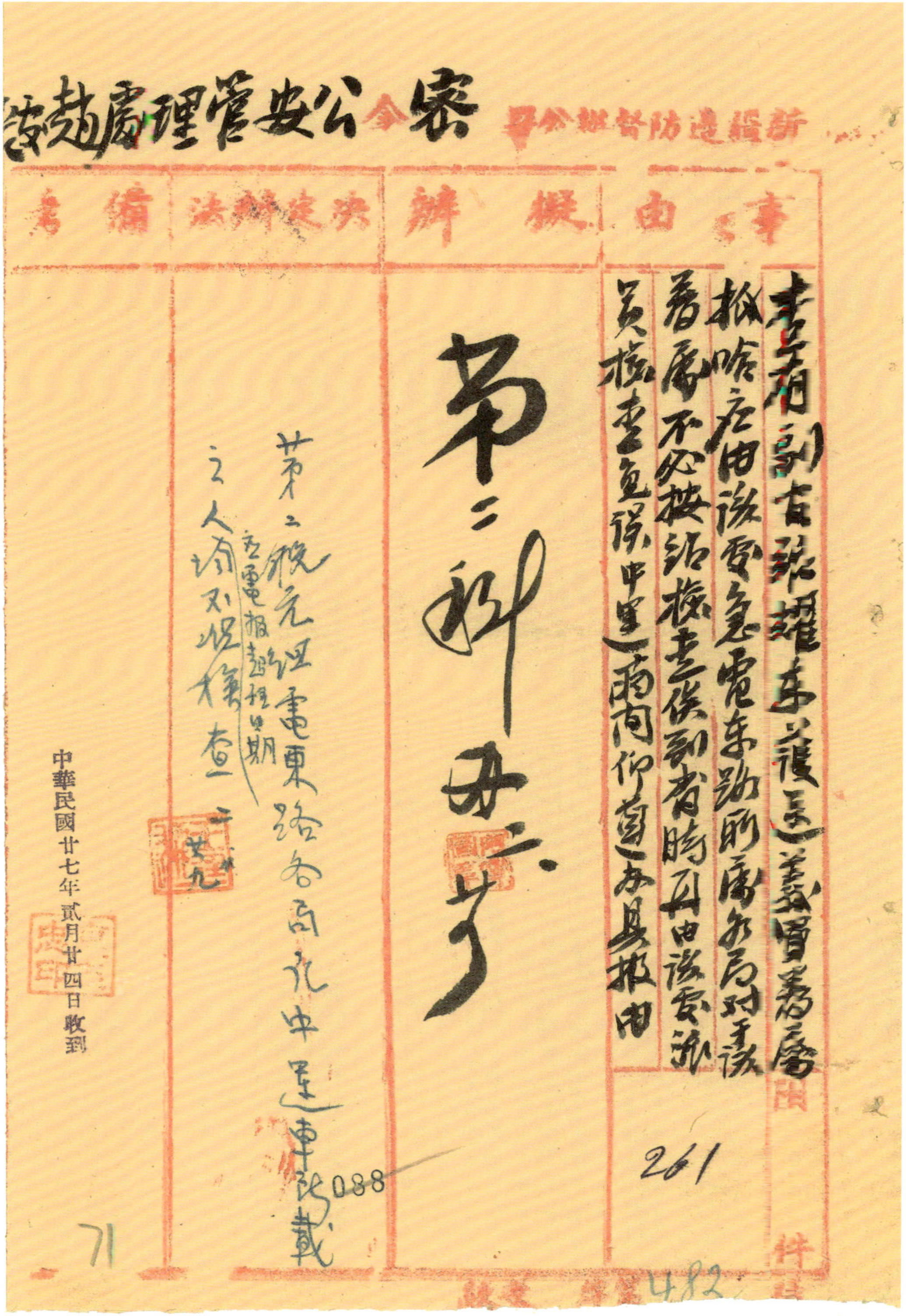
新疆邊防督辦公署令
事由
擬辦
決定辦法
備考
中華民國廿七年貳月廿四日收到

新疆邊防督辦公署令 密 字第 168 號

089

為密令事查有駐京代表兼副官張耀東護送義軍眷屬五十名已於本月支日抵哈密由該處急電東路沿途所屬各局對於上項義軍眷屬不必搜詢檢查俟到哈時再由該處派員檢查以免耽誤中運時間仰即遵照辦理具報備以後凡由中運車載運之人物均照上項辦法辦理為要此令

督辦 盛世才

72

中華民國廿七年二月廿三日

绥来县县长与新疆省政府关于绥来县供支第一批东北义军眷属给养等事的来往电（一九三八年三月）

绥来县县长经支充致新疆边防督办盛世才、省政府主席李溶的代电（一九三八年三月七日）

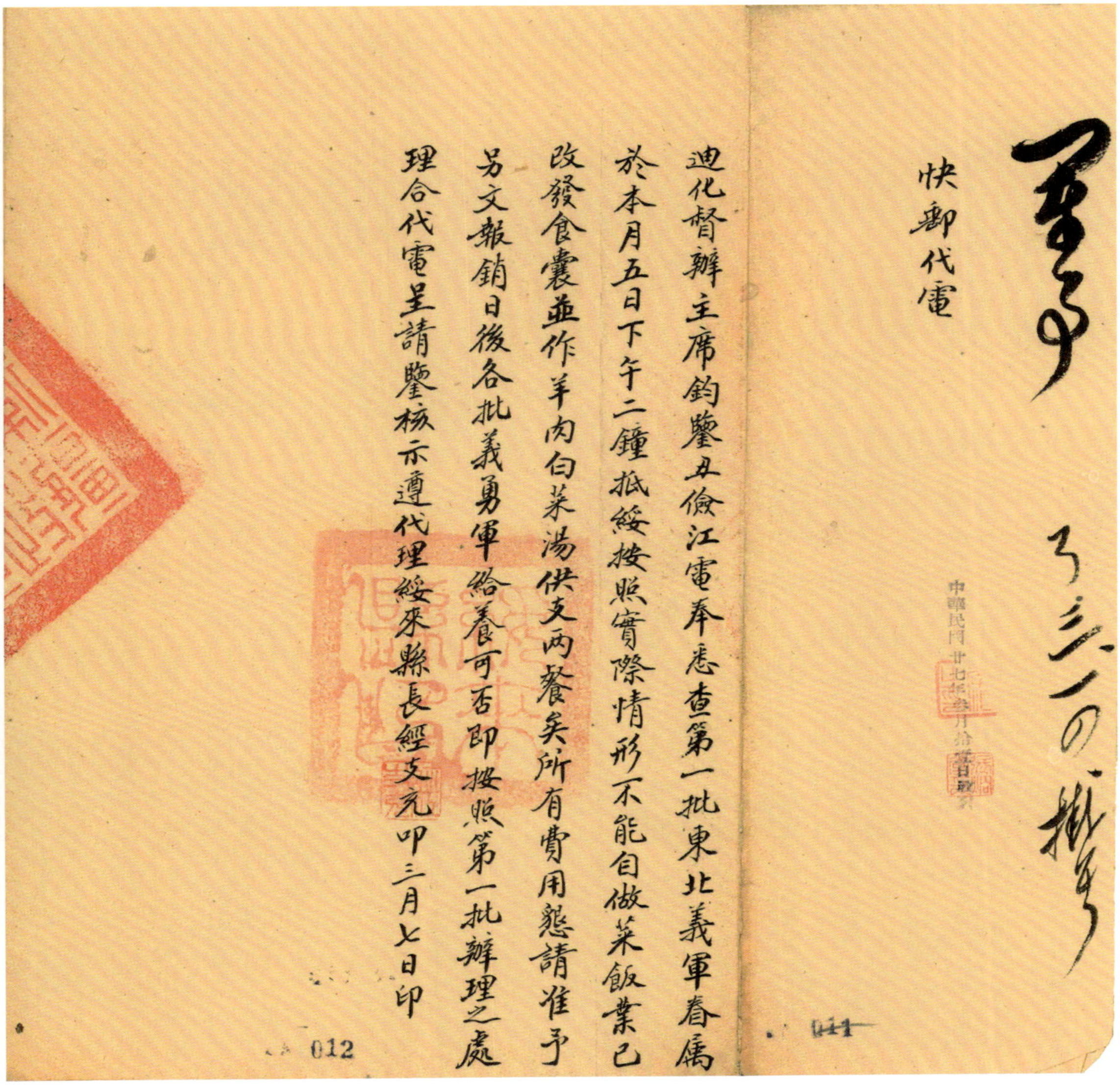

快郵代電

迪化督辦主席鈞鑒：丑儉江電奉悉。查第一批東北義軍眷屬於本月五日下午二鐘抵綏，按照實際情形，不能自做菜飯，業已改發食囊，並作羊肉白菜湯供支兩餐矣。所有費用，懇請准予另文報銷。日後各批義勇軍給養，可否即按照第一批辦理之處，理合代電呈請鑒核示遵。代理綏來縣長經支充叩。三月七日印

012

新疆省政府致边防督办盛世才、财政厅、绥来县县长经支充的代电（一九三八年三月十六日）

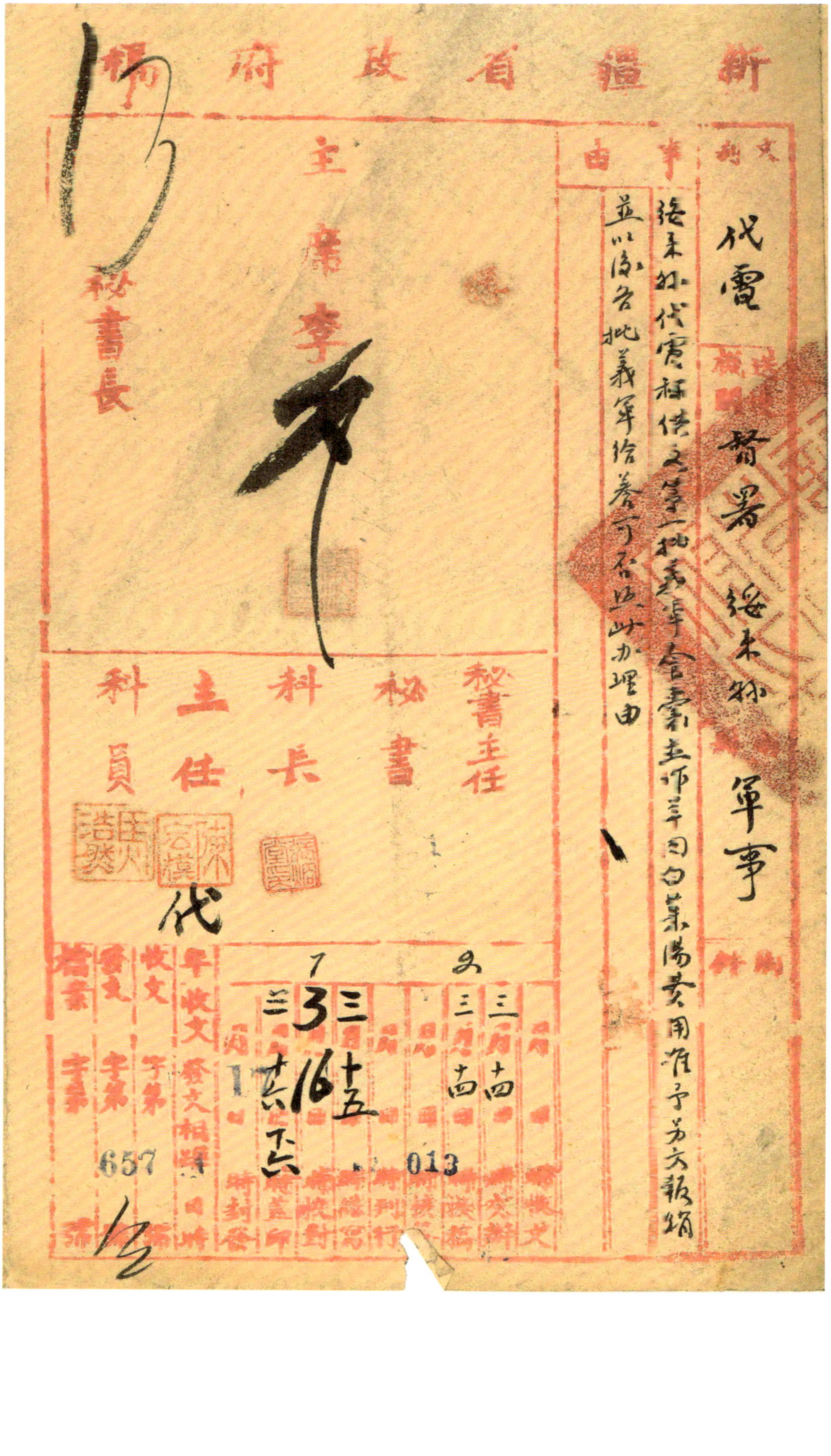

新疆省政府

文別：代電

督署 綏來縣 軍事

事由：綏來縣代電稱借支第一批義軍食囊五師羊內白菜湯費用准予另文報銷並以原呈批義軍給養可否照此辦理由

秘書長

主席 李

秘書主任 秘書 科長 主任 科員

代

代電

迪化盛督辦鈞鑒、財政廳鑒、綏來孫縣長迪、縣長三月七日代電悉、據稱借支[於本月五日]第一批東北義軍眷屬改發食囊、並作軍內白菜湯借給兩餐、所有費用准予作正開報、至稱以後各批義軍給養、可否按照第一批辦理一節、應請督署核示、俾遵、望各查照、主席李◯、三日十四日軍印、

014

中華民國二十七年三月十四日

繕寫
校對
監印

監印滕瑞芝

015

呼图壁县政府与新疆省政府关于东北义勇军过境日期事的来往文书（一九三八年三月）

呼图壁县政府致新疆边防督办盛世才、省政府主席李溶的代电（一九三八年三月九日）

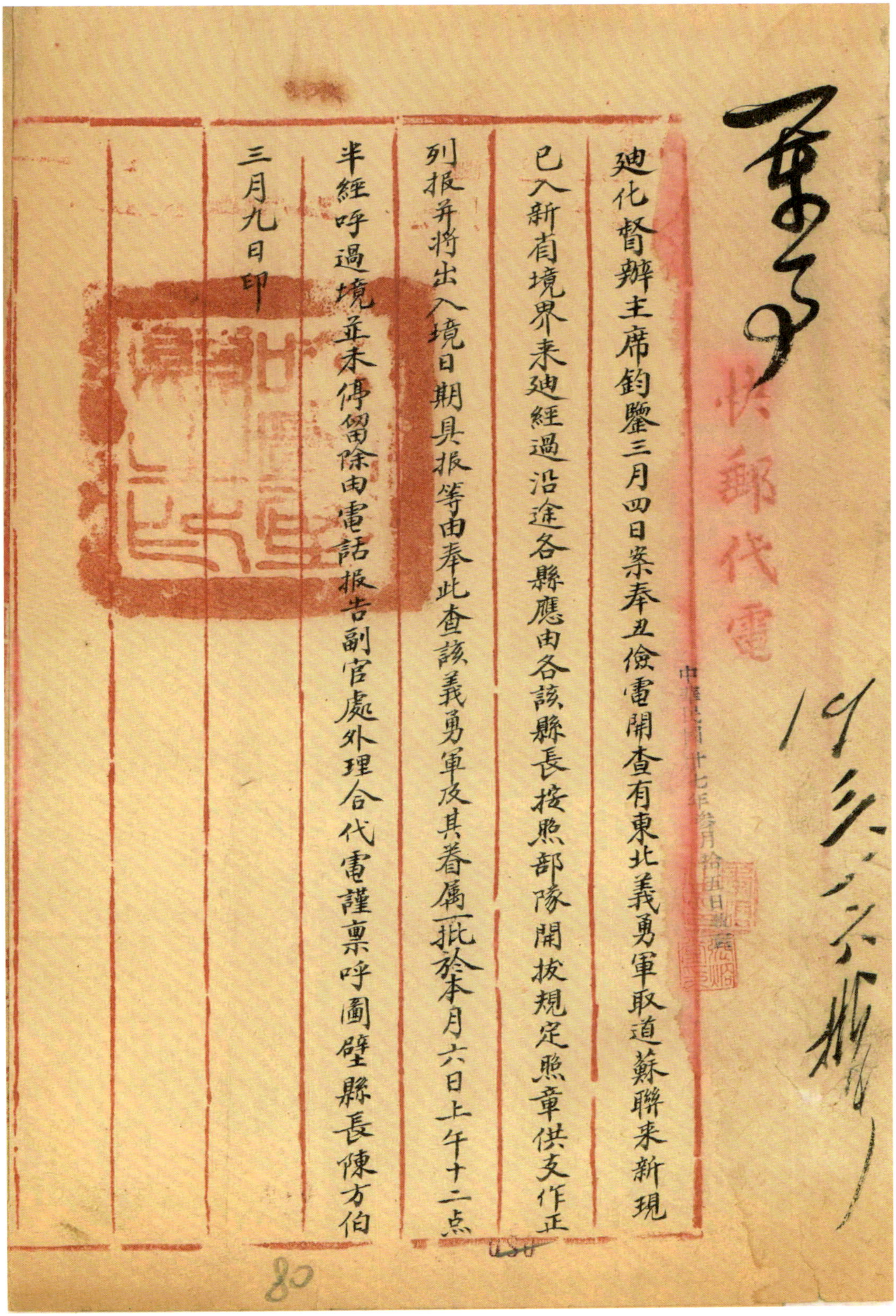
快郵代電

迪化督辦主席鈞鑒三月四日案奉丑儉電開查有東北義勇軍取道蘇聯来新現已入新省境界来迪經過沿途各縣應由各該縣長按照部隊開拔規定照章供支作正列報并將出入境日期具報等由奉此查該義勇軍及其眷屬一批於本月六日上午十二点半經呼過境並未停留除由電話報告副官處外理合代電謹稟呼圖壁縣長陳方伯

三月九日印

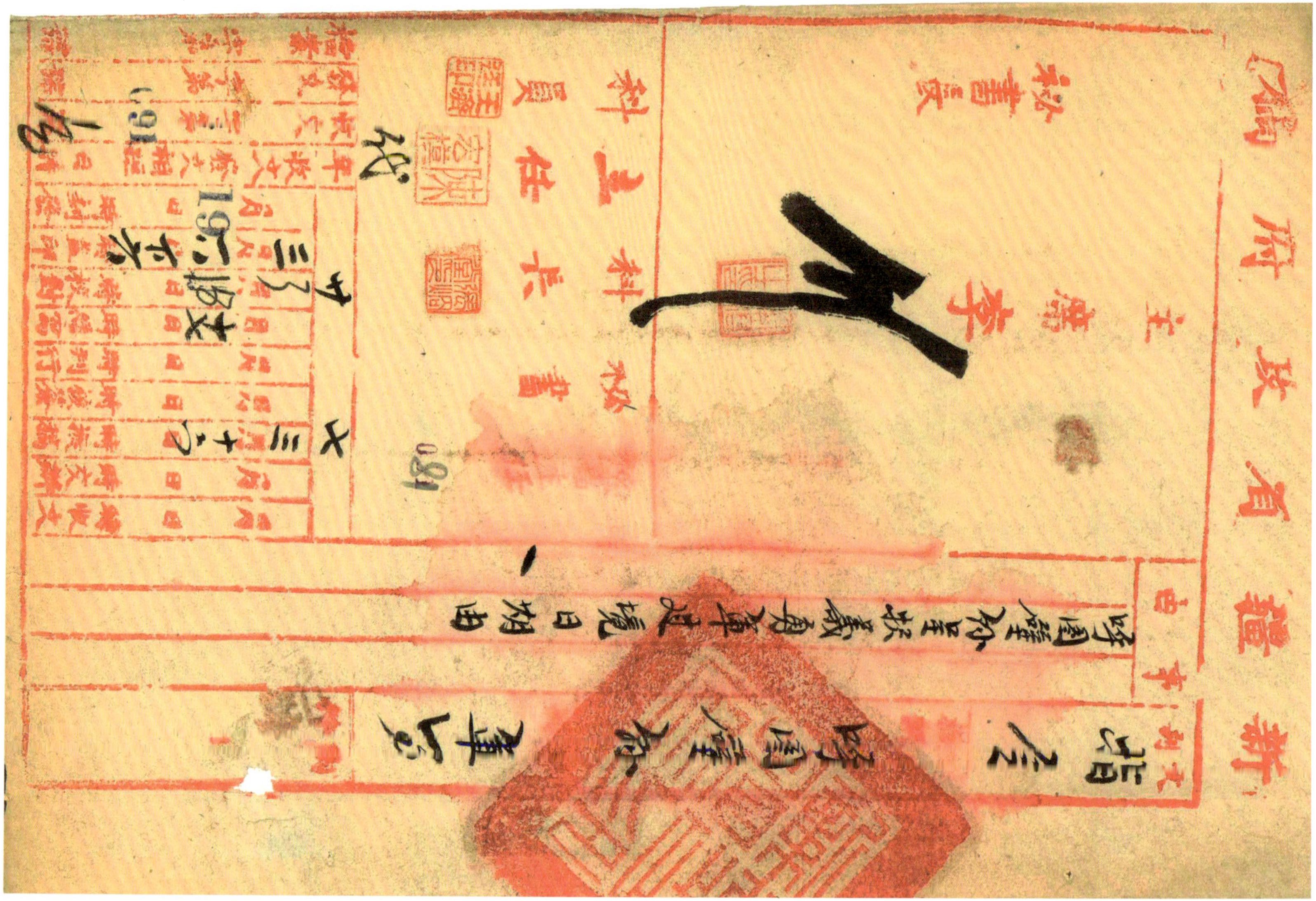

新疆省政府致呼图壁县政府的指令（一九三八年三月十九日）

指令　軍字第　号

令呼圖壁縣陈毓秀

呈报義勇軍过境日期由

三月九日代電悉、准予備案、仰即知照、此令、

082

中華民國十七年三月十二日

繕寫 李茂國

校對

監印

監印滕瑞芝

绥来县政府与新疆省政府关于绥来县供支第二批义勇军眷属过境日期事的来往电（一九三八年三月）

绥来县政府致新疆边防督办盛世才、省政府主席李溶的代电（一九三八年三月十二日）

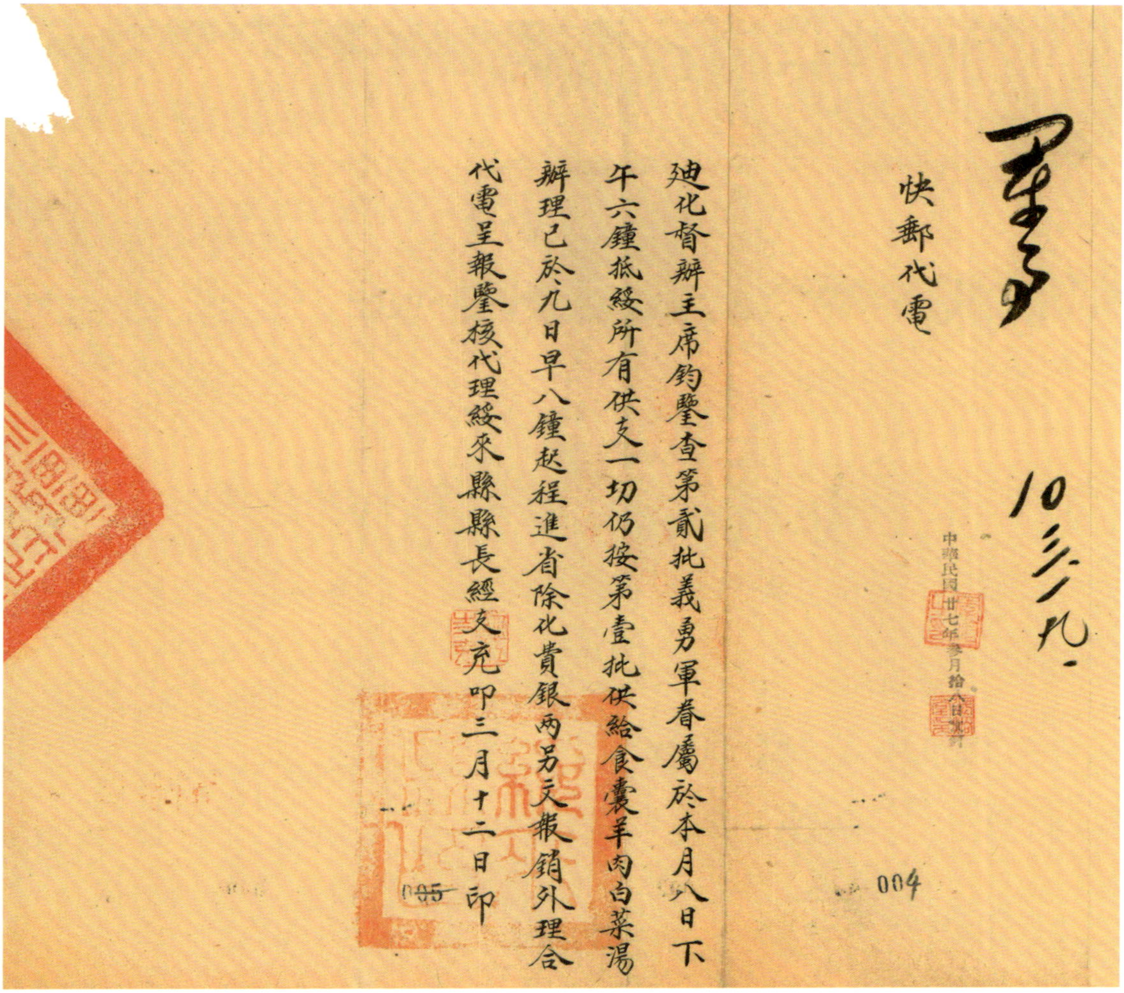

快郵代電

10/3/9

迪化督辦主席鈞鑒查第貳批義勇軍眷屬於本月八日下午六鐘抵綏所有供支一切仍按第壹批供給食囊羊肉白菜湯辦理已於九日早八鐘起程進省除化費銀兩另文報銷外理合代電呈報鑒核代理綏來縣縣長經文充叩三月十二日印

新疆省政府稿

文别：代電

送達機關：財政廳、綏來縣

事由：綏來縣電報借支第五批義勇軍券届过境日期由

主席　李

秘書長

秘書主任

秘書

科長

主任

科員

新疆省政府致省财政厅、绥来县政府的代电（一九三八年三月二十三日）

代電

迪化財政廳鑒、綏來縣長照、據縣長三月十六日代電呈報、第二批義勇軍於本月八日下午六時抵綏、九日早八時起程、[illegible]所有供支等費銀兩、另文報銷等情、已悉、應予備案、仰各查照。主席李〇、三月十九日。軍印

中華民國二十七年三月十九日

繕寫[illegible]

校對林[illegible]

監印

監印滕瑞芝

塔城区行政公署、新疆省政府、新疆边防督办公署关于塔城区各派出所应募警士拟由来新东北义勇军内考察留补事的来往文书（一九三八年三月至四月）

塔城区行政公署致新疆省政府的呈（一九三八年三月三十一日）

民政

塔城區行政公署呈省政府

事由	轉據該局代電呈該局組織各派出所業經正式成立應募警士擬由新來東北義勇軍內考查留補以資訓練可否之處祈轉請示遵由
附件	
擬辦	
決定辦法	
備考	

中華民國廿七年四月拾八日收到

086

呈為呈轉事竊據塔城區公安局代電內稱塔城行政長鈞鑒奉總處令組織成立各派出所業經呈報於三月一日正式成立在案唯塔城區屬哈維各族占居多數漢族民衆寥寥無幾凡應募警士悉數哈族其他各族無一應募對於訓練指導一切工作咸感困難殊於職局維持治安不無窒碍擬請由此次經過蘇聯來新東北義勇軍內如有無他嗜好品行端正志愿應募之青年可否經過考查量予留補以資訓練俾利工作除呈請管理處核示外理合代電呈請鑒核轉呈示遵施行職李巍叩三月十九日印等情據此是否可行除指令并分呈外理合據情轉呈

鈞府鑒核指示施行謹呈

新疆省政府

塔城區行政長趙劍鋒

087

民國二十七年三月三十一日

088

新疆省政府致边防督办盛世才、塔城区行政长赵剑锋的代电（一九三八年四月二十三日）

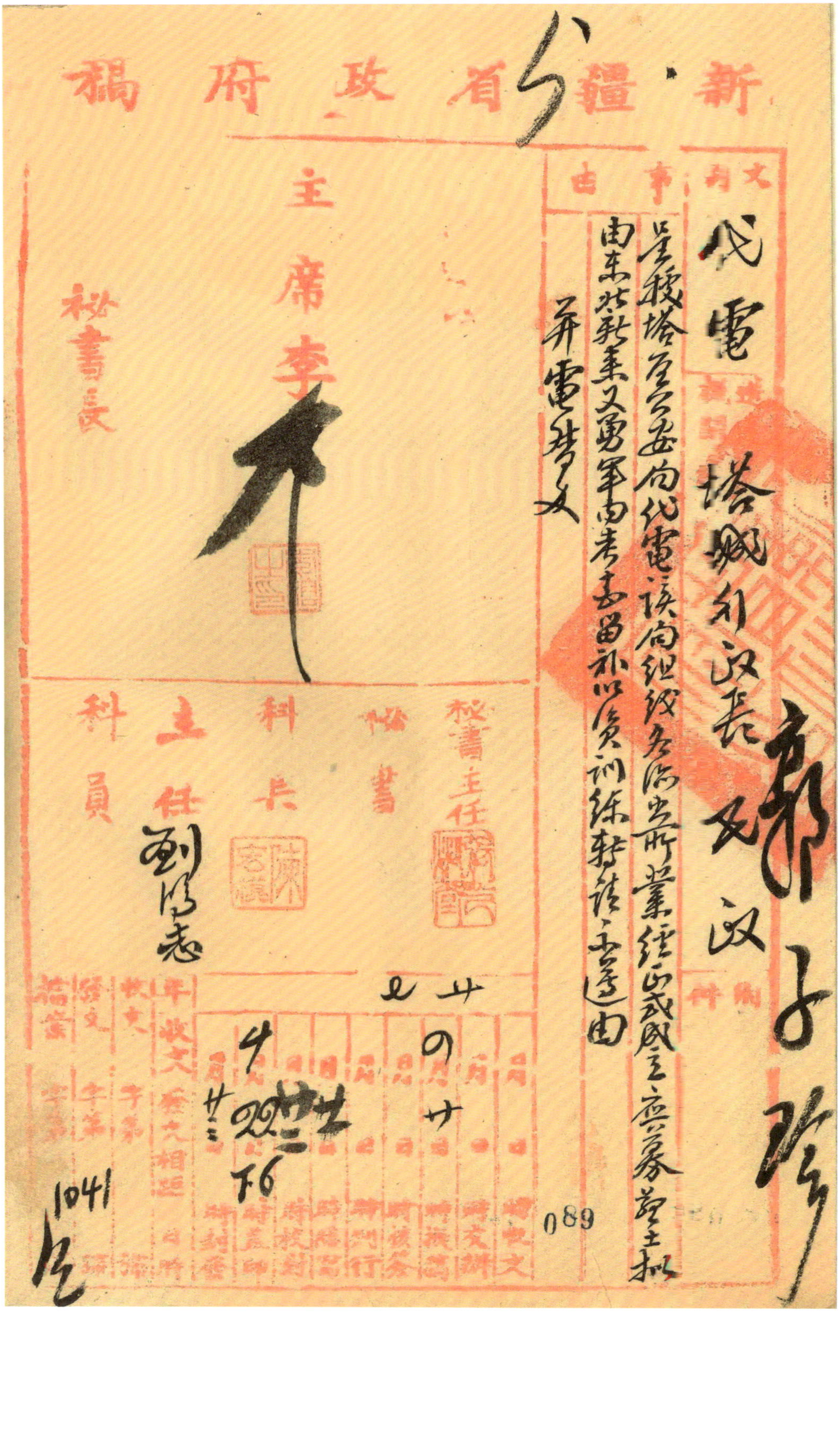

代電

迪化盛督辦勛鑒、塔城趙代行政長鑒：趙行政長三月三十日呈悉，據轉塔城互助會電稱，該會組織各區生產事業，經正式成立，應募壯士擬由東北難民之義勇軍內考選留補，以資訓練，俾利工作，業轉請核示等情，既據分呈，應請督辦核奪飭遵，諒各查照。主席李○卯寒印。

中華民國　　年　　月　　日

繕寫

校對

監印

監印滕瑞芝

新疆边防督办公署致省政府的咨（一九三八年四月二十九日）

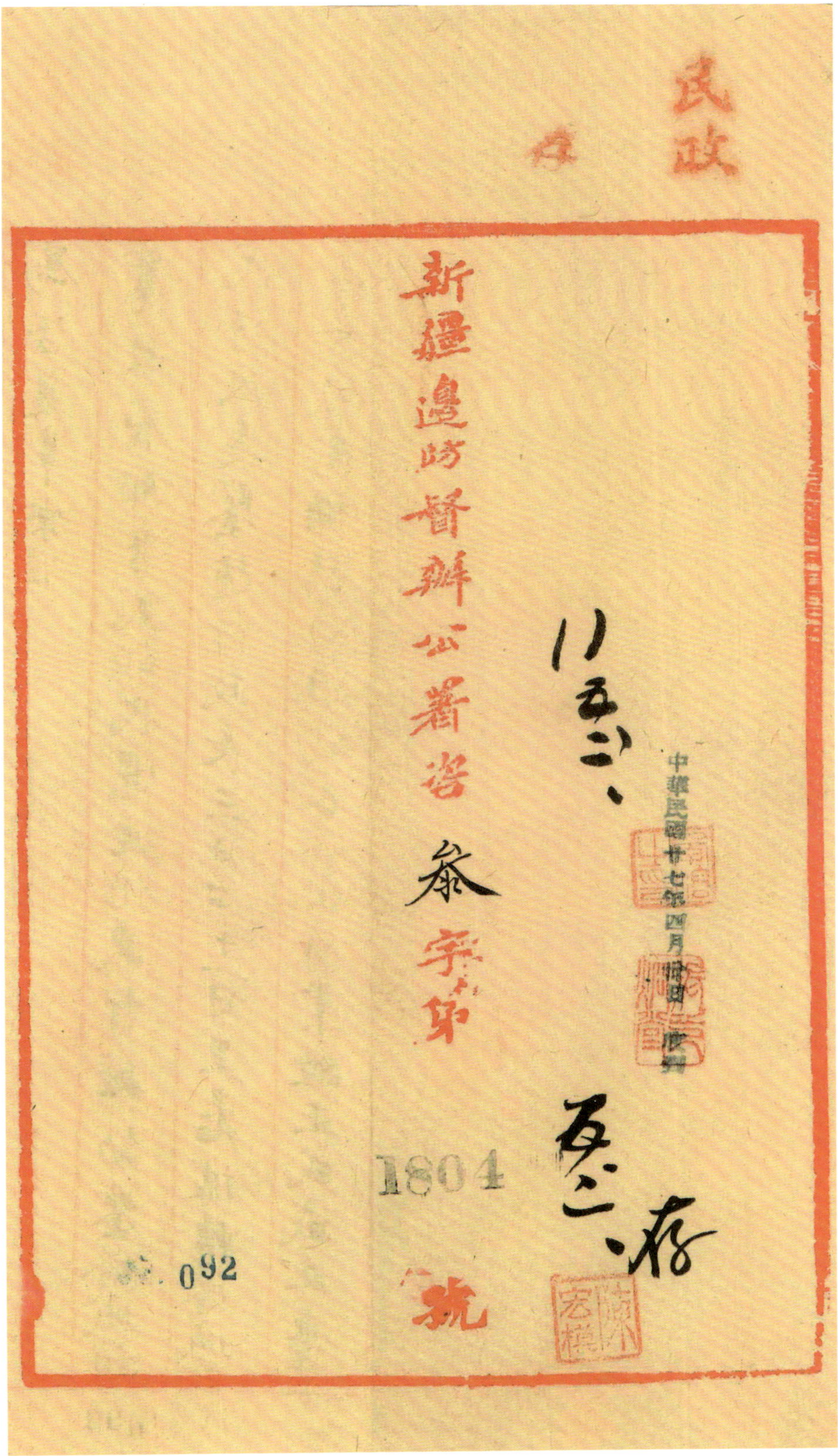
新疆邊防督辦公署咨
叅字第　號
1804
092

為咨復事案准

貴政府郊号式印代電迪化盛督辦鑒塔城趙

代行政長鑒趙行政長三月三十一日呈悉據轉塔城區

公安局電稱該局組織各派出所業經正式成立應募

警士擬由東北新來之義勇軍内考查留補以資

訓練俾利工作一案轉請核示等情既據分呈應請

督署核辦飭遵望各查照主席李溶郊號式印

等由准此查此案前據公安管理處及塔城趙代行

093

政長轉請前來當經批飭碍難照准在案除令行公
安管理處及塔城趙行政長知照外相應咨請
查照爲荷此咨
新疆省政府

督辦盛世才

第　頁

094

中華民國二十七年四月九日

監印官張振麟

085

额敏县政府与新疆省政府关于第六、七两批义勇军人数及过境日期事的来往电（一九三八年四月至五月）

额敏县政府致新疆边防督办盛世才、省政府主席李溶的电报（一九三八年四月二十二日）

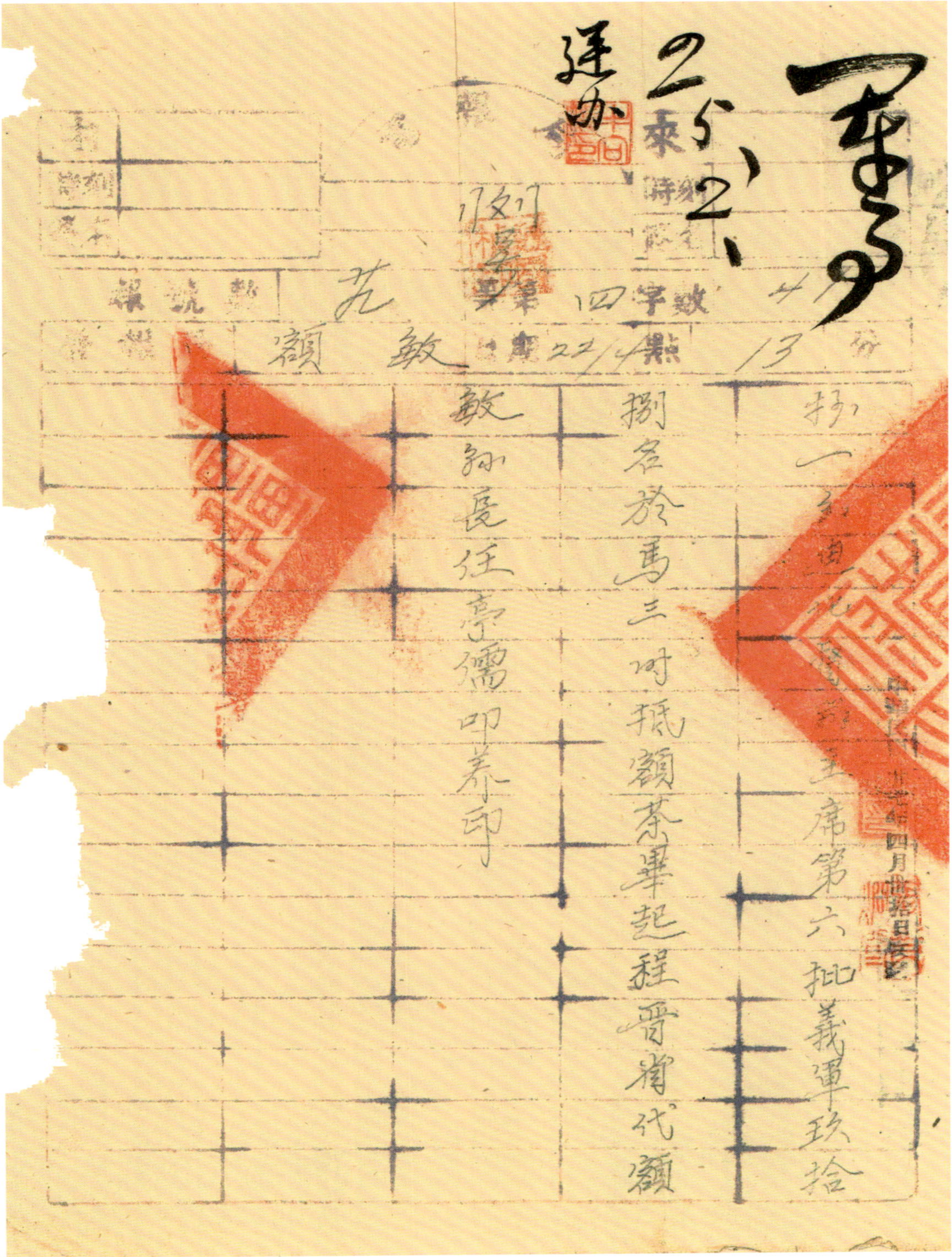

额敏县政府致新疆边防督办盛世才、省政府主席李溶的电报（一九三八年四月二十四日）

报
来
等级
字数 一〇三
日期 24/4
局名 额敏
号数 三一
308
迪化督办主席钧鉴：第七批义军五十名，于梗午二点钟抵额敏，毕起程晋省。代额敏县长汪亭孺叩。迴印
124
00124

新疆省政府致边防督办盛世才、省财政厅、额敏县政府的代电（一九三八年五月五日）

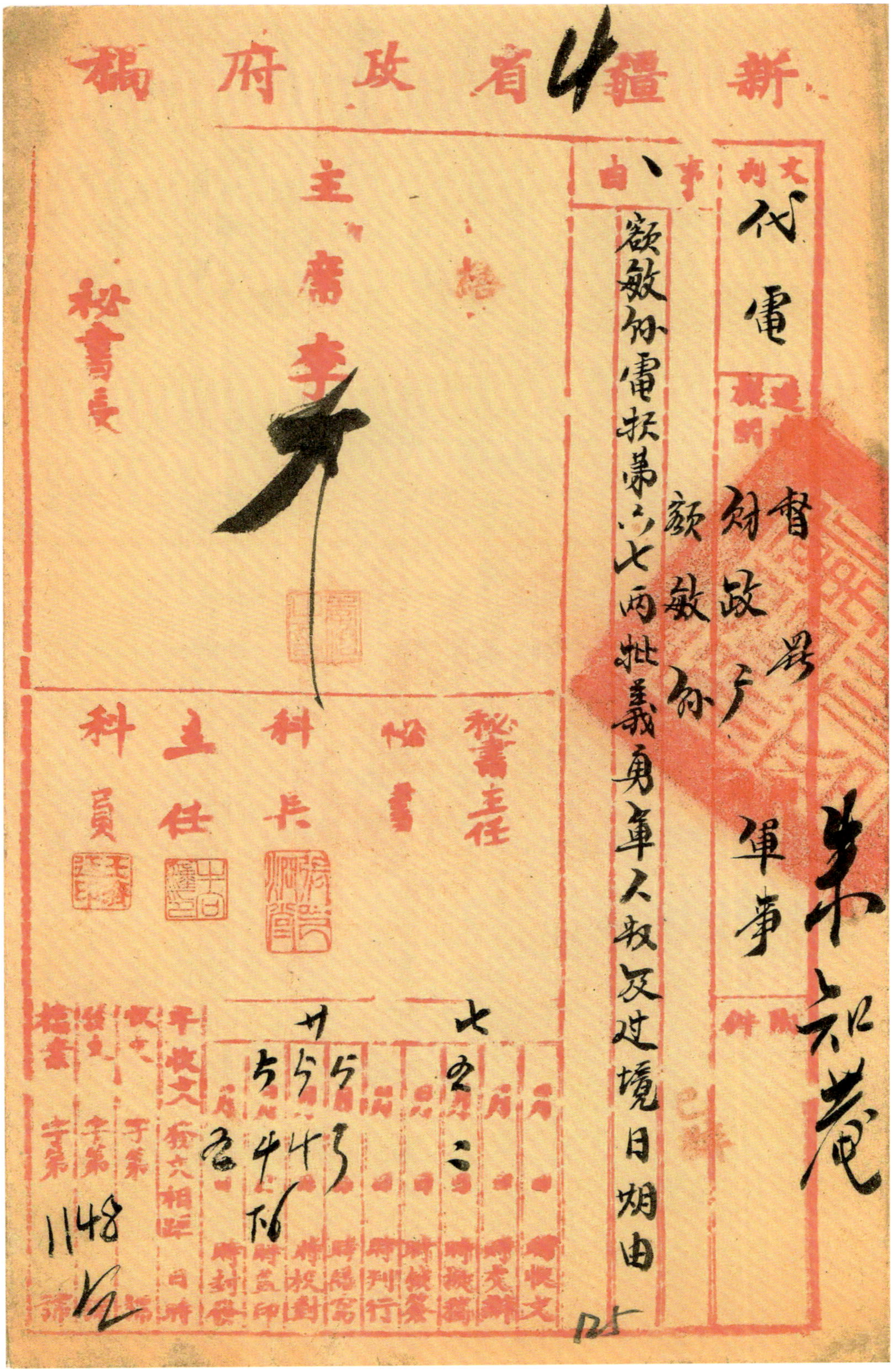
新疆省政府稿

文別 代電

督署 財政廳 額敏縣 軍事

事由 額敏縣電報第六七兩批義勇軍人數及过境日期由

主席 李

秘書長

秘書主任 秘書 科長 主任 科員

付電

迪化盛督辦勳鑒、財政廳周副廳長鑒、鑒敏

任代部長、恩任代部長郎蔚廻二電均悉、據稱

第六、八批義勇軍九十八名、第七批任務名抵（於塔城日先後）

籤歛畢（第）（趕擬）者、均情准予每集、並分發恩、

并請督署發恩至庸季〇五月二日軍印、

00126

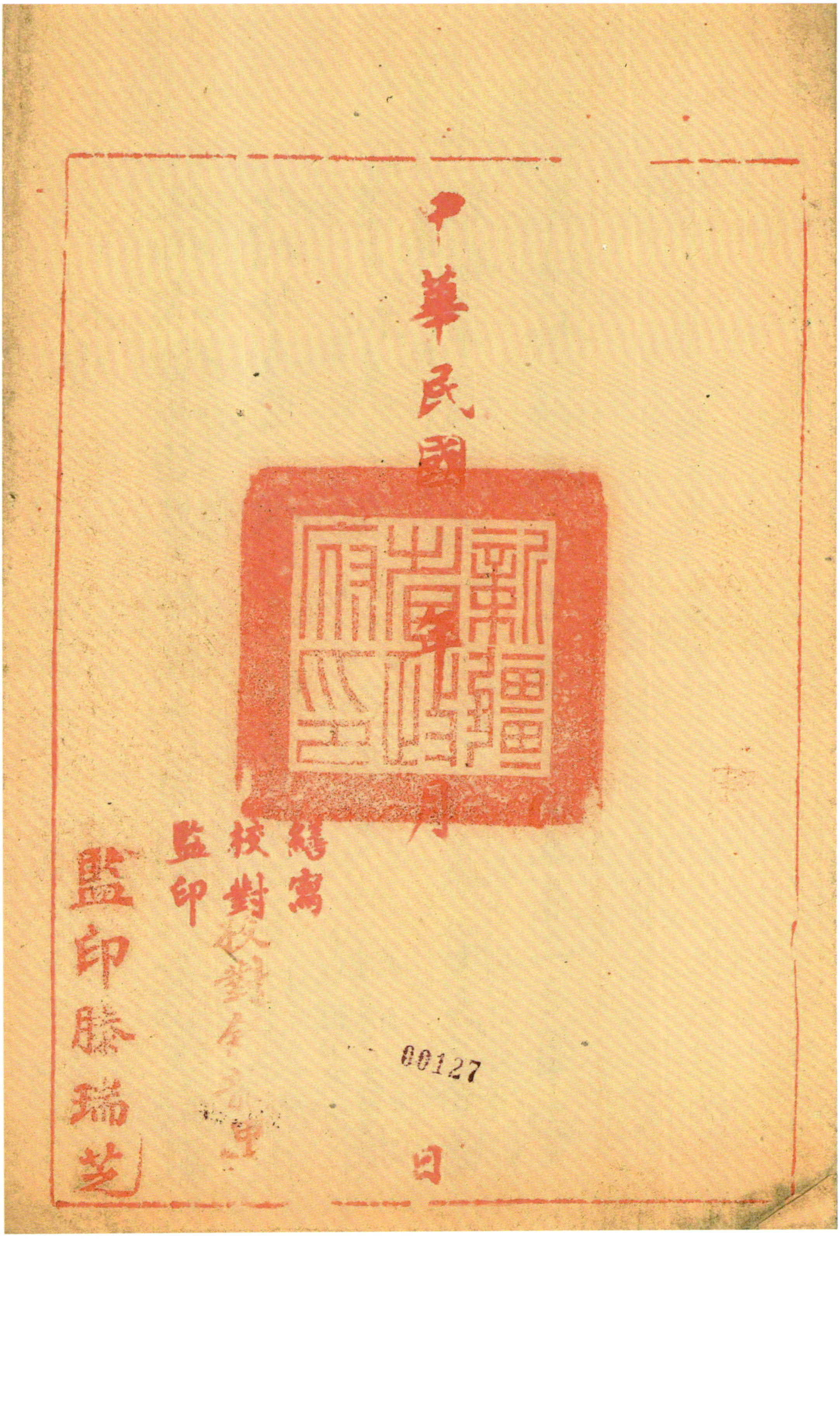
中華民國　年　月　日
繕寫
校對
監印
監印滕瑞芝
00127

呼图壁县政府与新疆省政府关于招待过境义勇军闫敬山等七十五人费用事的来往电（一九三八年四月至五月）

呼图壁县政府致新疆边防督办盛世才、省政府主席李溶的代电（一九三八年四月二十七日）

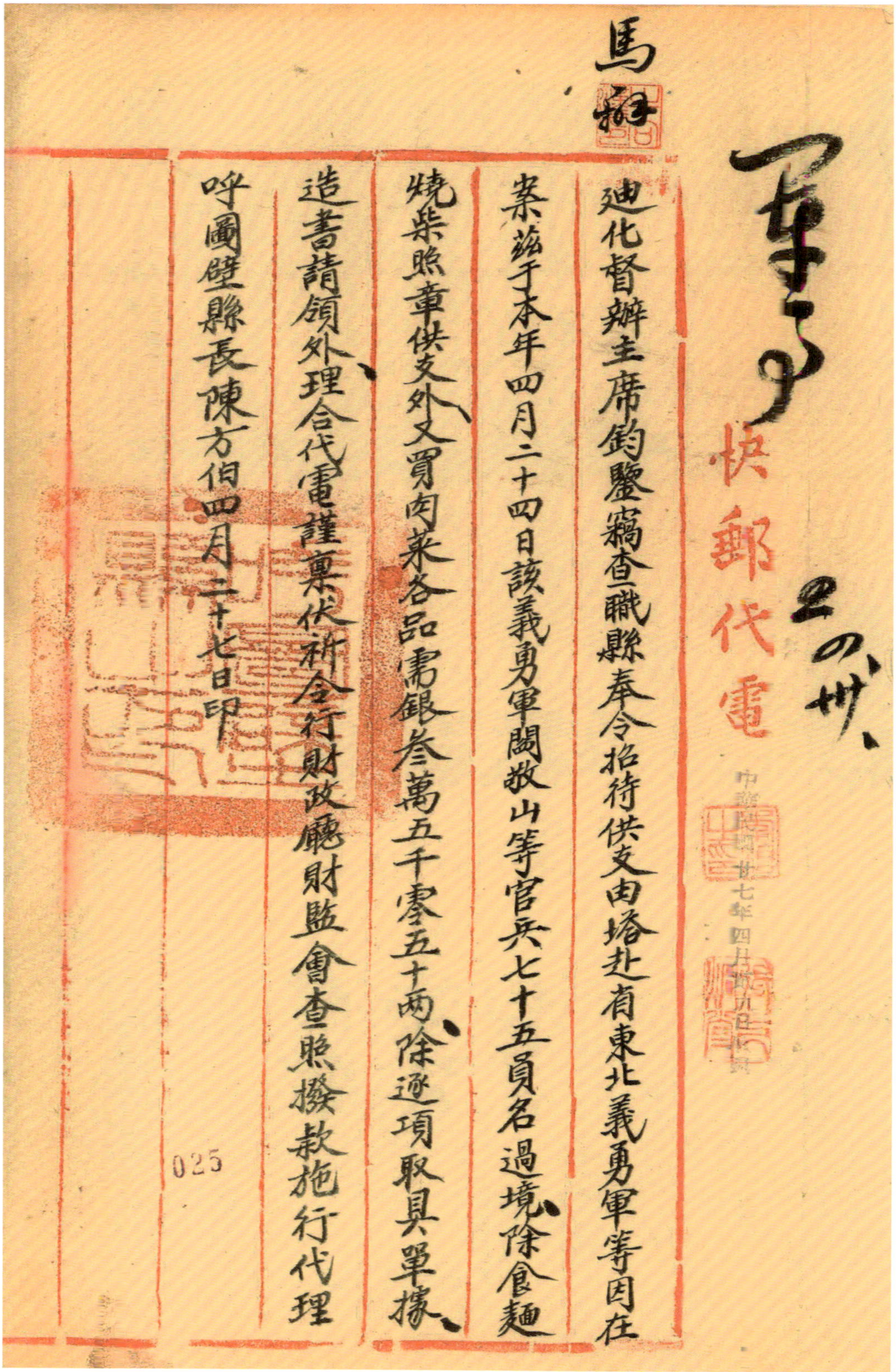
馬

快郵代電

迪化督辦主席鈞鑒：竊查職縣奉令招待供支由塔赴肅東北義勇軍等因在案。茲于本年四月二十四日該義勇軍閻敬山等官兵七十五員名過境，除食麵燒柴照章供支外，又買肉菜各品需銀叁萬五千零五十兩，除逕項取具單據、造書請領外，理合代電謹稟，伏祈令行財政廳、財監會查照撥款施行。代理

呼圖壁縣長陳方伯四月二十七日印

025

新疆省政府致边防督办盛世才、省财政厅及呼图壁县政府的代电（一九三八年五月十六日）

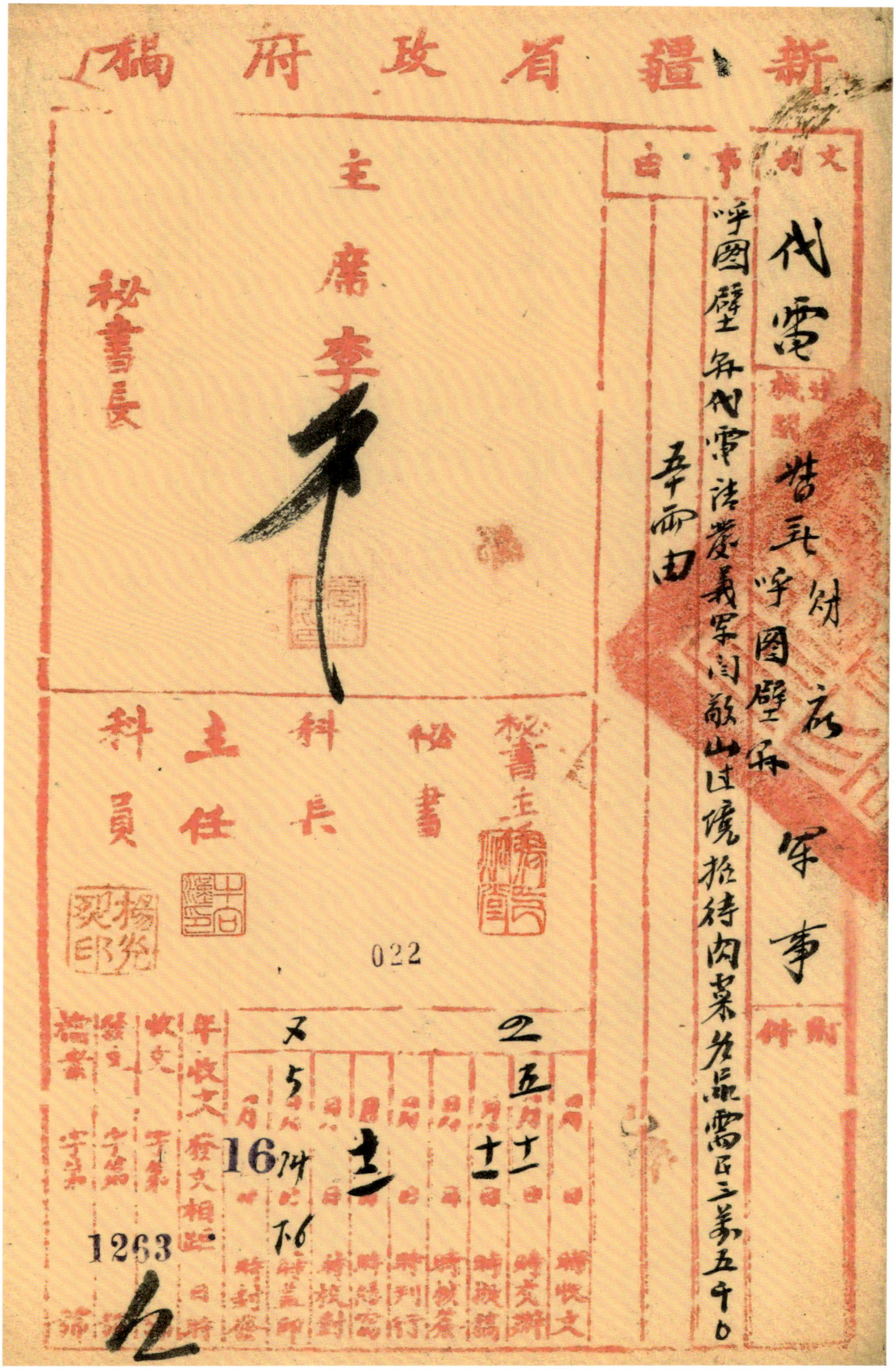

新疆省政府稿

文别　代電

事由

附件

主席　李

秘書長

秘書主任

秘書

科長

主任

科員

022

1263

代電

迪化盛督办勋鉴、财政厅周副厅长鉴、宁国
璧陈秘长鉴：陈秘长四月廿七日代电悉。據稱、
該義勇軍閻敬山部官兵七十五員名、
於本年四月廿四日准予備案，
过境除食麸、烧柴供支外，又买肉菜各品
需银叁万伍千零伍拾两，除逕项取来单
據列送書請領、飭廳撥發、等情，
督署核办，望予查照。主席李 吾肓

023-1

十一日軍印

23-2

中華民國廿七年五月十二日

繕寫

校對

監印

校對葉維祥

聘

監印滕瑞芝

024

乌苏县政府与新疆省政府关于招待义勇军及眷属过境事的来往文书（一九三八年五月）

乌苏县政府致新疆边防督办盛世才、省政府主席李溶的电报（一九三八年五月四日）

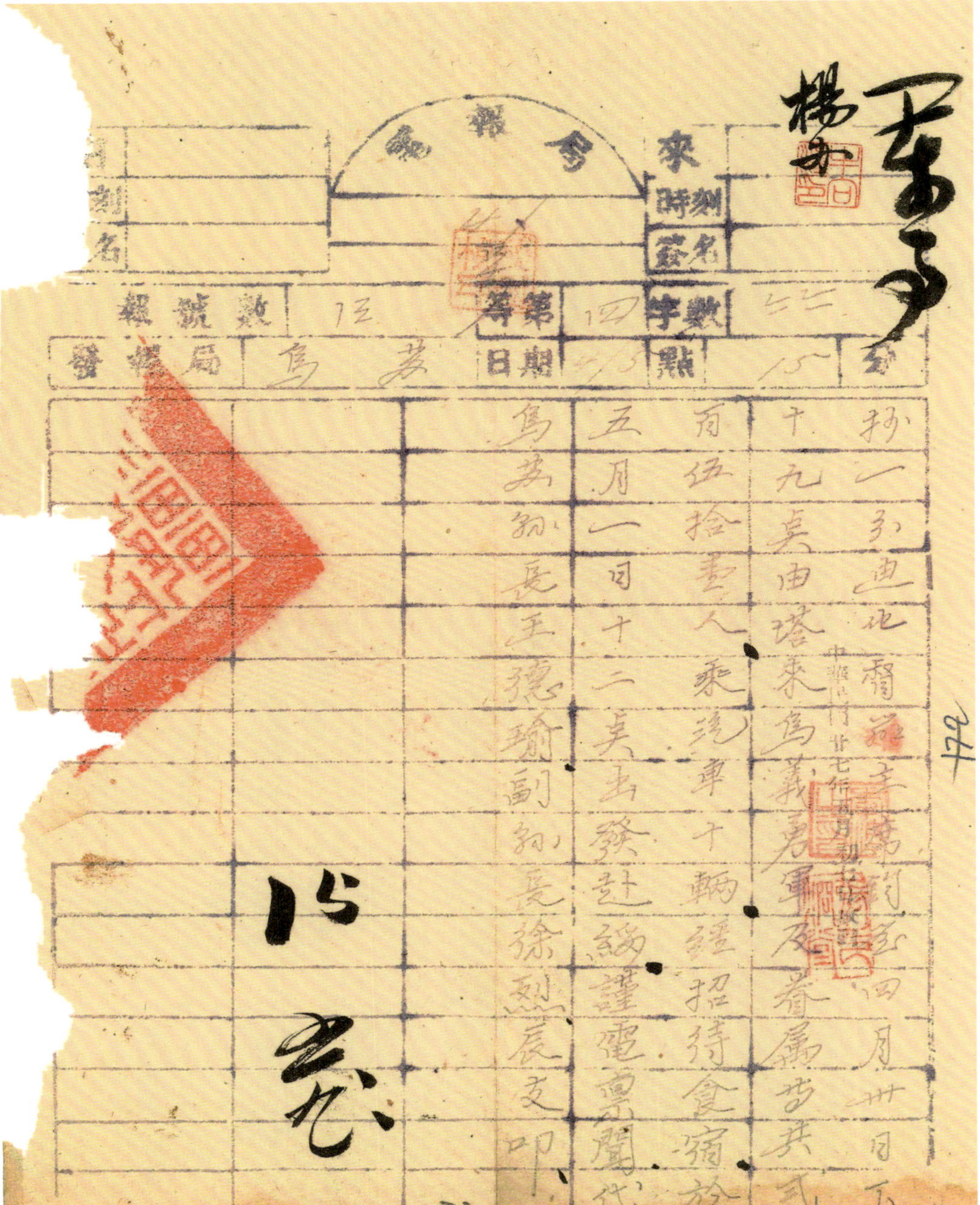

來報紙

發報局 烏蘇　報號數 12　日期 5/3　點 15　等第 四　字數 二二

抄一分迪化省主席李鈞鑒：四月卅日下十九點由塔來烏義勇軍及眷屬共貳百伍拾壹人，乘汽車十輛，經招待食宿，於五月一日十二點出發赴綏。謹電稟聞。代烏蘇縣長王德瑜、副縣長徐烈辰支叩。

新疆省政府致乌苏县政府的指令及致省财政厅的抄令（一九三八年五月十二日）

新疆省政府稿

文别：指令 乌苏县政府
抄令 财政厅

事由：乌县知电呈招待义勇军过境日期由、

主席 李

秘书长

秘书主任

秘书

科长

主任

科员

指令第　号

令乌苏县　令

财政厅

乌苏县电呈招待义勇军及眷属共二万五千六百余人，过境日期由。

电悉，准予备案，仰即知照，并仰财政厅查照。此令。

174　175

中華民國廿七年五月九日

繕寫

校對

監印

監印滕瑞芝

175 176

额敏县政府与新疆省政府关于招待第八批义勇军过境事的来往文书（一九三八年五月）

额敏县政府致新疆边防督办盛世才、省政府主席李溶的电报（一九三八年五月七日）

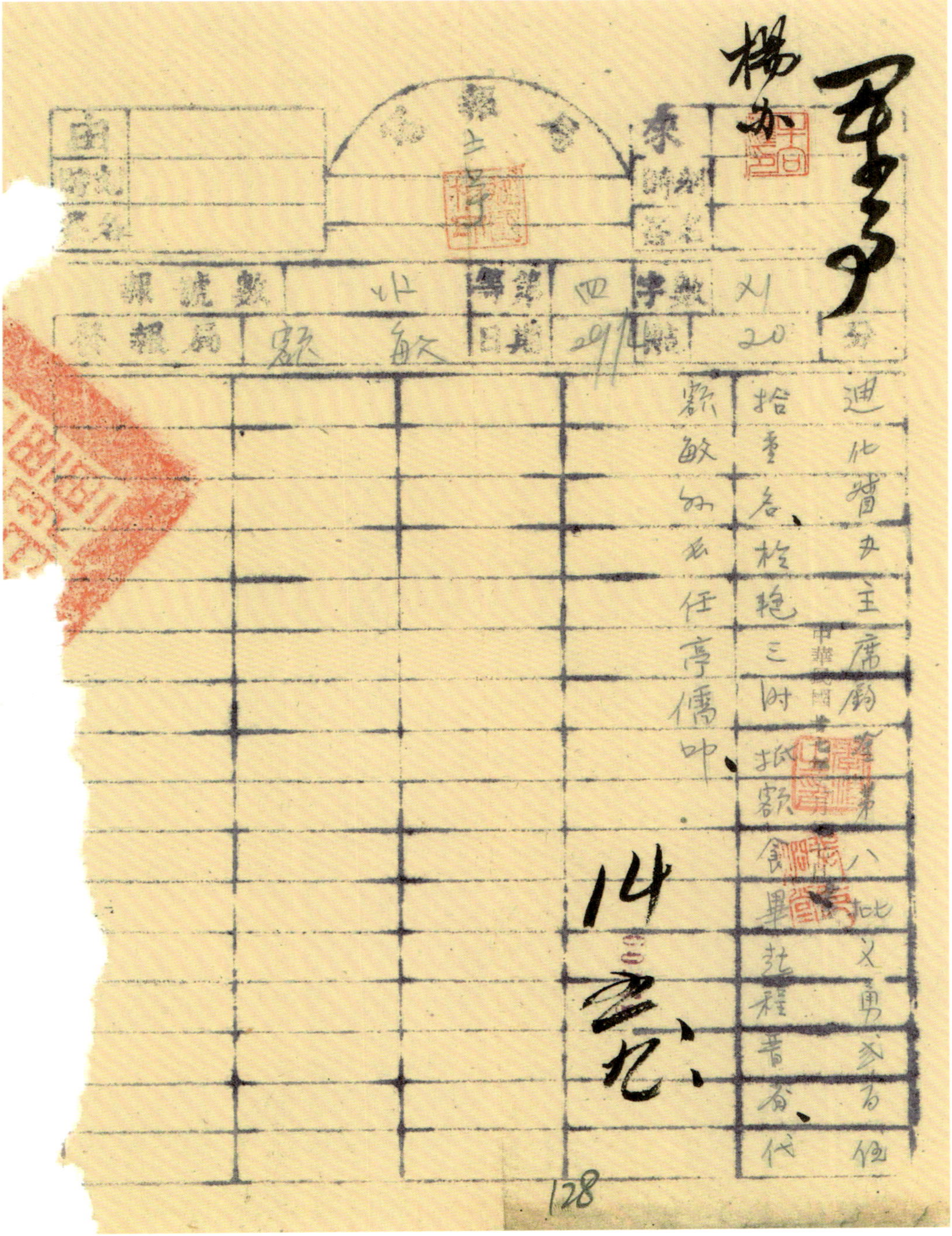

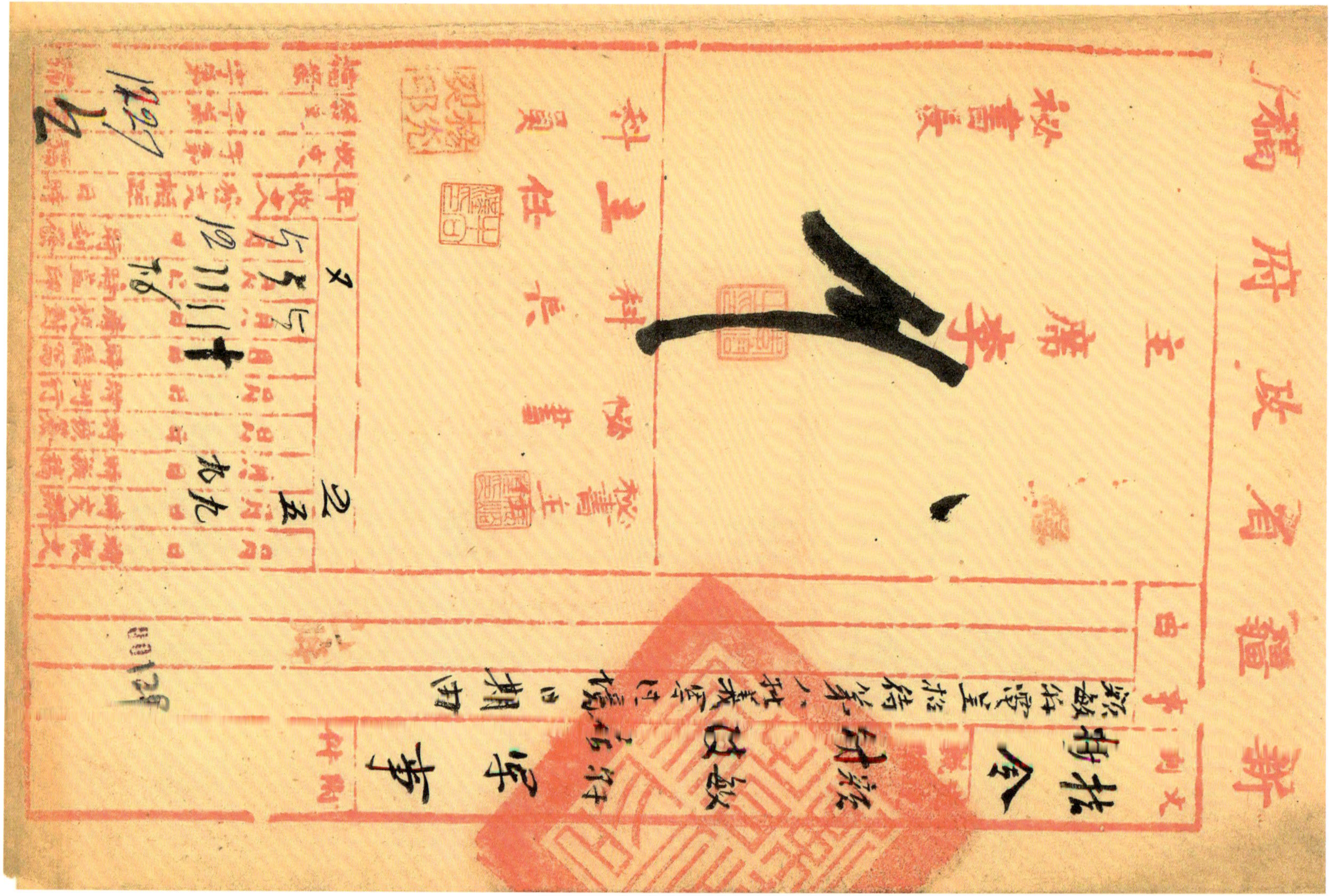

新疆省政府致额敏县政府的指令及致省财政厅的抄令（一九三八年五月十二日）

指令第　号

令迪化县

令钦敏府

令财政厅

钦敏府

电呈招待第八批义勇军二百五十一名过境日期，电悉，准予备案，仰即知照，并仰财政厅查照。此令。

00130

中華民國廿七年五月九日

繕寫 黃

校對 李學華 維祥

監印

監印滕瑞芝

00131

新疆省财政厅与新疆省政府关于绥来县供支义勇军及眷属过境临时费用已由绥分行拨发事的来往文书（一九三八年五月）

新疆省财政厅致省政府的呈（一九三八年五月十六日）

军事

呈覆令發綏來縣供支義勇軍及眷属過境臨時費銀兩已由綏分行照撥由

閲

中華民國廿七年五月拾六日收到

新疆省政府財政廳為呈覆事案奉

鈞府撥發綏來縣長經文充請領供支義勇軍及眷属過境臨時費銀壹百壹拾貳萬壹仟六百零九兩憑單一紙到廳奉此除飭科於五月十日通知省銀行轉飭綏分行照撥並令行該縣長具領外理合具文呈請

050

054

鈞府鑒核備案施行謹呈

新疆省政府

副廳長 周彬 庫爾班

民國三十七年五月十六日

新疆省政府致省财政厅的指令及致绥来县政府的抄令（一九三八年五月二十三日）

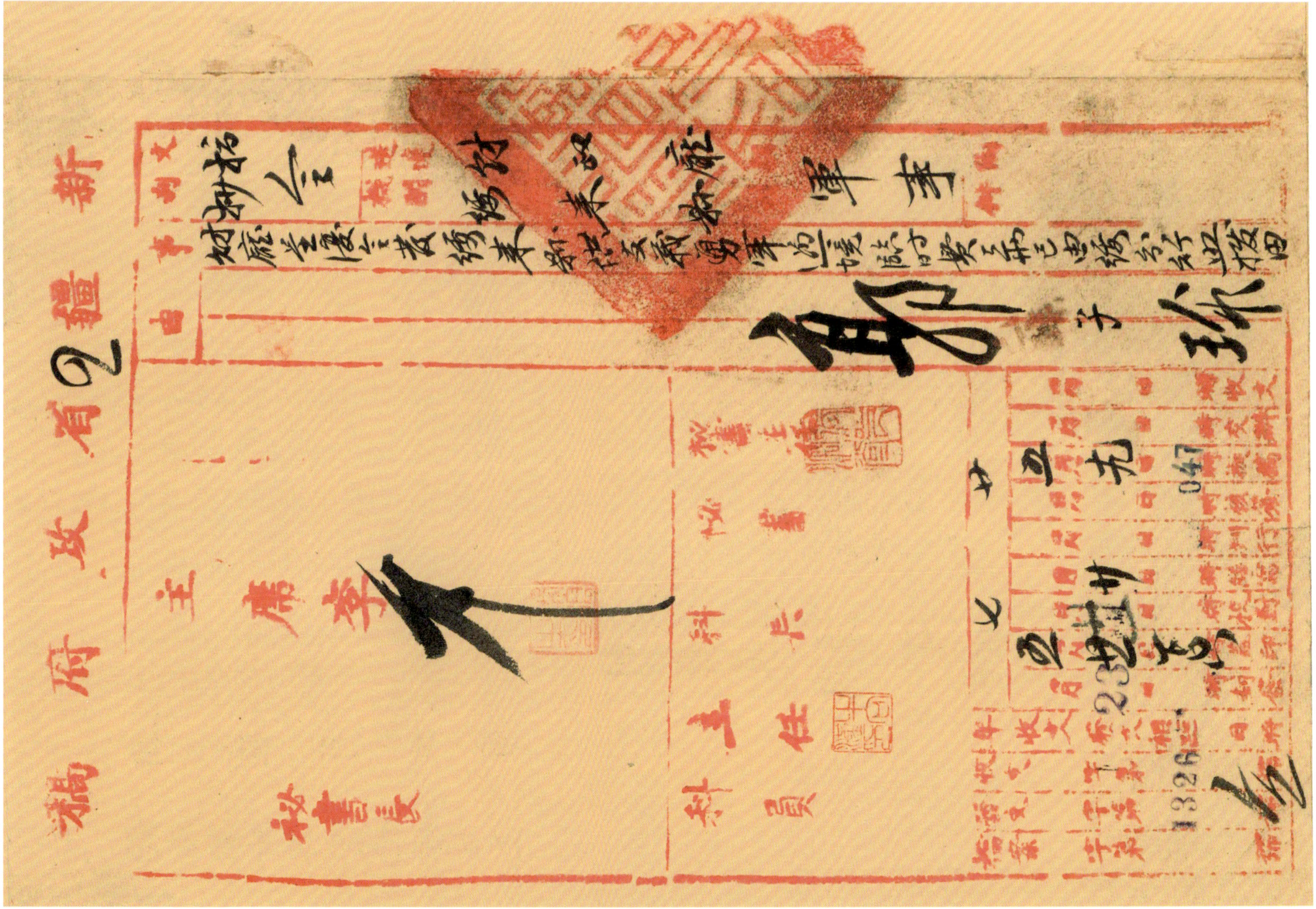

指令第　號
抄

令財政廳
綏來縣

財政廳呈覆令撥綏來縣供支義勇軍及青年過境隨時費款兩已由綏分行照撥由

呈悉應准備案仰政知並仰綏來縣查照此令

中華民國廿五月十九日

繕寫

校對 校對華維祥

監印 監印滕瑞芝

049

新疆省政府关于乌苏县招待过境义勇军及眷属等二百一十七人食宿事致边防督办盛世才、省财政厅、乌苏县政府的代电（一九三八年五月十九日）

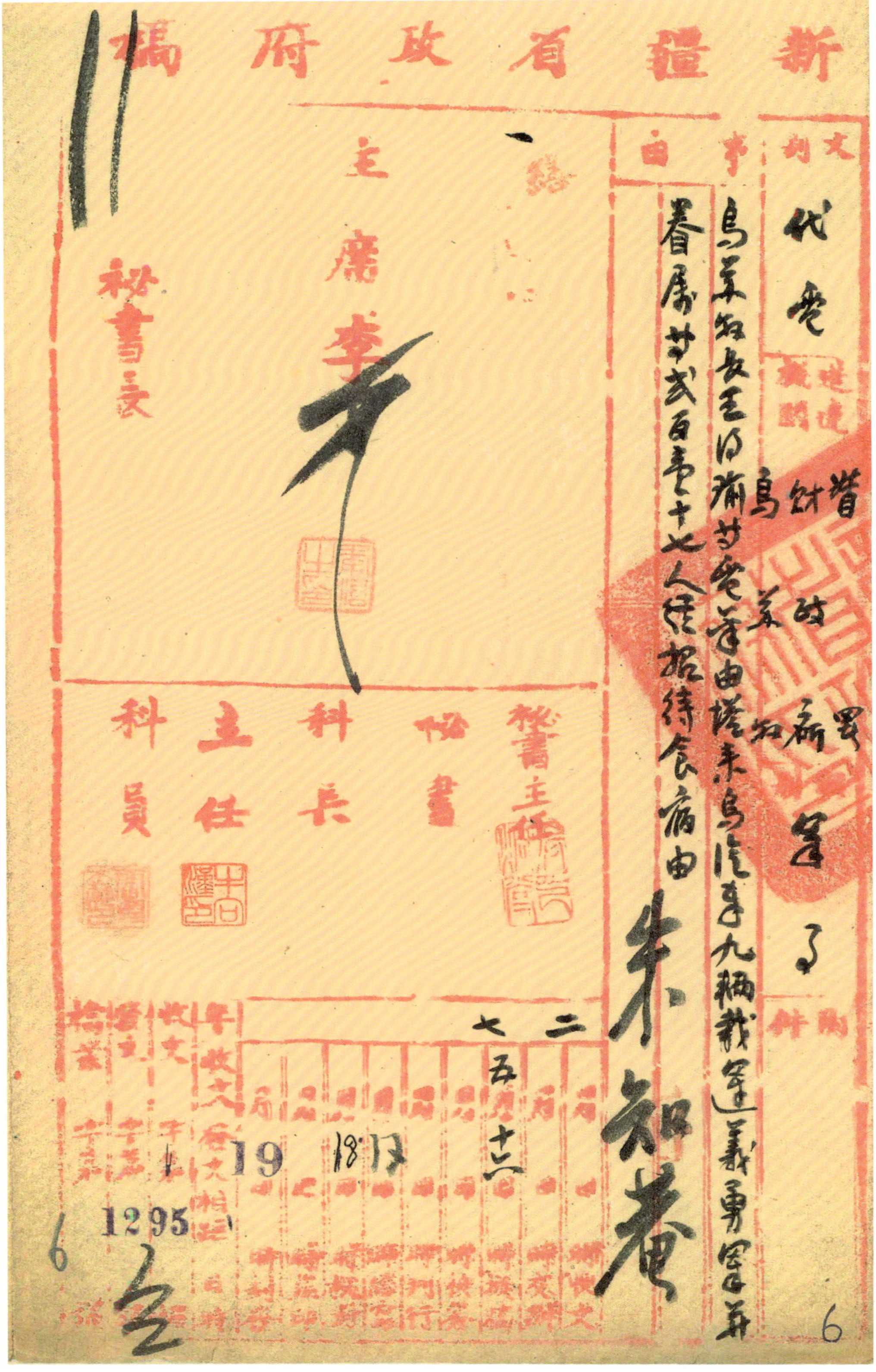
新疆省政府稿

代电

督办 财政厅 乌苏县

乌苏县长王日补世电等由，准来乌境九辆载运义勇军并眷属共贰百壹十七人，经招待食宿由

代电

迪化盛督办勋鉴、财政厅周副厅长鉴、乌苏四王
处长、徐副处长均鉴、王处长臣仁惠于八日十三
点由绥城来乌汽车九辆载运义勇军苏春康
部共贰百一十七人，经院招待食宿，于九日九点出发赴绥、
谨先呈报，备案、职马先度出、主席李七叩
月十六日寅印、

7-1

7

中華民國廿七　五月　　日

校對

校對華維[illegible]

監印

監印滕瑞芝

7-2

新疆省政府关于额敏县电报义勇军及眷属过境日期事致边防督办盛世才、省财政厅、额敏县政府的代电
（一九三八年六月十七日）

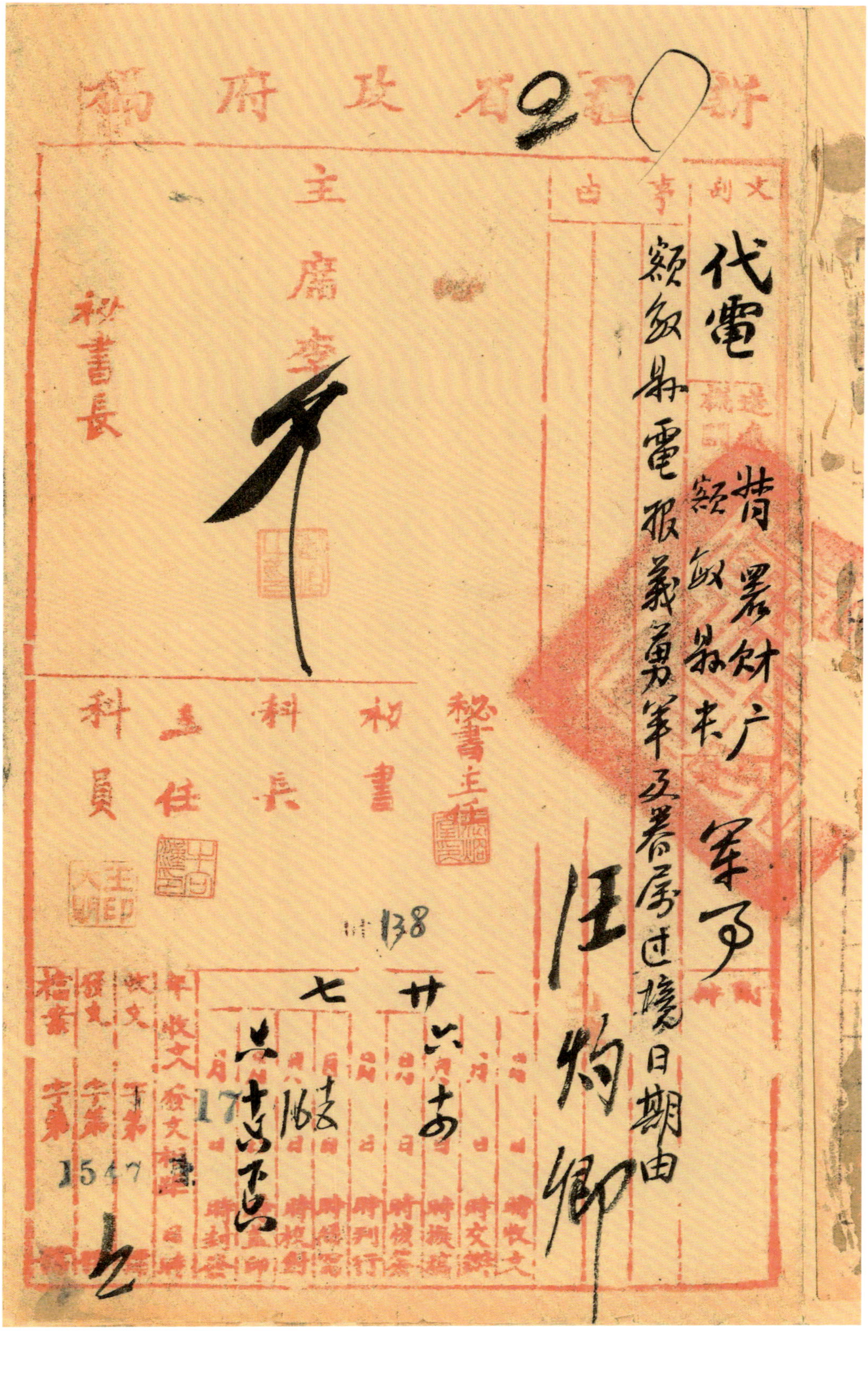
新疆省政府稿

主席　李

秘書長

秘書主任　秘書　科長　主任　科員

文別　代電

事由　額敏縣電報義勇軍及眷屬過境日期由

督署、財廳、額敏縣來

代電

迪化盛督辦鑒、財政廳周副廳長鑒、額敏縣鄭熙、鄭縣長佳電悉。據報第十二批義勇軍及眷屬并華僑、壹百玖拾捌名，於本月八日由額起程，其情甚准備案。除分電外，希即查照，仰各遵照。主席李溶 六月十四日 軍印。

中華民國廿七年六月十四

繕寫 校對 汪祥熹

監印 監印 滕瑞芝

00140

绥来县政府与新疆省政府关于拨发招待义勇军及眷属过境费用事的来往电（一九三八年六月）

绥来县政府致新疆边防督办盛世才、省政府主席李溶的代电（一九三八年六月十七日）

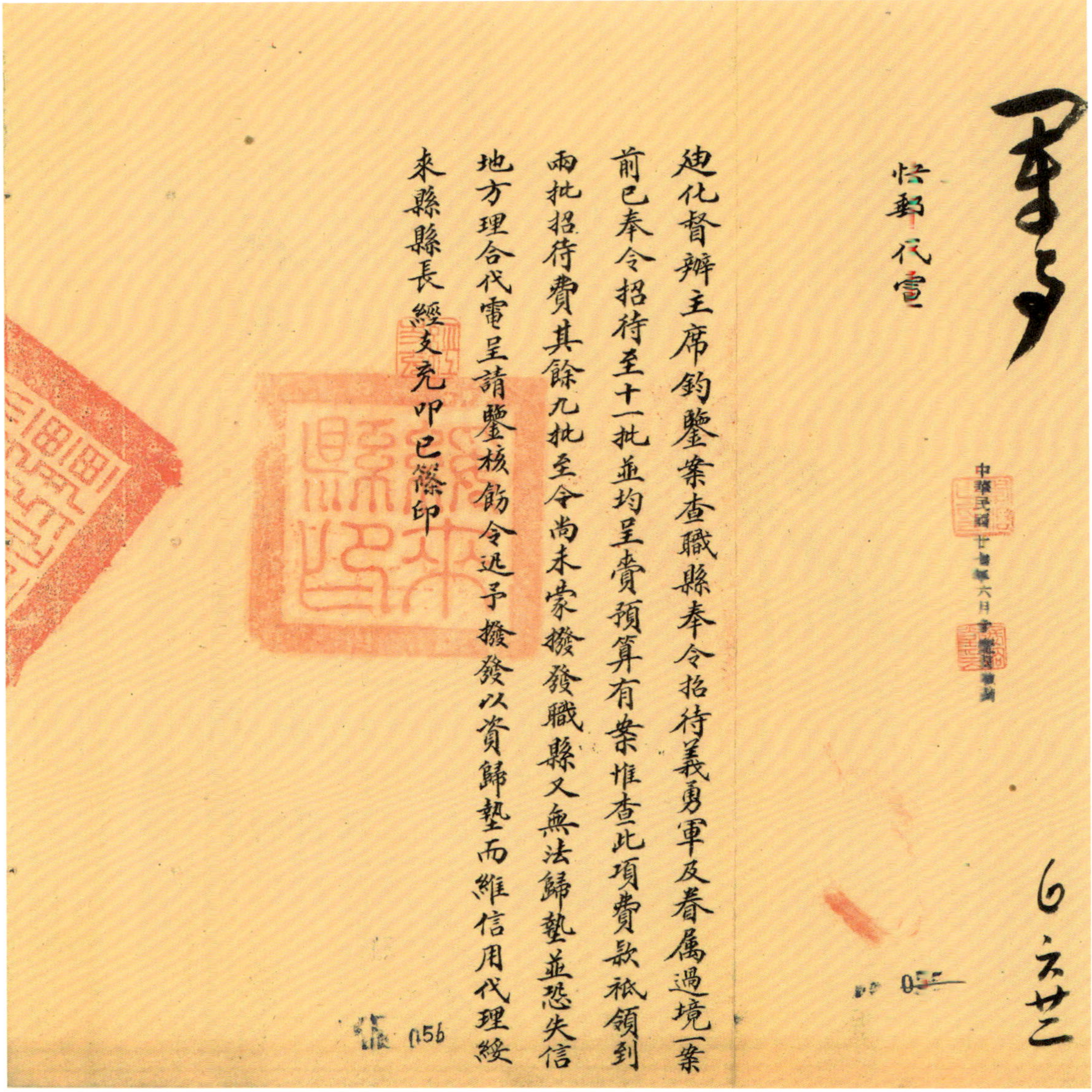

怡郵代電

迪化督辦主席鈞鑒案查職縣奉令招待義勇軍及眷屬過境一案前已奉令招待至十一批並均呈賫預算有案惟查此項費款祇領到兩批招待費其餘九批至今尚未蒙撥發職縣又無法歸墊並恐失信地方理合代電呈請鑒核飭令迅予撥發以資歸墊而維信用代理綏來縣縣長經支亮叩巳篠印

新疆省政府致边防督办盛世才、省财政厅、绥来县政府的代电（一九三八年六月二十五日）

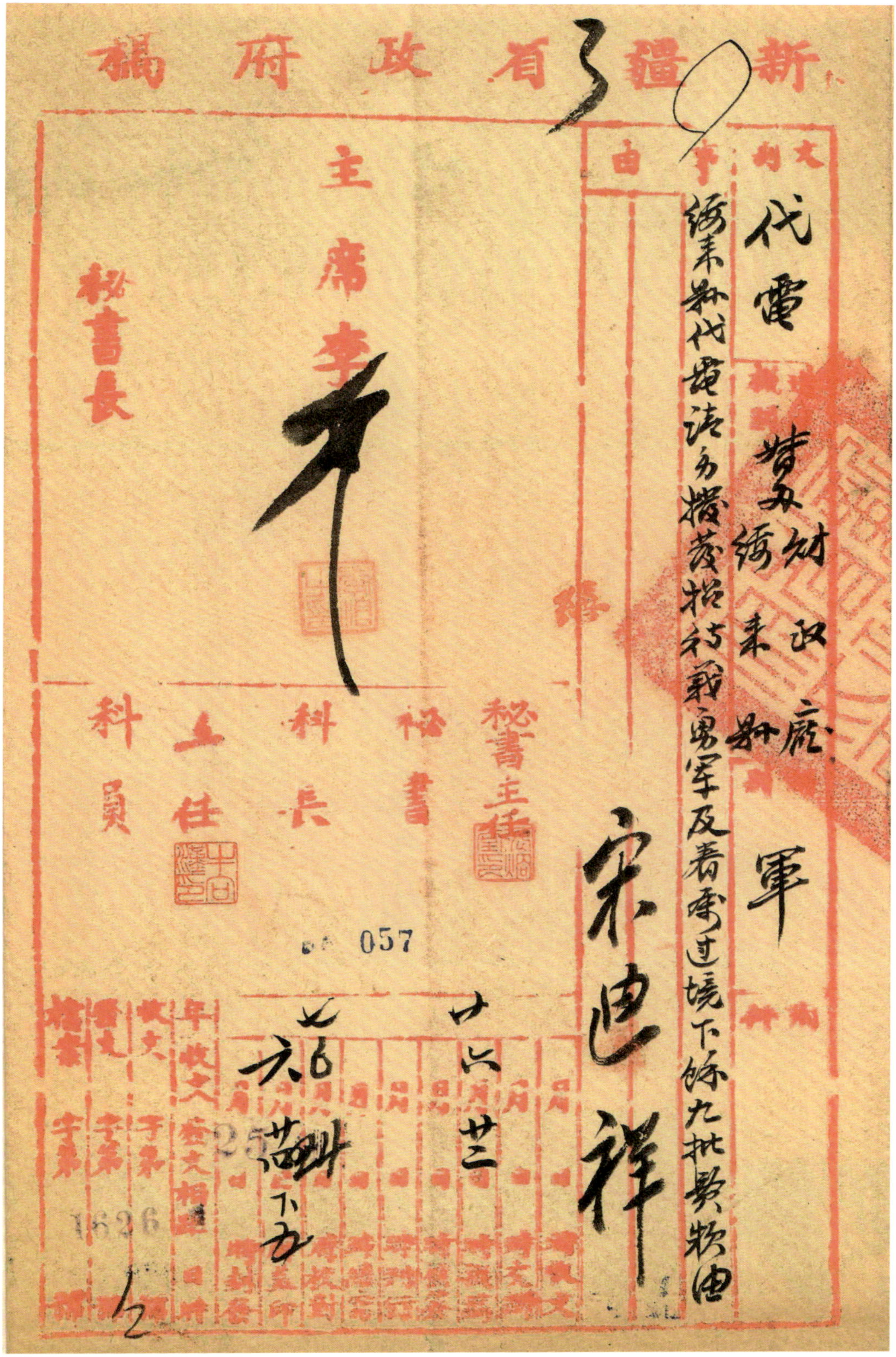
新疆省政府稿

文别：代電

事由：綏来縣代電請分撥慕捐衣物義勇軍及眷屬過境下餘九批數款由

督辦

財政廳

綏來縣

軍

擬稿 宋思祥

主席 李

秘書長

秘書主任

秘書

科長

主任

科員

代電

迪化盛督辦勛鑒、財政廳周副廳長鑒、

綏來經辦長並經辦長已繕代電呈請接濟

辦長李令招待義勇軍及眷屬過境計

十一批、均墊費款算有案、惟此項費款

領到兩批、其餘九批至今未領、請飭迅予撥

發、以資歸墊、而維信用、等情、應由財政

廳查照撥具報、除分電外、希即查照。

主席李溶六月廿二日寄印

059

中華民國廿七年六月廿二日

繕寫

校對 校對華錦祥

監印 監印滕瑞芝

060

塔城区政府与新疆省政府关于第十三批东北义军及眷属等过境事的来往电（一九三八年六月）

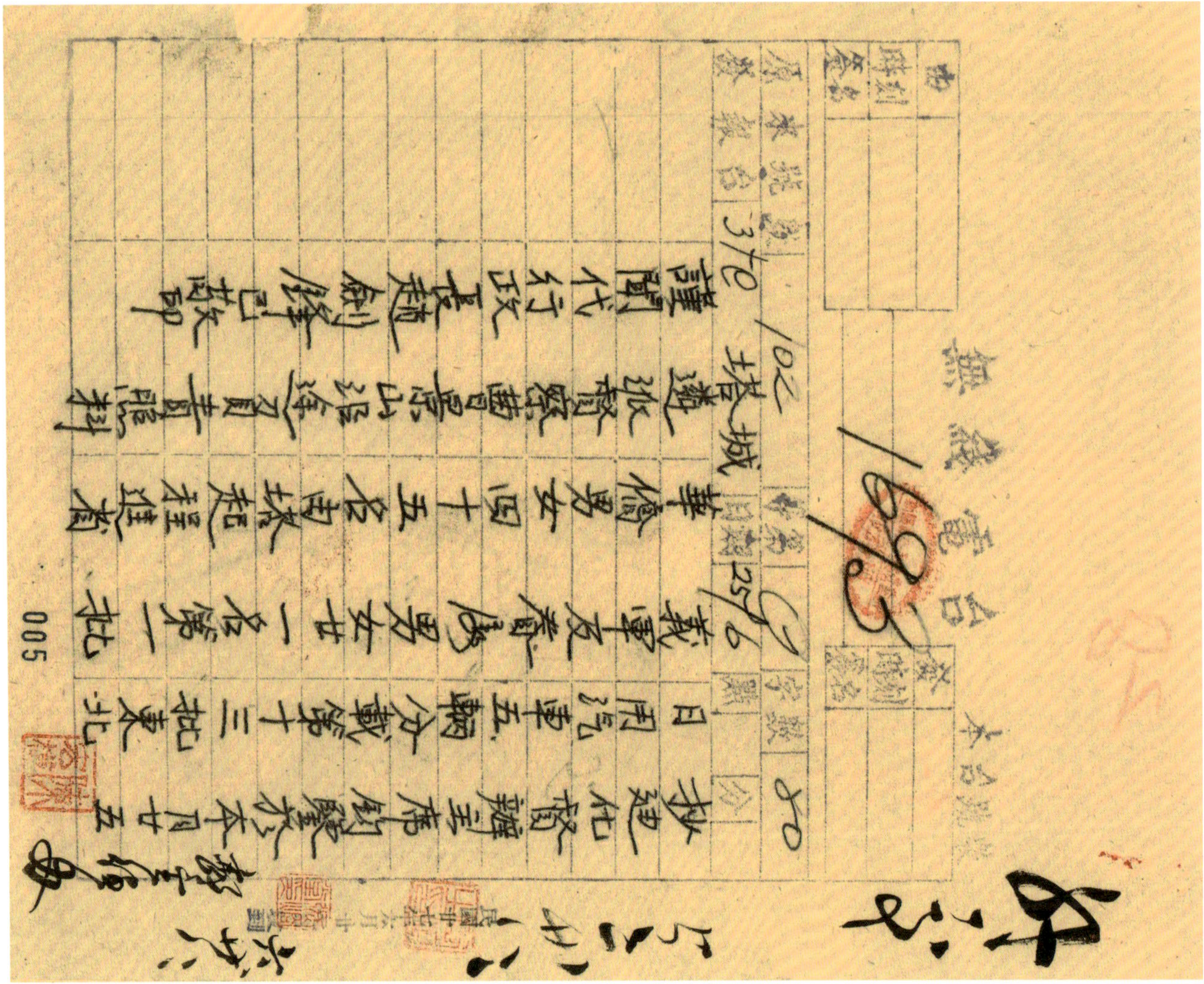

塔城　102　3/e　257/6　1693

迪化督辦、主席鈞鑒：於本月廿五日用汽車五輛分載第十三批東北義軍及眷屬男女廿一名、第一批華僑男女四十五名，由塔起程進省。[illegible] 謹聞。代行政長趙劍鋒叩。敬印。

005

塔城区政府致新疆边防督办盛世才、省政府主席李溶的电报（一九三八年六月二十四日）

塔城区政府致新疆边防督办盛世才、省政府主席李溶的电报（一九三八年六月二十五日）

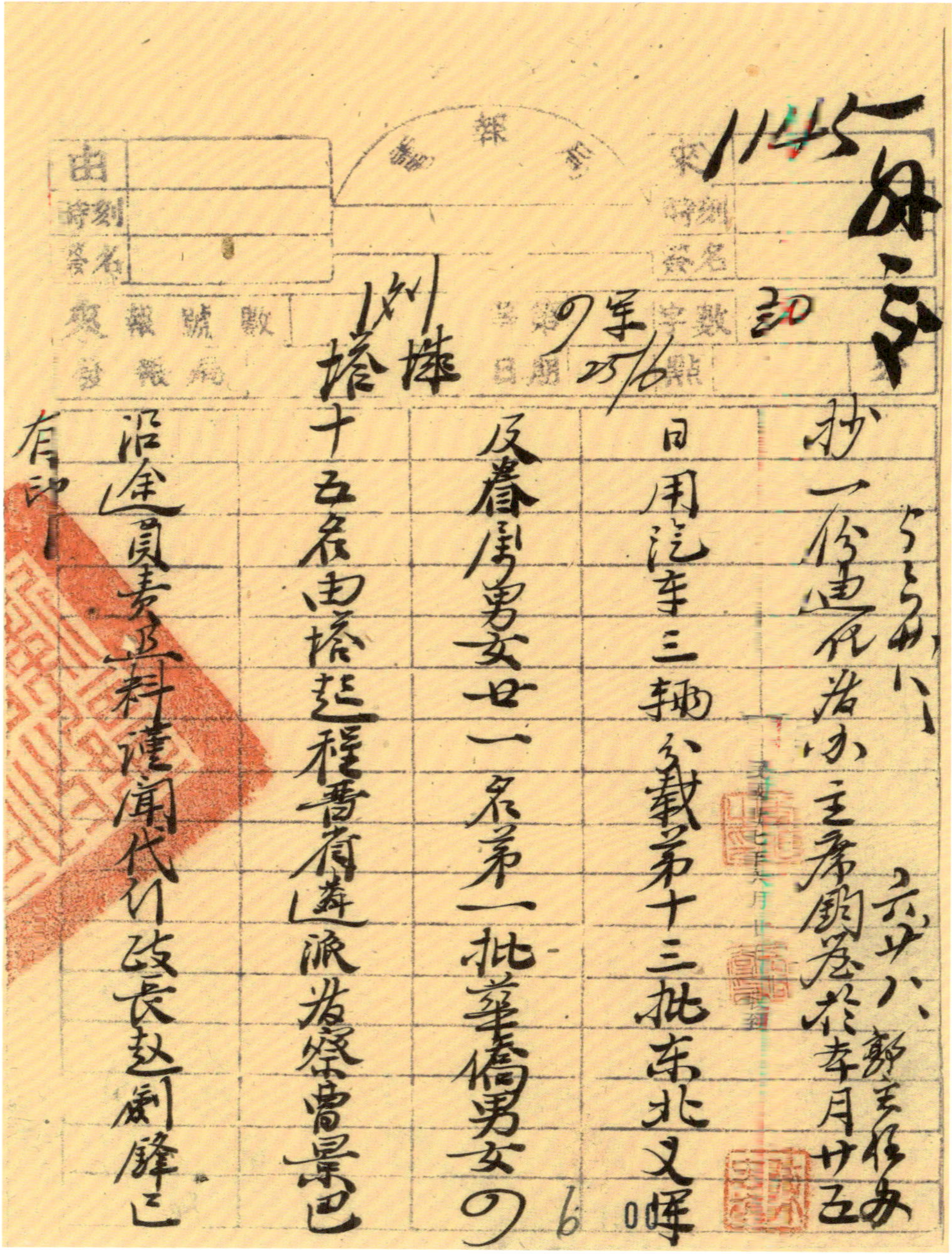
1145

主席钧鉴：本月廿五日用汽车三辆分载第十三批东北义勇军及眷属男女廿一名、第一批华侨男女十五名，由塔起程晋省，遵派警察曹景邑沿途负责照料。谨闻。代行政长赵剑锋。巳。

有印

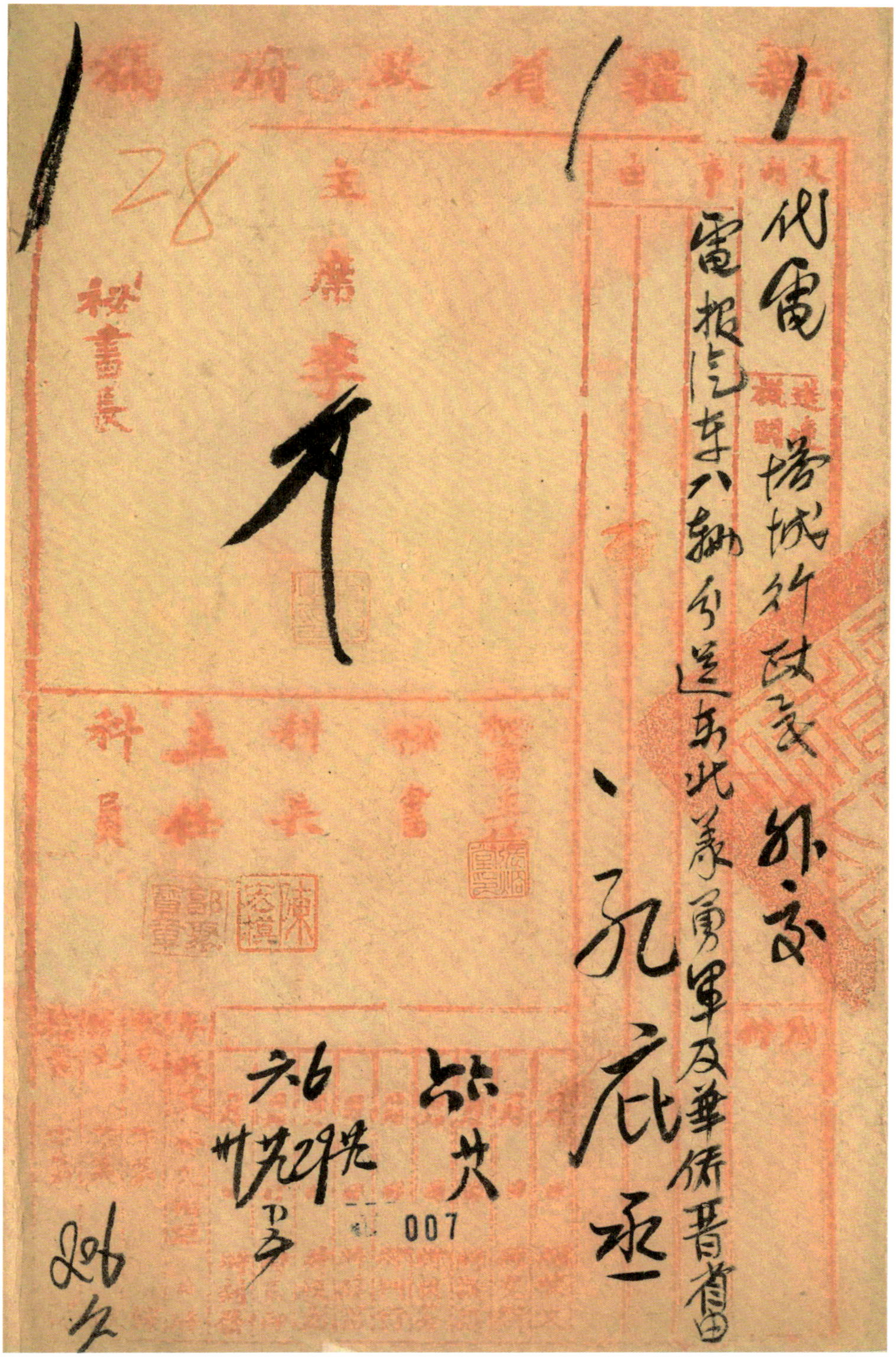

新疆省政府致边防督办盛世才、省财政厅、塔城区政府的代电（一九三八年六月三十日）

代電

迪化盛督辦勛鑒、財政廳周副廳長、塔城趙代行政長均鑒：趙代行政長有敬電悉。[illegible]車小林[illegible]

載第十三批僑義軍友眷屬男女並第一批華僑男女人等晉省，統趙代行政長遴派曹景山妥沿途負責照料，應准備案。李□省主席（主席印）

李□宥廿□日外印

008

中華民
廿八
日
校對
監印滕瑞
009

新疆边防督办公署与外交部驻新疆办事处关于与苏领馆商洽发放第十二、十三两批义勇军眷属证件准其由苏来新事的来往文书（一九三八年六月至七月）

新疆边防督办公署致外交部驻新疆办事处的训令（一九三八年六月二十八日）

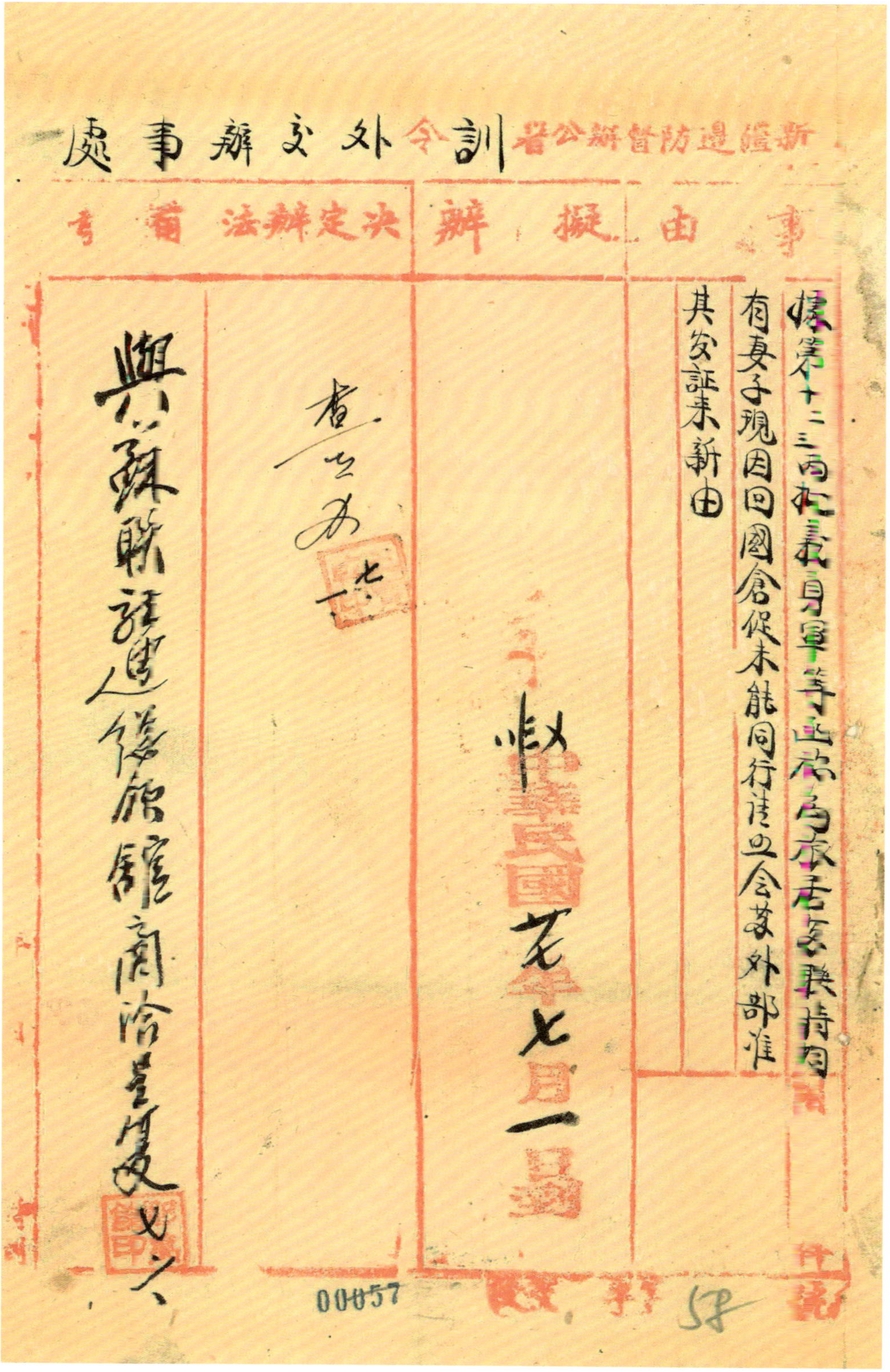

新疆邊防督辦公署訓令 廳字第 1219 號

令外交辦事處

為令行事案據第十二三兩批義勇軍函稟此次奉令回國因臨行倉促所有僑民等妻子均未偕行懇請照会蘇聯外部准發証放行等情除批示外合行抄發各僑民妻子姓名現住地点清單令仰該辦事处遂照核议具复以凭核夺此令

計抄發清單一帋

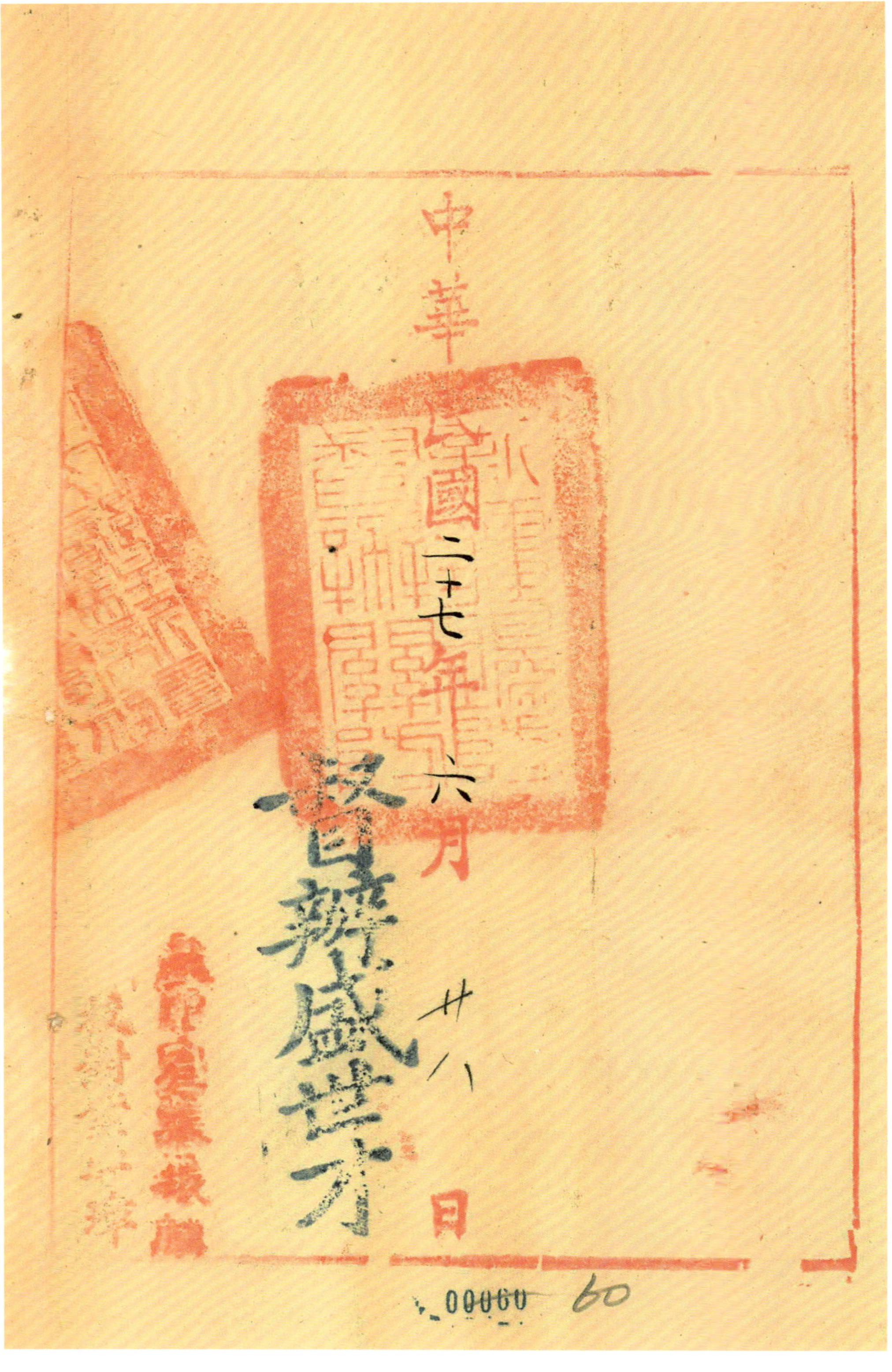
中華民國二十七年六月廿八日

督辦盛世才

00060 60

附：义勇军眷属姓名现住地点清单（一九三八年六月十六日）

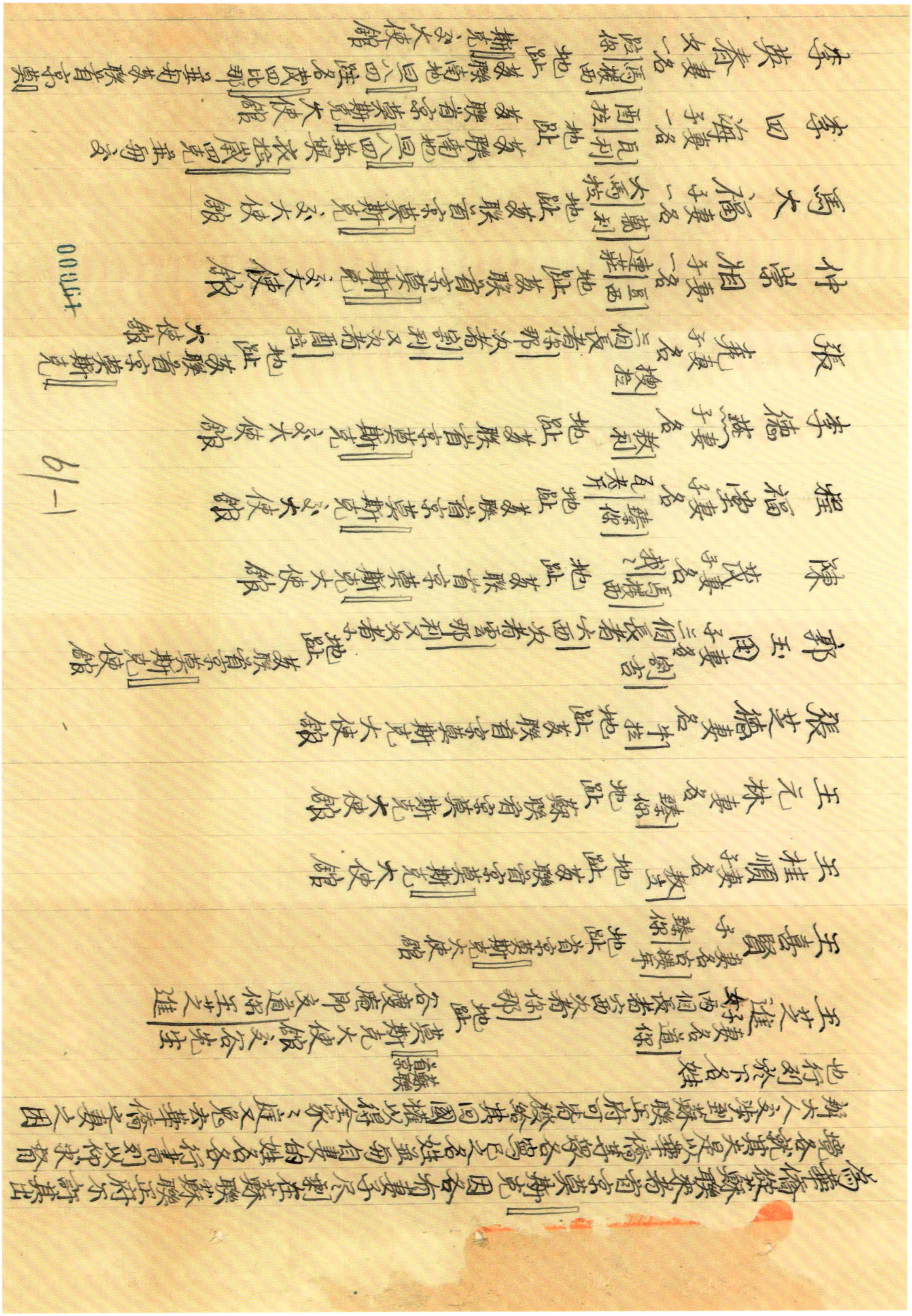

為華僑從蘇聯來新者，各有妻子尚留在蘇聯，蘇聯政府不許其出境，各就其是以華僑等援各回國之名，請查明自妻女的姓名、住址，各行列以便求蘇聯政府可能放其回國，獲以得全家之庭，又免去華僑之妻之困，也行列於下名姓

王芝進　妻名道保　女兩個　長者六歲　次者保那　地址　莫斯克大使館交谷先生　谷慶庵即交道保王芝之進

王喜賢　妻名古樓年　子　地址　首京莫斯克大使館

王桂順　妻名敖之　子　地址　蘇聯首京莫斯克大使館

王元林　妻名瑪保　地址　蘇聯首京莫斯克大使館

張芝德　妻名牛拉　地址　蘇聯首京莫斯克大使館

郭玉田　妻名　子三個　長者六歲　次者　又次者　地址　蘇聯首京莫斯克大使館

陳　茂林　妻名　子名　地址　蘇聯首京莫斯克大使館

程福堂　妻名　子名　地址　蘇聯首京莫斯克之大使館

李德蔭　妻名　子名　地址　蘇聯首京莫斯克之大使館

張　　妻名　子三個　地址　蘇聯首京莫斯克大使館

仲崇相　妻名　子一名　地址　蘇聯首京莫斯克之大使館

馬大福　妻名　子一名　地址　蘇聯首京莫斯克之大使館

李四海　妻名　子一名　地址　蘇聯　大使館

李英喬　妻名　女一名　地址　蘇聯　莫斯克之大使館

6/-1

00964

谷耕九　妻名毕拉　子一名喜南吉　地址　苏联南地哈尔夫效北四克也並由並苏联首京莫斯克交大使館　塞係高洛

張光春　妻名但倖　子一道利　地址　苏联南地東八四栈名劉四利慢是係此並由苏联大使館

王樹義　妻名連那　子一　地址　苏联雲係各羅村名者耳那五克並由苏联首京莫斯克大使館

劉[illegible]　妻名搜拉　子　地址　苏联南地大而溝四克牙栈名割拉四那利慢那並由交到苏联首京莫斯克大使館

葉松蘭　妻名道西　子二長者西了是次小者　地址　苏联首京莫斯克交大使館

馬金田　妻名進那　子一道利　地址　苏联首京莫斯克交到大使館

朱光順　妻名瓦利　地址　苏联南地罢拉　並由交到大使館

馬忠　妻名旦年　子名刘白　地址　苏联首京莫斯克交到大使館

民國廿七年六月十六日

00061-2

外交部驻新疆办事处致新疆边防督办盛世才的呈（一九三八年七月二十八日）

呈 督署
為呈送與蘇領館商洽發放第十二十三兩批義勇軍眷屬來新一案情形由

本處長呈

秘書處緘

七廿八

擬覽

為呈復事。案奉

鈞署廳字第一三一九號訓令，據第十二、十三兩批

義勇軍王崇國等呈，回國臨行倉促，所有該

等妻子均未偕行，懇請照會蘇外部准發證放

行等情一案，抄發姓名住址清單，令仰本處核

議具復，以憑核辦等因，到處奉此，當經本處與

蘇聯駐迪總領事館商洽，據總領館方面談稱，此

項義勇軍眷屬大概係屬蘇籍，究竟能否脫離

名單函送來館，再由本館呈請莫京外部核办

可也。等語，准此，理合具文呈复

鈞座鑒核，分別施行，謹呈

新疆省边防督办盛

處長王〇〇

中華民國廿七年七月　日

新疆省政府关于乌苏县招待过境义勇军及眷属等六十六人食宿事致边防督办盛世才、省财政厅、乌苏县政府的代电（一九三八年七月四日）

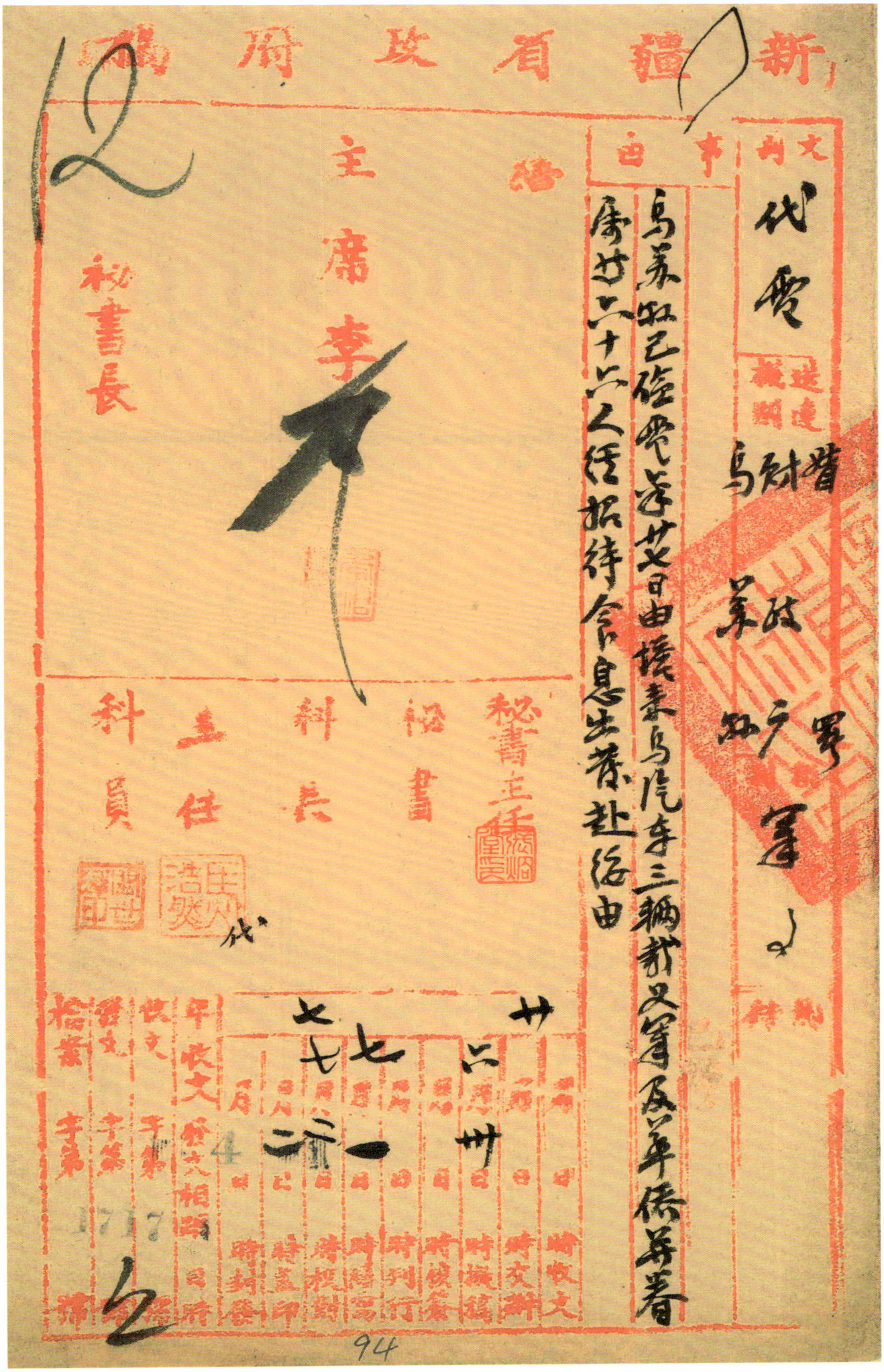

代电

迪化盛督办勋鉴、财政厅周副厅长鉴、马英林、王处长、徐副处长均鉴：兹王处长（等）偕乘车廿七日（九点）由塔来马汽车三辆，载义勇军回华侨并眷属共六十六人，经招待食息，（于即日十三点时）出发赴绥，其情形，除备案请示外，希即查照。王主席李力六月卅日军印、

中華民國廿七年六月卅日

繕寫 宋

校對 朱樹先

監印 滕瑞芝

P5-2

新疆省会公安局与新疆省政府关于上报义勇军新兵眷属表请发给给养以示体恤事的来往文书（一九三八年七月）

新疆省会公安局致省政府的呈（一九三八年七月九日）

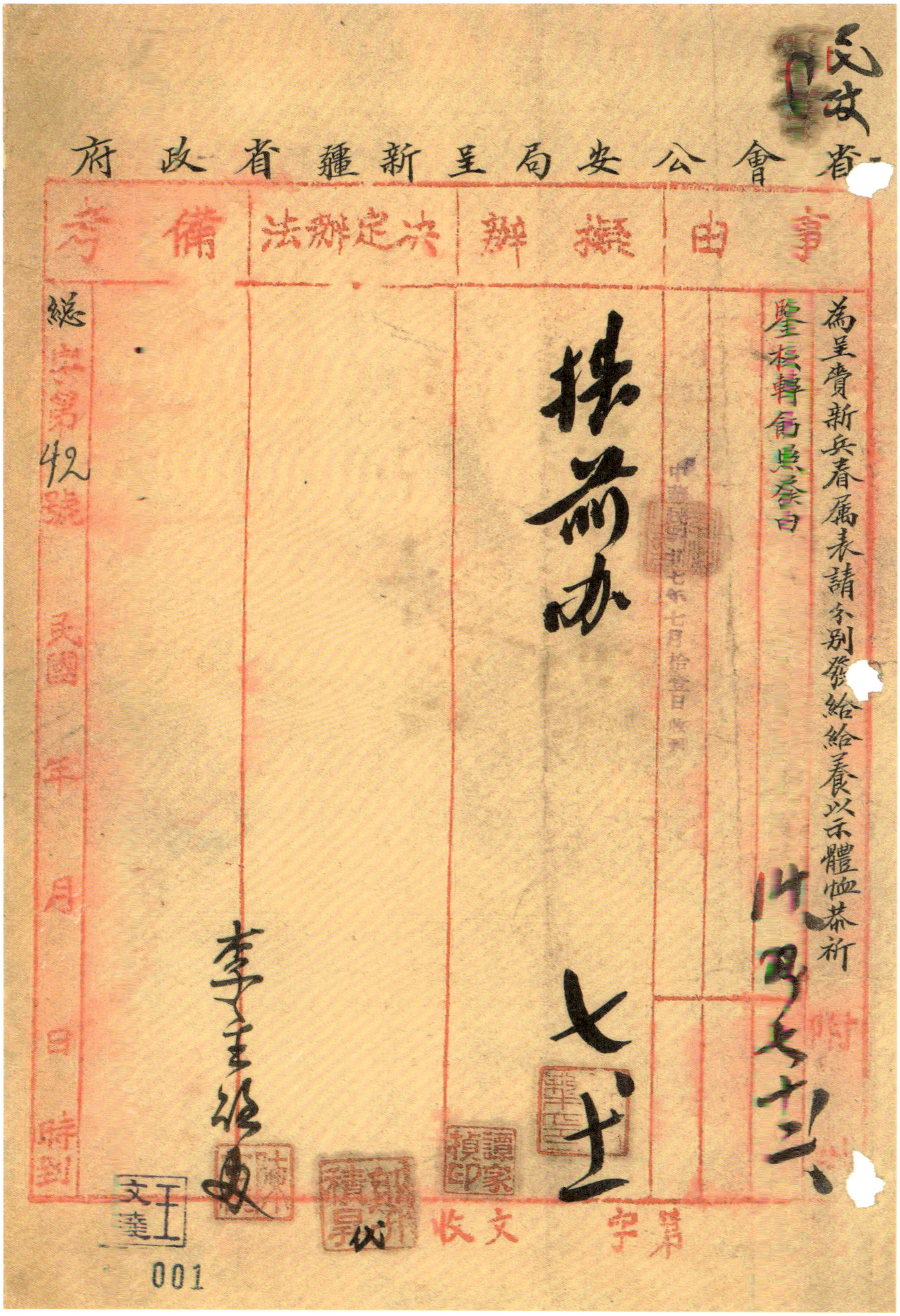
省會公安局呈新疆省政府

事由	擬辦	決定辦法	備考
為呈賫新兵眷屬表請分別發給給養以示體恤恭祈鑒核轉飭照發由	擬前办		

總字第42號

民國　年　月　日　時到

收文　字第

001

呈為呈請事竊查職局前奉
督署分撥義軍來局計第一批撥來三十四名第二批撥來五十二名
共計八十六名惟兩次撥來之義軍携帶眷屬者計四十名至所帶眷
屬統共壹百零五名口前於五月二十七日奉
督辦条諭内開查此次撥歸各機関各部隊之義勇軍凡帶有眷
屬者應一律由五月十六日起按照規定由廸化縣請領給養仰各
遵照辦理勿悮為要此致等因奉此遵查該兵等関於五月份下半
月之眷屬給養業經由廸化縣政府承領發訖在案惟應領六七兩
月份之眷屬給養尚未經發給是以急待請領以資体恤新兵眷
屬給養每名奉准月支壹拾伍斤計壹百零五名共月應領給養麪

002

粉壹千五百柒拾伍斤兩個月共計應領食麵叁千壹百伍拾斤奉令前
因是以擬請
鈞府俯賜轉飭廸化縣政府照發以示體恤而維生計理合造賫印領
連同眷屬一覽表一併備文呈請
鈞府鑒核俯准飭發施行謹呈
新疆省政府主席李
計呈印領二份調查表一份
新疆省會公安局局長程雲强

003

中華民國七　七月九日

004

附：新疆省会公安局造赍新拨义勇军眷属调查表

新疆省會公安局造賫新撥義勇軍眷屬調查表

005

新疆省會公安局造賫新撥義勇軍眷屬調查表局長程雲強

姓名	年齡	籍貫	眷屬稱謂暨数目	住址
于東春	二六	山東	妻一女一計兩口	南關龍泉街门牌五八號
王慶章	四〇	山東	妻一口	南関永和巷门牌三號
宗瑞進	二五	山東	妻一女一共二口	南關頭道巷门牌六八號
王玉江	二六	江省	妻一女一計二口	南關南大街门牌一一八號
徐榮森	二七	山東	妻一口	永和巷门牌九號
陳寶亭	三四	河北	妻一口	住山西後巷
谷士秀	二四	河北	母一兄一妻一女二計五口	住南门外门牌一七〇號
郭善慶	三〇	山東	妻一女一計兩口	住永和巷门牌三號

006

張緒蘭	三一	山東	妻一口	住龍泉街門牌五八號
張世棠	二五	山東	妻一口	住南關頭道巷
于順江	二六	江省	妻一口	住山西巷門牌一九號
高鶴先	二五	山東	妻一口	住南關永和巷門牌十二號
劉海春	二八	遼寧	父一妻一計兩口	住城河巷門牌十二號
王廷貴	二一	遼寧	母一妹二弟三妹一子一嫂一弟媳一侄女二計十二口	住南關山西巷
王進廷	三三	山東	妻一女一計三口	住西關巡警巷
于海生	二三	吉林	父一母一伯一叔一兄一嫂一侄一侄女一計八口	住南關山西巷
張世賓	二五	河北	母一口	住南正街門牌一二〇號
賈連奎	二五	河北	妻一子一女一計三口	住西關巡警巷門牌一二〇號

·007

王連山	四二	山東	母一妻一子一計三口	住南正街门牌二四七號
胡金斗	二八	河南	妻一子一計兩口	住西関巡警巷门牌一二〇號
趙云升	二九	遼寧	妻一子一女二計五口	住南正街门牌一六四號
苗雨田	三三	山東	妻一女一計兩口	住澄清街门牌七號
郭蘭廷	二五	河北	妻一口	住南関西頭道巷门牌五五號
周鴻升	二一	遼寧	妻一口	住南関財神樓巷门牌五五號
張憲臣	十九	山東	祖母一父一母一妹一計四口	住山西巷门牌五號
王忠和	十七	山東	父一母一弟一妹三計六口	住山西巷门牌三號
趙明升	二十	吉林	妻一口	住西河街门牌二三號
曾德明	四六	江省	妻一女一計兩口	住龍泉街门牌八號

008

張忠德	十乂	遼寧	父一母一嬸一嫂一妹一計五口	住西河街方片五五號
白文清	二五	吉林	母一侄二計三口	住西關巡警巷
郝景堂	三二	遼寧	母一妻一弟一子二計五口	住医院街方片二號
李萬芳	二八	山東	父一妻一計兩口	住巡警巷方片一六號
劉忠國	十九	吉林	妻一口	住財神巷方片五號
郝俊亭	二五	遼寧	妻一口	住永和巷方片七號
姜原本	二七	遼寧	子一女一計兩口	住二道橋子
白景海	二四	遼寧	妻一口	住第三局
宋春霖	三五	遼寧	妻一口	住第三局
韓商臣	四二	山東	妻一口	住第·三局

009

王五峯　三六　山東　父母妻一　計三口　住南関医院街

薛和仁　二十　山東　父母伯一弟二　計五口　住山西巷子門牌二九號

合計四十名　計携帶眷屬壹佰零五名

中華民國二十七年七月九日呈

010

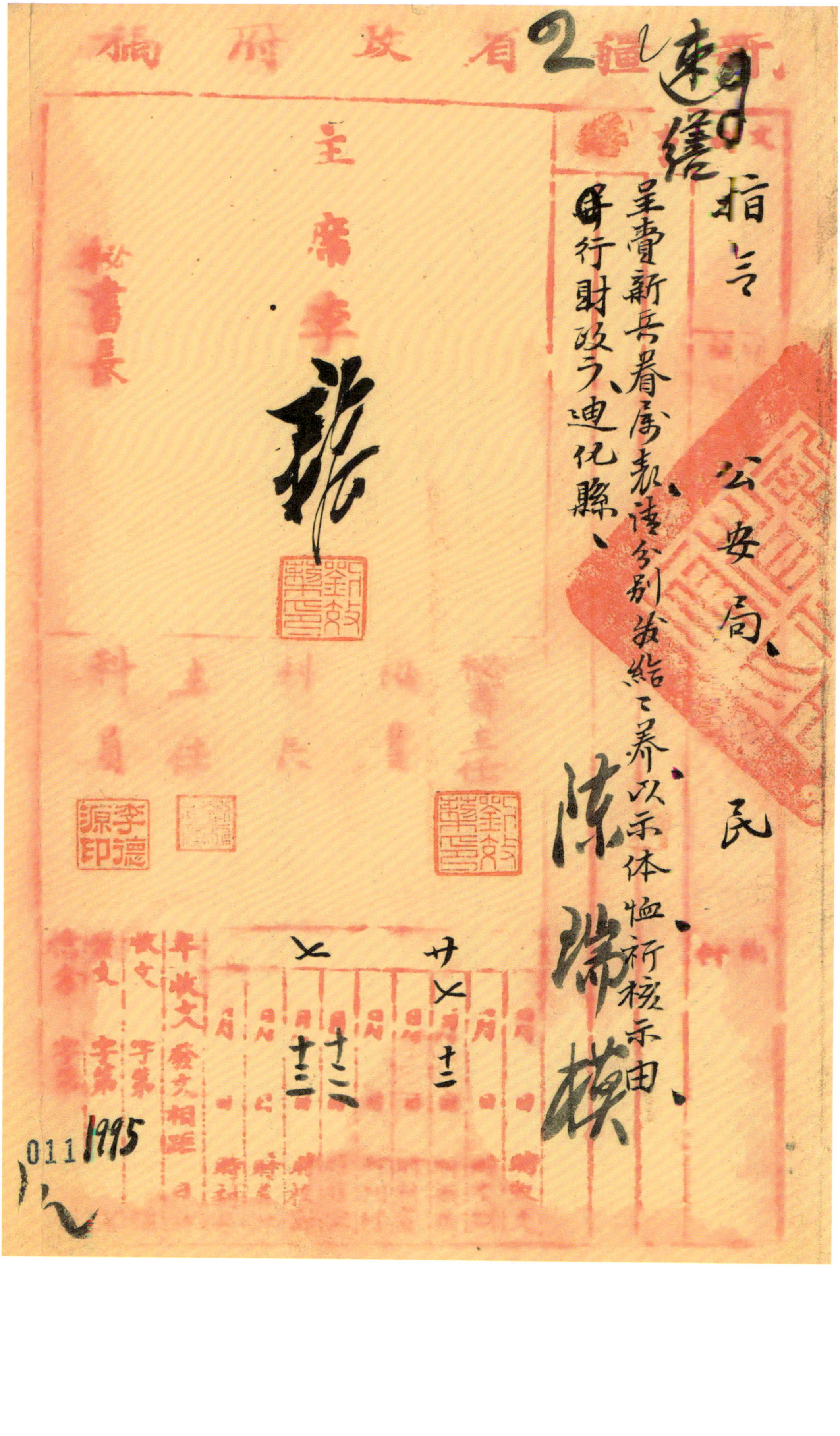

新疆省政府致省会公安局的指令及致省财政厅、迪化县政府的训令（一九三八年七月十三日）

012

指令

令省会公安局、

呈賫新兵眷属表请分别发给养以示体恤，祈核备、

呈暨表册均悉。应候核同印册令行迪化县查照核

发，并行财政厅查照。仰即知照。表册存发。此令。

训令

财政厅

迪化县

为令行事。案据省会公安局呈称：窃查云云施行。计

呈印領二份、調查表一份、等情。據此，除指令并分行外，合亟

檢同印領，令仰該縣長即便查照，核發具報。此令。

計發印領二份。

（發縣）

013

中華民國廿〤年〤月十二日

新疆省政府印

014

新疆边防督办盛世才、省政府主席李溶关于由乌苏来迪化义勇军及眷属等过境招待事准予备案并到迪化后的招待事宜致乌苏县县长、边防督办公署卢副官长的代电（一九三八年七月十一日）

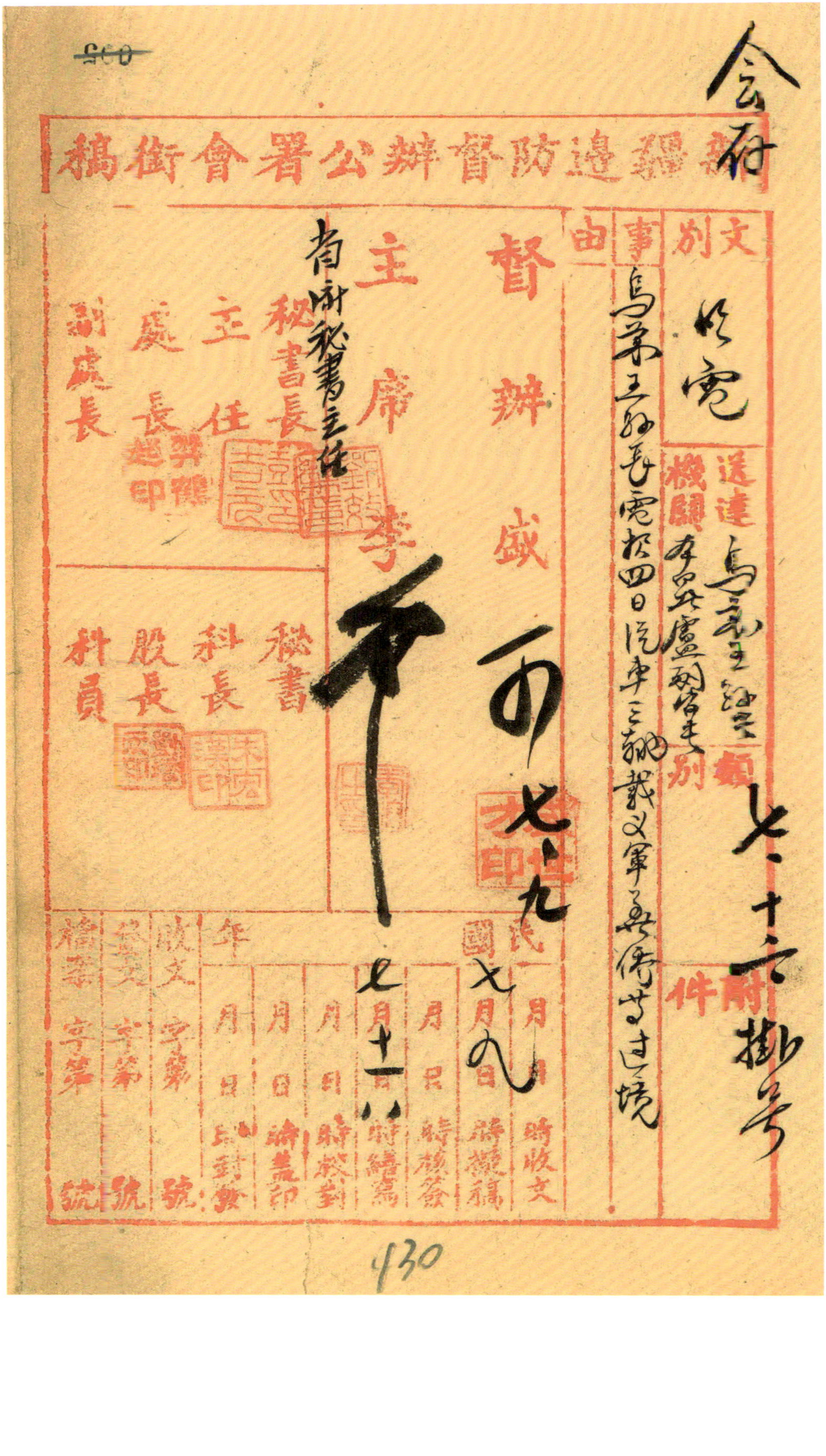

照電 迪化用代電

烏蘇王縣長、卓畢盧副官長均鑒：王縣長午微電悉。四日由塔來烏汽車叁輛，計載義勇軍及眷屬并英僑港籍人，經招待食息，於十三點出發赴迪，經過情形，予備查。一俟該義軍、英僑等到迪，應由盧副官長派員分別接收，妥為招待為要。督辦盛世才主席李溶午灰。广印。

中華民國　　　　日

繕寫
校對
監印

監印滕瑞芳

132

新疆省政府关于绥来县一九三八年六月份供支赴伊义勇军需费事致绥来县政府的指令及致省财政厅的训令

（一九三八年九月二十四日）

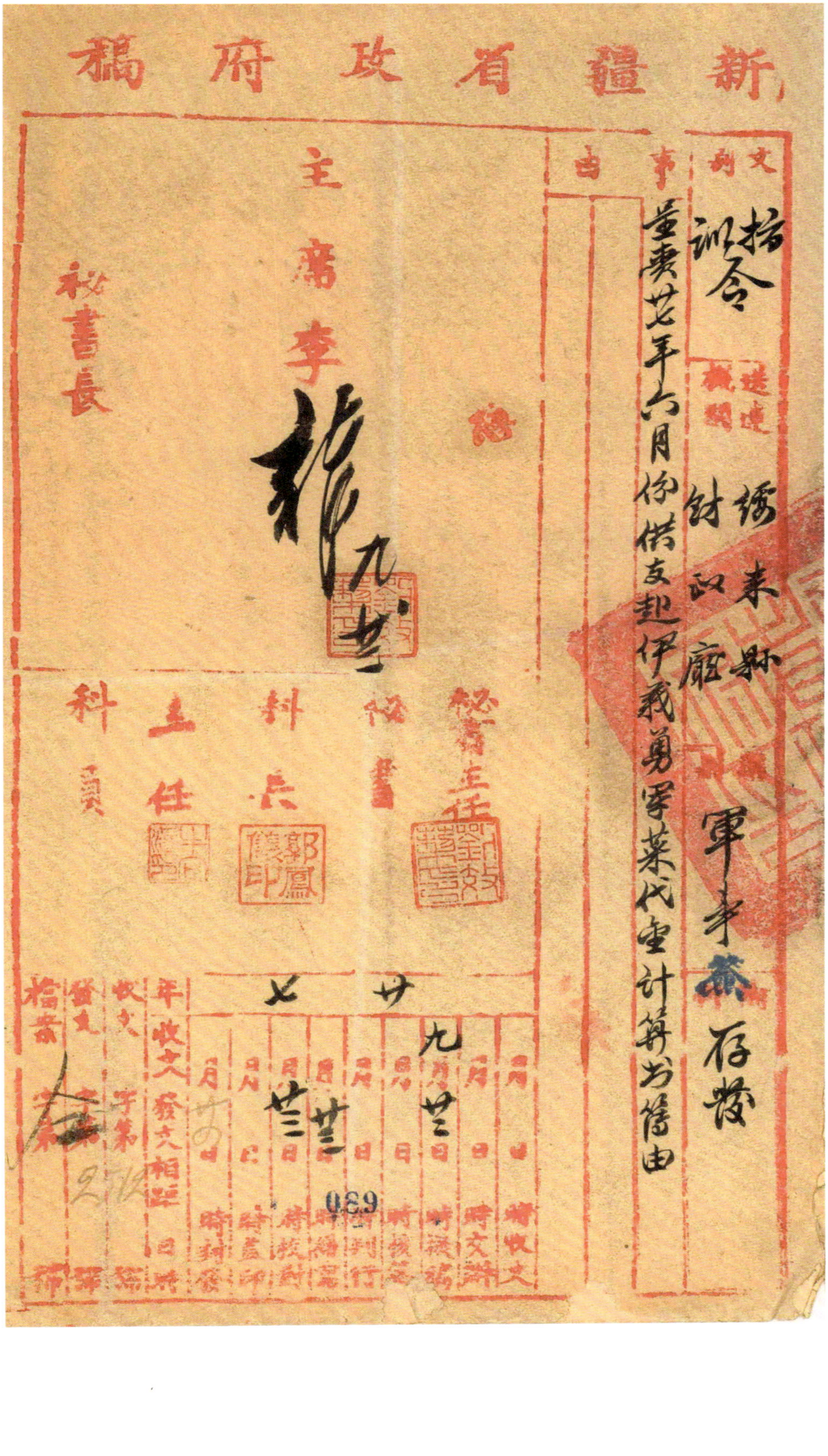
新疆省政府稿

主席 李

秘书长

文别：指令、训令

送达机关：绥来县、财政厅

事由：呈赍廿七年六月份供支赴伊义勇军菜代垫计算书由

军事 存档

指令第　　号

令綏來縣知事

呈賫廿七年六月份、供支赴伊義勇軍菜代實計算書、請由

呈暨書據均悉，准將計算書抽存一份備查、

餘件令發財政廳核辦飭遵、此令、

訓令第　　号

令財政廳

為令行事、案據綏來縣知事呈稱、云云謹呈、

附呈計算書叁份、單據簿壹本、收據壹紙等情、據此、除指令外、合檢附件、令仰該廳即出核辦飭遵、併仰詳核後匯送財監會審核為要、此令、

附發計算書貳份、單據簿壹本、收據壹紙、

091

中華民國廿七年九月廿二日

繕寫　喬

校對　王彪

監印　滕瑞芝

092

新疆省政府关于绥来县一九三八年六月份供支第十四批义勇军过境需费事致绥来县政府的指令及致省财政厅的训令（一九三八年九月二十四日）

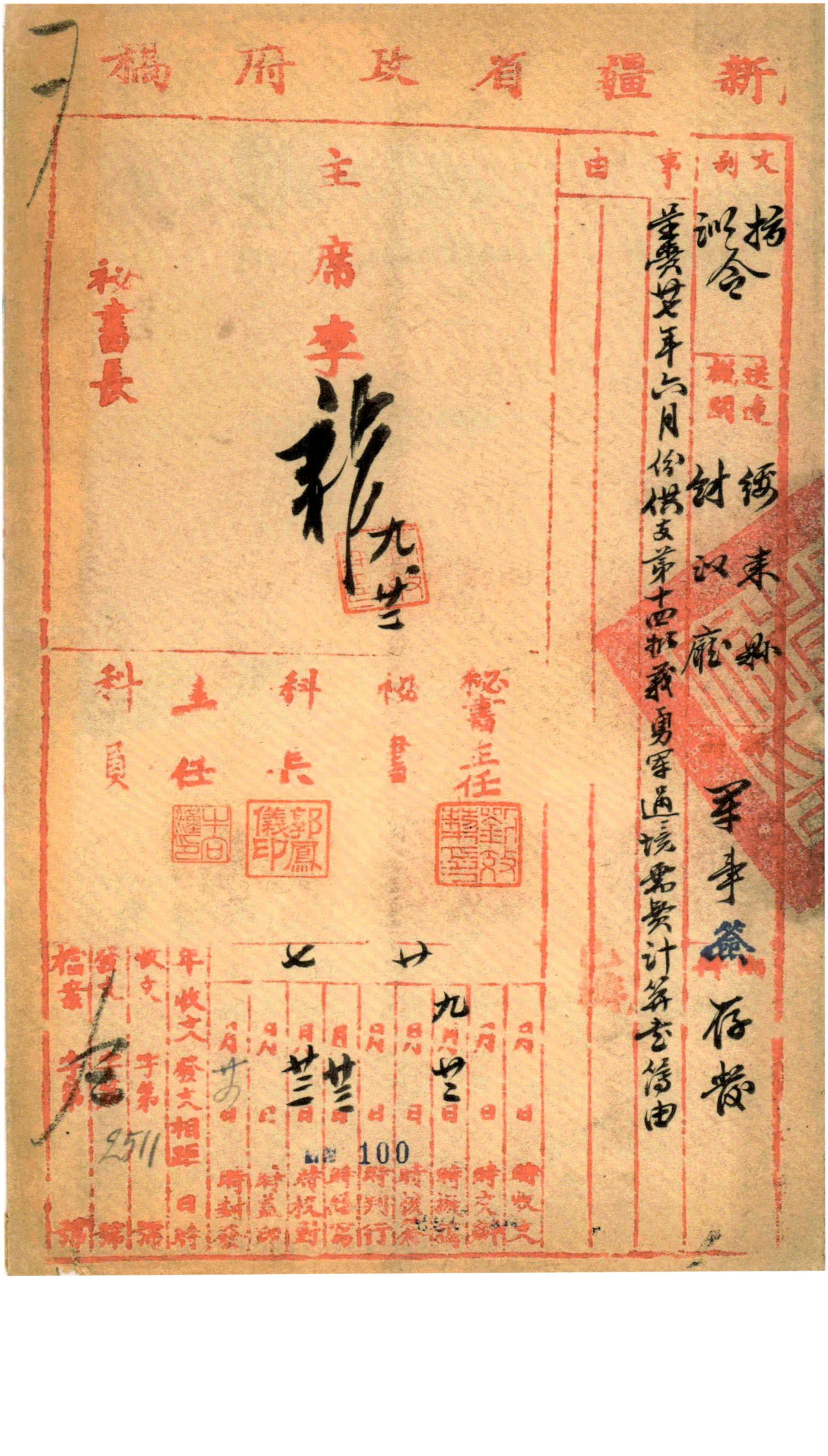

指令第　　号

令綏來縣縣長

呈賡廿七年六月份、借支第十四批義勇軍過境、需費

計算書、憑請核銷由、

呈暨書單據均悉、准將計算書抽存一份

備查、餘件令發財政廳查照核辦飭遵、

仰即知照此令、

101

訓令第　　号　　令財政廳

為令行事、案據綏來縣長呈稱：云云

核銷、附呈計算書叁份、單據簿壹本、收據

壹紙、等情據此、除指令外、合檢附件、令仰

該廳查照核辦具報、並仰詳核彙送

財監會審核為要、此令。

計發計算書式份、單據簿壹本、收據壹紙、

101

102

中華民國艾九月廿二日

繕寫 喬

校對 校對王炅

監印 監印滕瑞芝

103

新疆省政府关于绥来县一九三八年五月份供支第十二批义勇军过境需费事致绥来县政府的指令及致省财政厅的训令（一九三八年九月二十七日）

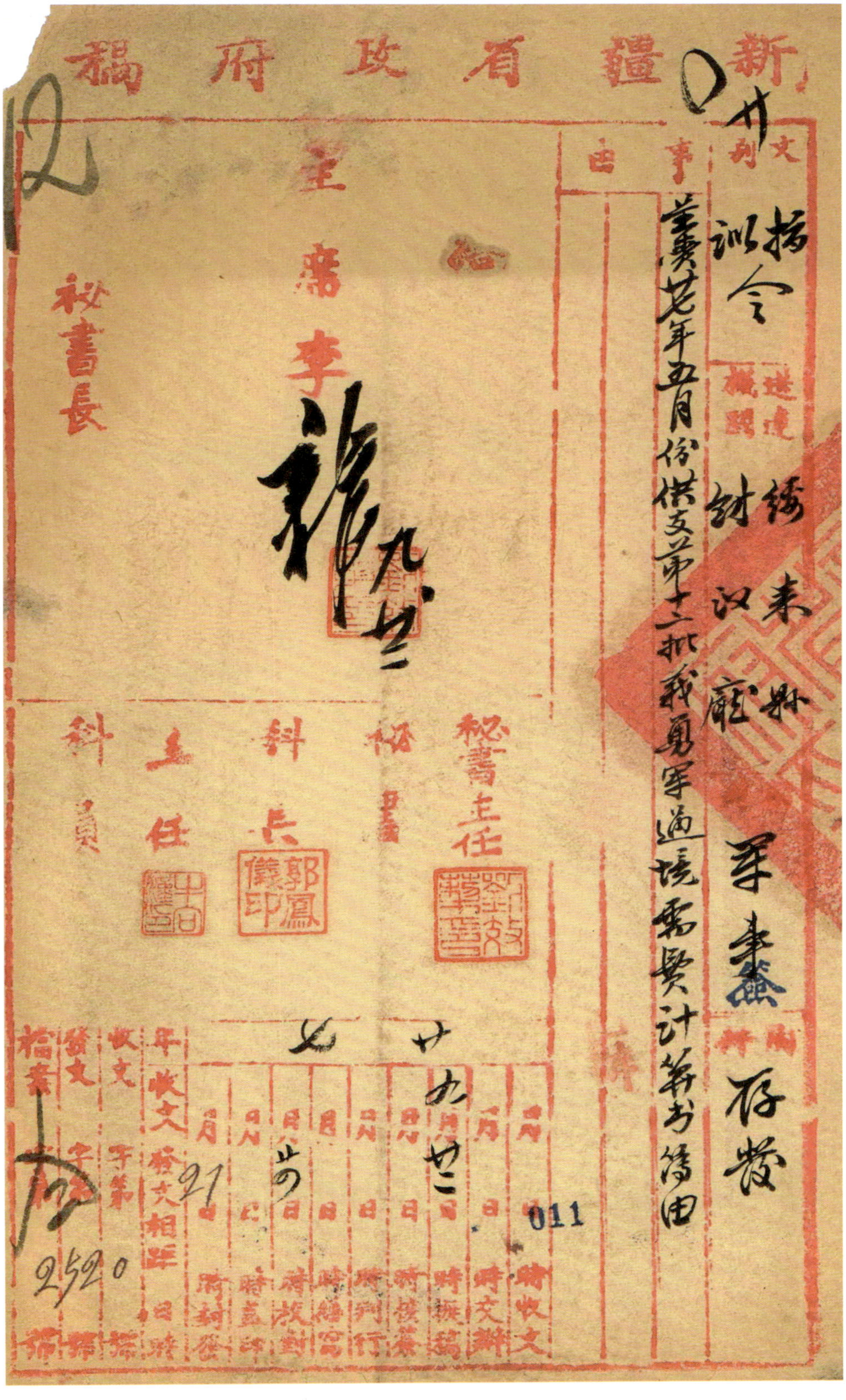
新疆省政府稿

文别：指令 训令

送達機關：綏來縣 財政廳

事由：呈為廿七年五月份供支第十二批義勇軍過境需費計[illegible]請由

主席 李

秘書長

秘書主任

科長

主任

科員

指令第　号

令綏來縣知事

呈賷廿七年五月份、供支第十二批義勇軍過境需費計算書、請核銷由

呈暨計算書均悉。准將計算書抽發一份備查，餘件令發財政廳查照核銷登、仰即知照。此令。

訓令第　号

令財政廳

012

為令行事。案據綏來縣長呈稱：謹呈附呈計算書叁份、單據簿壹本、收據壹紙等情。據此，除指令外，合檢附件，令仰該廳查照核銷，並仰詳核匯送財監會審核為要。此令。

計發計算書式（貳）份、單據簿壹本、收據壹紙。

中華民國花九月廿二日

繕寫

校對 校對 校對張廷[illegible]

監印 監印滕瑞芝

绥来县政府造赍二十七年五月份供支第十二批义勇军支出计算书

附：绥来县政府造赍一九三八年五月份供支第十二批义勇军支出计算书（一九三八年八月）

支出臨時門

綏來縣政府
支出計算書
中華民國二十七年五月份

8-2

科目	本月份預算數 節	本月份預算數 目	本月份預算數 項	本月份計算數 節	本月份計算數 目	本月份計算數 項	比較 增	比較 減	備考
第一款臨時軍需費			232950			232950			
第一項供支費			232950			232950			
第一目供支費		232950			232950				
第一節供支費	232950			232950					查供支第十二批義勇軍化費單據粘存簿第一號茶兩包銀陸千兩洋燭兩包銀伍千貳百兩第二號羅卜香菜銀壹萬伍千陸百兩第三號白礬銀伍百兩第四號鹽銀叁百兩第五號食鍋銀陸萬零捌百兩第六號柴一車銀壹萬兩第七號羊肉八十八斤羊油十三斤共銀壹拾貳萬叁千捌百兩第八號鹽銀柒百伍拾兩第九號柴銀陸千兩第十號厨夫工銀肆千兩自第一號至第十號計單據十張共計銀貳拾叁萬貳千玖百伍拾兩如上數

18

編製機關綏來縣政府縣長經文元 財政科長徐維新

中華民國二十七年八月　日

8-37

新疆省政府关于绥来县一九三八年六月份供支第十三批义勇军过境需费事致绥来县政府的指令及致省财政厅的训令（一九三八年九月二十七日）

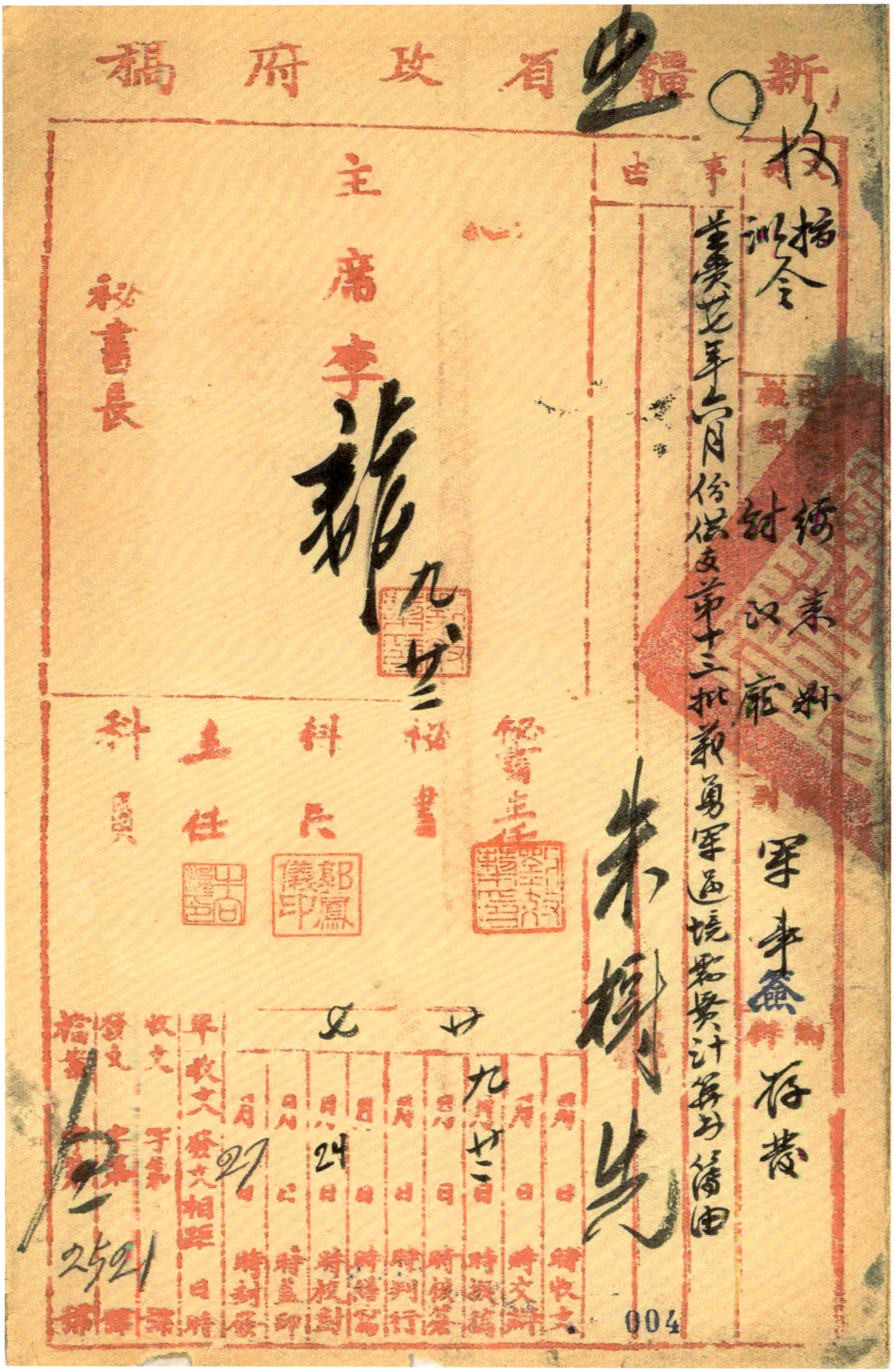

新疆省政府稿

事由

指令 訓令

綏來縣 財政廳

軍事費 存

主席 李

秘書長

科長

主任

指令第　　号

令绥来县长

呈赍廿七年六月份、供支第十三批义勇军过境需费

计算书、清册、请核销由、

呈暨书、清、据均悉、准将计算书抽留一份、备

查、余件令发财政厅查照核办、仰

即知照、此令、

训令第　　号　　令财政厅

005

爲令行事。案據續來經部長呈稱：「云云」謹
呈，附呈計算書叁份、單據清單本、收據查
紙等情。據此，除指令外，合檢附件，令仰該
廳查照核辦飭遵，併仰詳核，逕送財監
會審核爲要。此令。

計發計算書貳份、單據清單本、收據查紙、

中華民國廿七年九月廿二日

繕寫

校對　校對張延年

監印

監印滕瑞芝

007

新疆边防督办公署与新疆省政府关于复核乌苏县一九三八年三月三日至七日招待义勇军费用事的电令（一九三八年九月）

新疆边防督办公署致新疆省政府的代电（一九三八年九月）

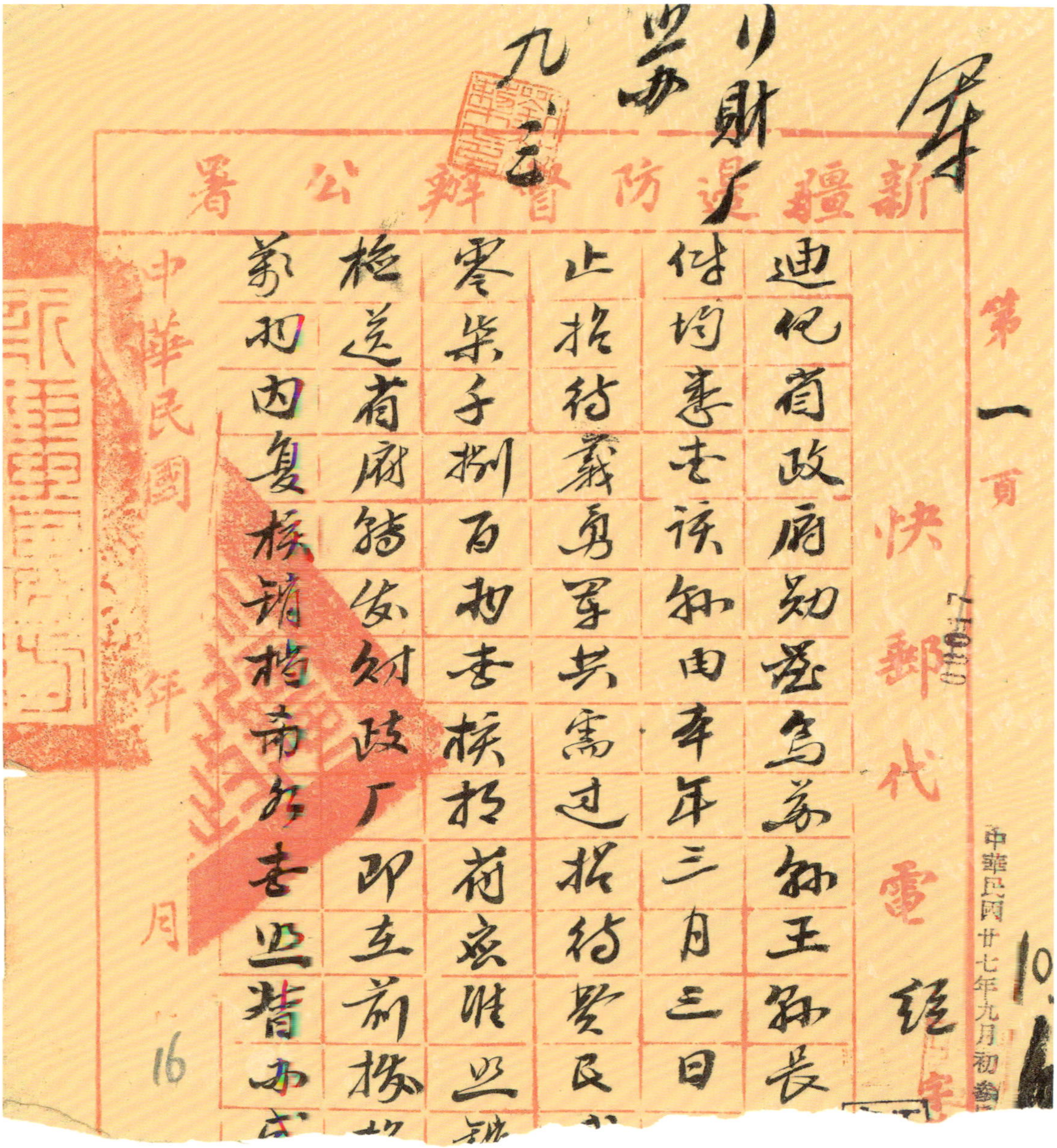

新疆邊防督辦公署

第二頁

快郵代電

卅一日經印

計送學校簿乙本恩學收據

表壹份統計表壹份

中華民國二十七年九月

17

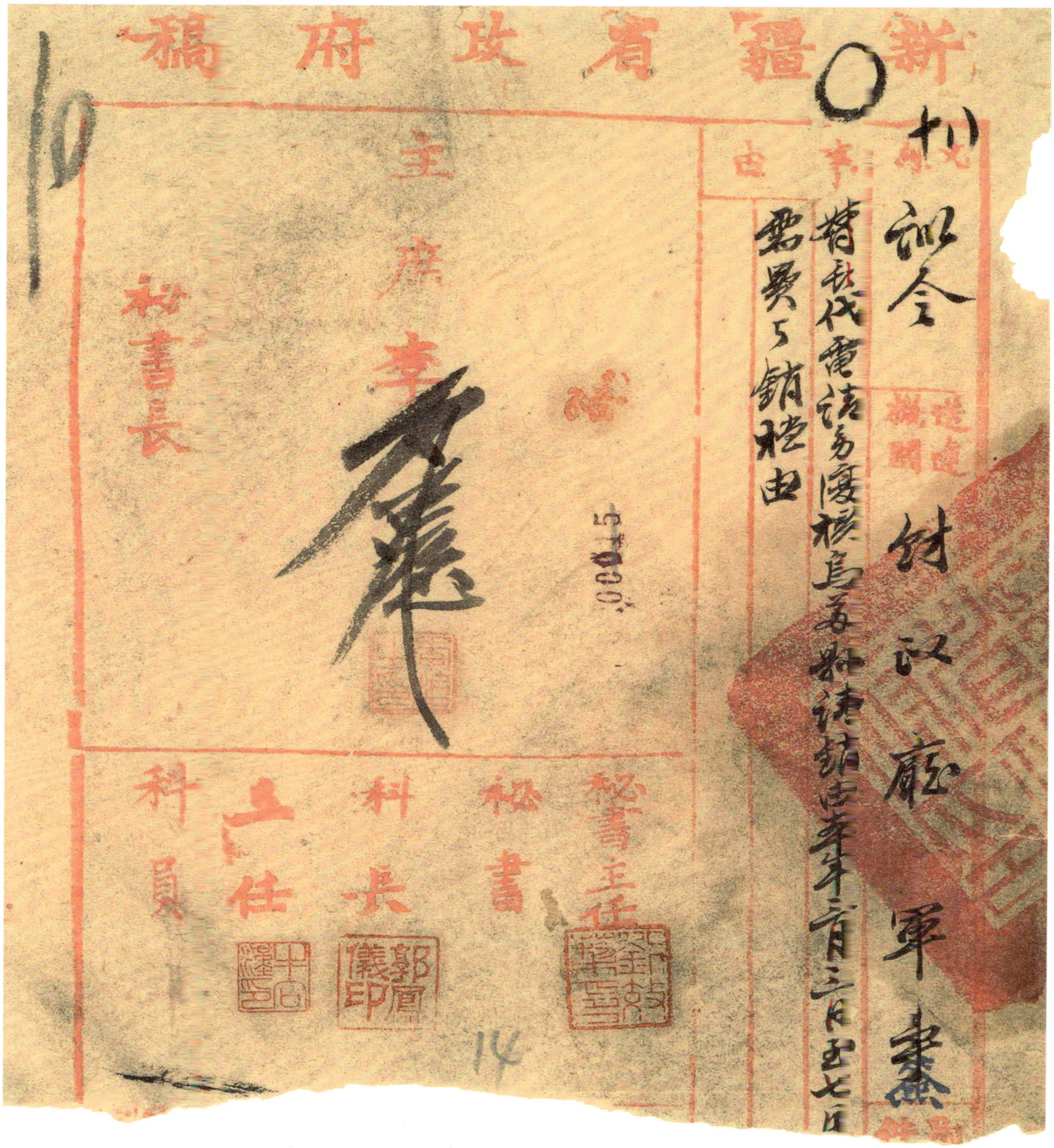
新疆省政府稿

事由

训令 财政厅

主席 李

秘书长

秘书主任

秘书

科长

主任

科员

新疆省政府致省财政厅的训令（一九三八年九月）

训令第　　号　　令财政厅
为令行事。案准
督署经字第八九四八号代电
印计送单据、储蓄奖券单收据、
表画份、统计表画份、等由，准此，
令仰该厅查照核销，并将此
计发学校证一本、奖学收据各一张，对并
民国廿七年九月

新疆省政府与新疆全省公安管理处、新疆财政监察委员会关于省会公安局请核销发给义勇军安家费银两表的来往文书（一九三八年十月至十二月）

新疆全省公安管理处致新疆省政府的呈（一九三八年十月十一日）

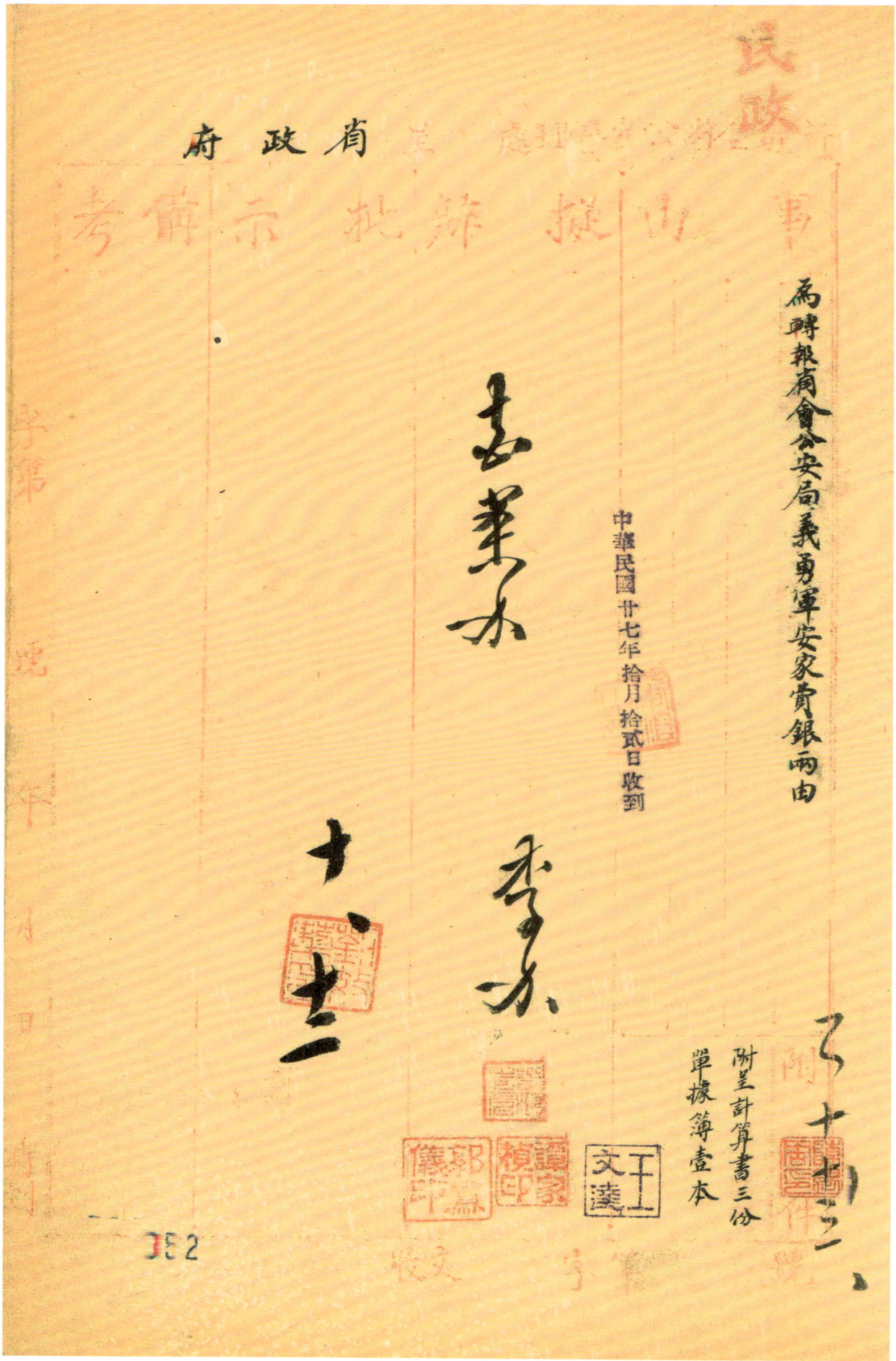
省政府

爲轉報商會公安局義勇軍安家費銀兩由

中華民國廿七年拾月拾貳日收到

附呈計算書三份
單據簿壹本

呈為轉報職屬省會公安局新撥長警義勇軍安家費銀兩表據仰祈
鑒核註銷事案查職屬省會局前請發給新撥義勇軍長警有携帶
眷屬者計共四十名當經請准每名飭發安家費省銀四萬兩共計壹
百陸拾萬兩以示體恤在案茲據造賚計算表據呈請核銷前來飭核
表據均屬相符除指令並抽存計算表壹份外理合檢同原表據一併
備文據情呈請
鈞府鑒核註銷施行謹呈
新疆省政府

附呈計算表三份 單據簿壹本

新疆全省公安管理處處長李英奇

053

副處長阿　賓

庫爾班尼牙孜

055

54

中華民國二十七年十月十一日

新疆省公安局造赍新拨义勇军长警安家费计算书

民国二十七年九月 日

科目	人数	每名额数	预算数	计算数	比较 增	比较 减	备考
安家费	40	40,000	1,600,000	1,600,000			预领73号
计	40		1,600,000	1,600,000			

局长 程[illegible]

会计股长 杨[illegible]林

会计 张中华

附：新疆省公安局造赍新拨义勇军长警安家费计算书（一九三八年九月）

新疆省政府致省财政厅、新疆全省公安管理处、新疆财政监察委员会的代电（一九三八年十一月十六日）

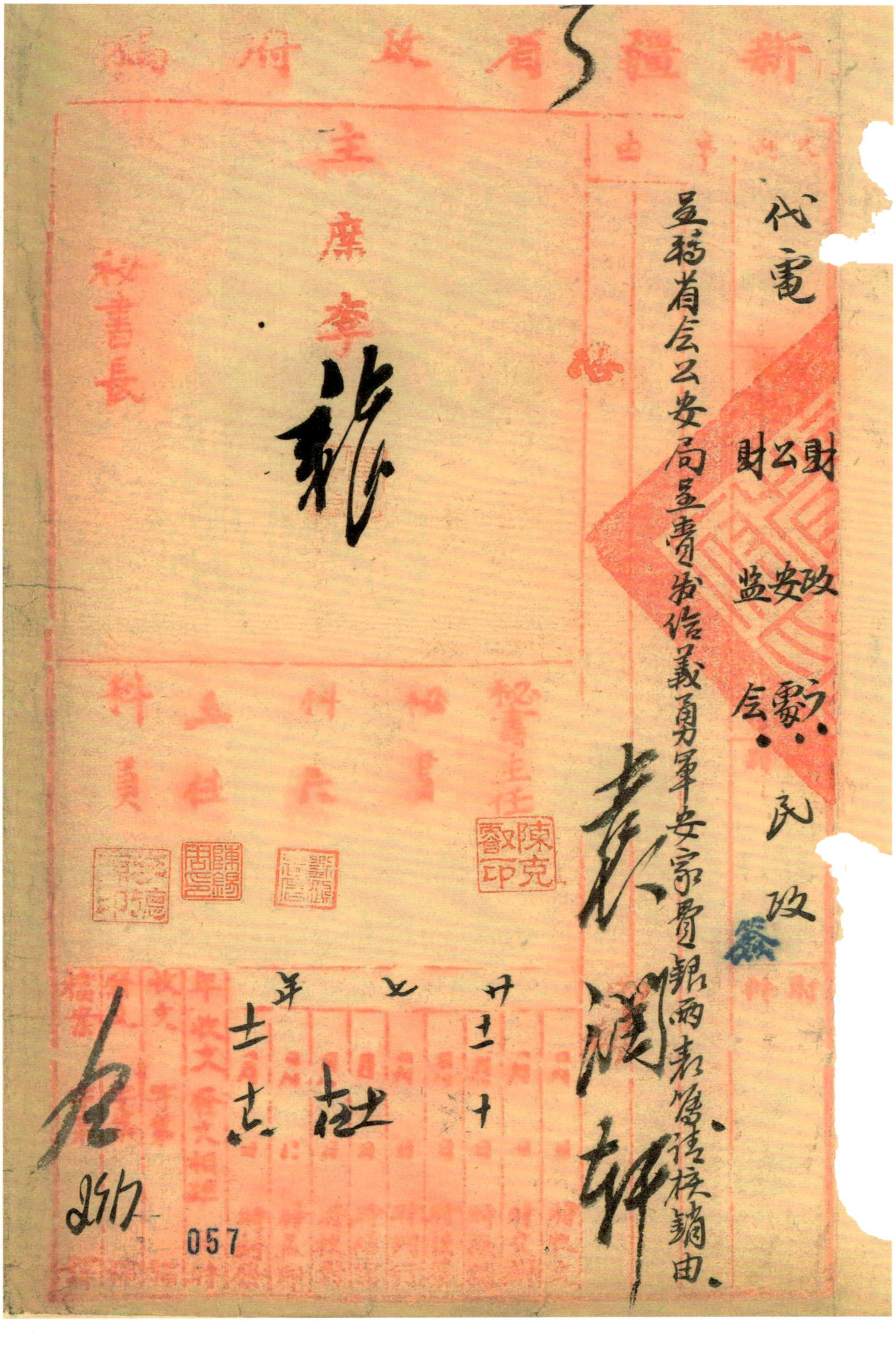
新疆省政府稿

代電

財政廳、公安管理處、財監會鑒：

民政

呈稱省会公安局呈請發給義勇軍安家費銀兩表冊請核銷由。

主席 李

秘書長

057

代電、

迪化財政廳周廳長、公安管理處李處長、財監會李委員長均鑒。李處長十月十一日呈暨附件均悉。據稱省會公安局呈請核銷義勇軍安家費銀壹百陸拾萬兩並費表等各情。應准將來表抽存一份備查，并檢同原件發交財政廳查照、財監會審核具報，仰各查照。主席李溶十一月十日民印。

附發計算表一份、（發廳）單據粘存簿一本。（發會）

民國廿七年十一月十日

058

新疆财政监察委员会致省政府的呈（一九三八年十一月三十日）

民政

事由	擬辦	批示	備考
為呈覆省府令發省會公安局呈費義勇軍安家費計算符合由			

中華民國廿七年十二月 日收到

呈為呈覆事案奉

鈞府令發公安管理處轉省會公安局呈賞核銷義勇軍安家費計算

書表各壹份等因奉此遵即依法審核尚屬符合除分別記銷外理合呈請

鑒核轉令知照施行謹呈

新疆省政府

新疆財政監察委員會委員長李溥霖

副委員長烏雲珠

盧桐生

汪慶雲

色提可孜

068

069

中華民國二十七年十一月三1日

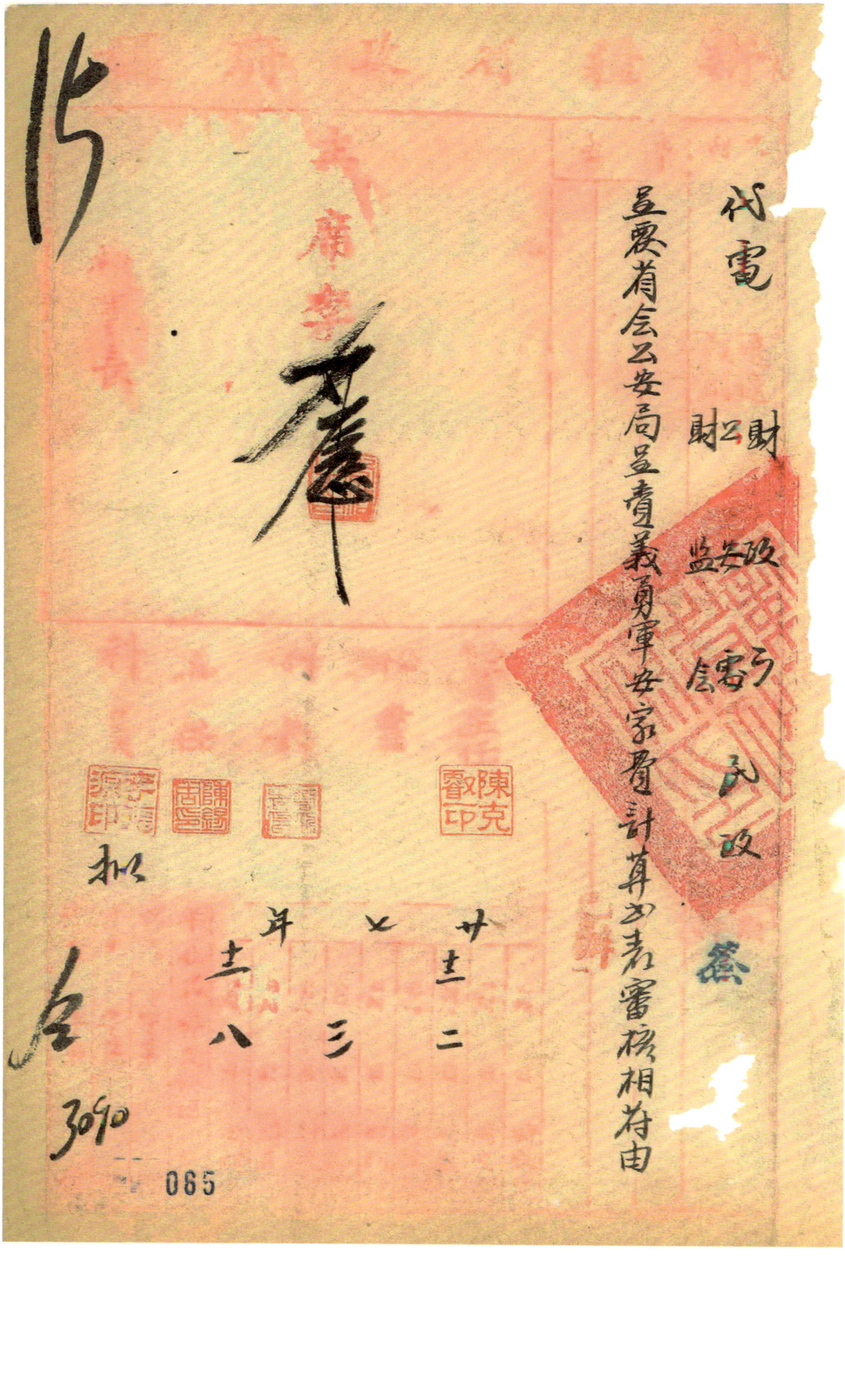

新疆省政府致省财政厅、新疆全省公安管理处、新疆财政监察委员会的代电（一九三八年十二月八日）

代電

迪化財政廳周代廳長、公安管理處李處長、財監会李委員
長均鑒：李委員長十一月卅日呈悉。據稱省会公局呈賷核
銷義勇軍安家費計算書表，審核相符，情應准備案，
仰各查照。主席李溥。十二月二日民印。

民國廿七年十二月二日

校對 張廷華

監印 徐瑞芝

066

新疆边防督办公署与新疆省政府关于拨发屯垦委员会义勇军屯垦员校尉官五个月薪饷事的电令

（一九三八年十二月）

新疆边防督办公署致新疆省政府、屯垦委员会的代电（一九三八年十二月八日）

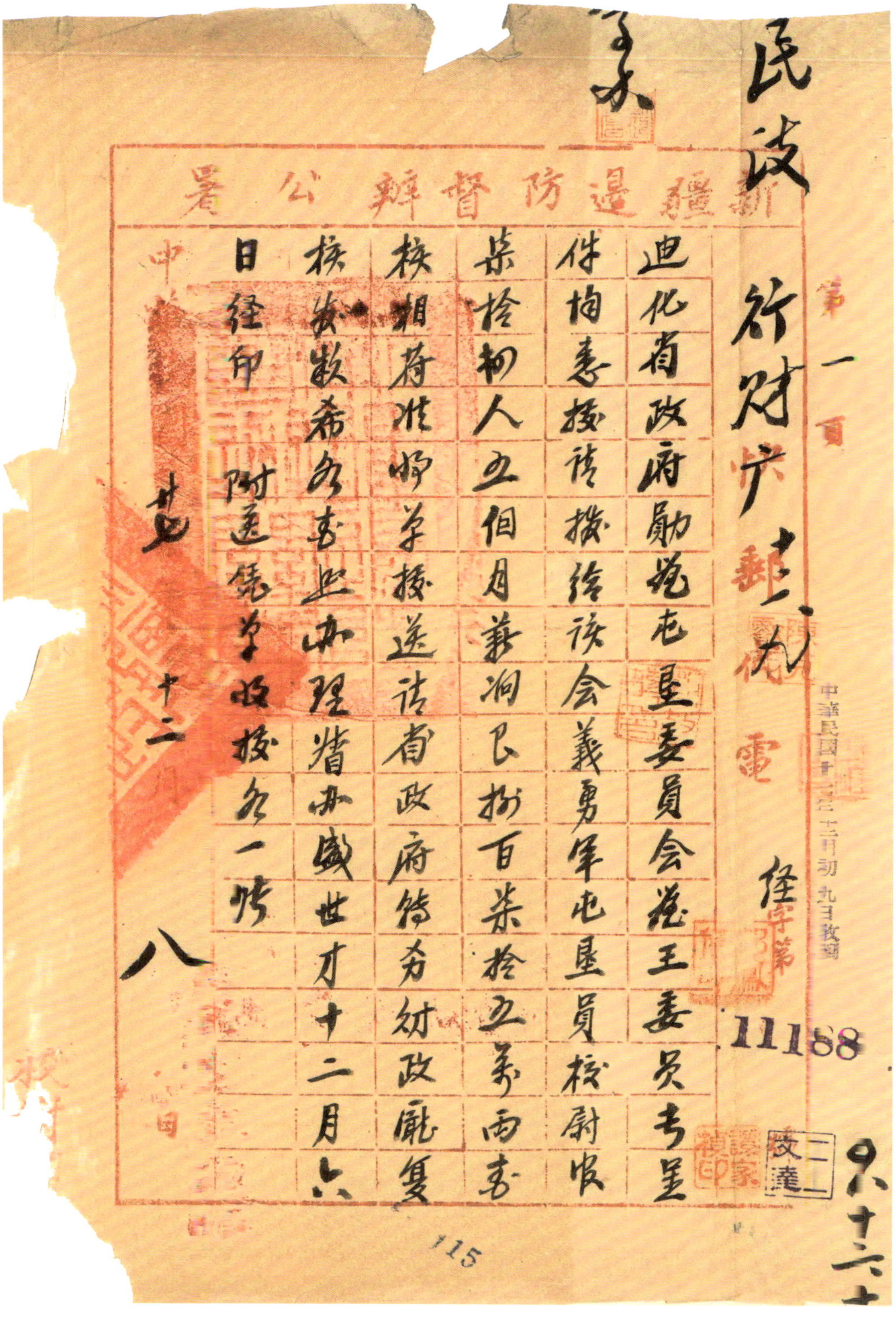

新疆省政府致省财政厅的训令（一九三八年十二月十三日）

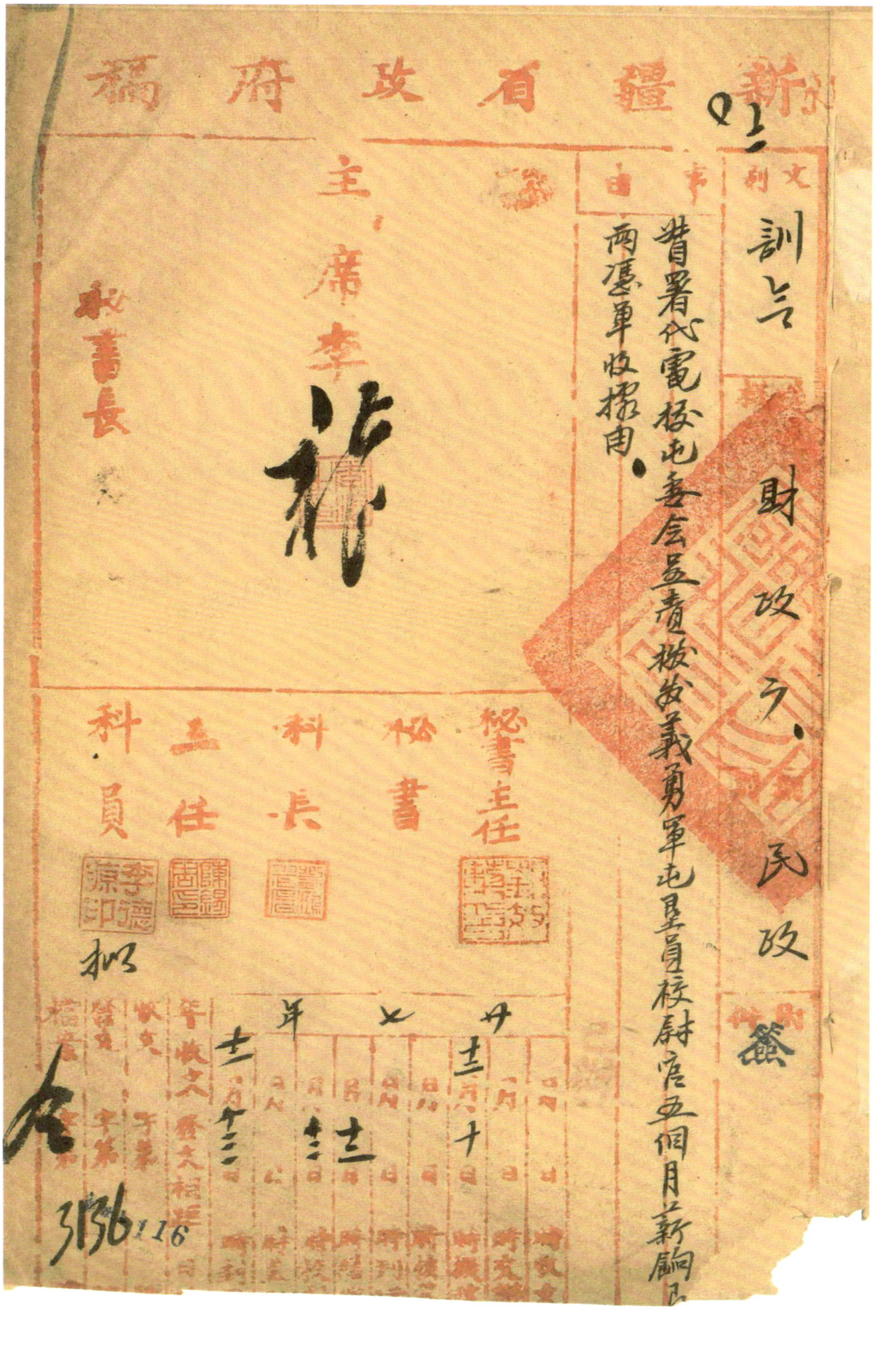
新疆省政府稿

文別：訓令　財政廳、民政[illegible]

事由：据[illegible]電核屯墾委員會呈請核發義勇軍屯墾員校尉官五個月薪餉[illegible]兩憑單收据由。

主席 李

秘書長

秘書主任　秘書　科長　主任　科員

訓令

令財政科。

為令知事。案准

督署經字11188號代電內開：迪化省政府云云，經印附送憑單

收據各一張。等因准此，合行檢同原件，令仰該科即便查照核發

具報。此令。

附發憑單收據各一張。

監印 滕瑞芝

校對 張廷年

民國廿七年十二月十日

新疆边防督办公署副官处、工程处关于核办塔城各族民众捐助慰劳由苏到新义军银两事的来往函（一九三八年十二月至一九四〇年一月）

新疆边防督办公署副官处致该署工程处的函（一九三八年十二月二十四日）

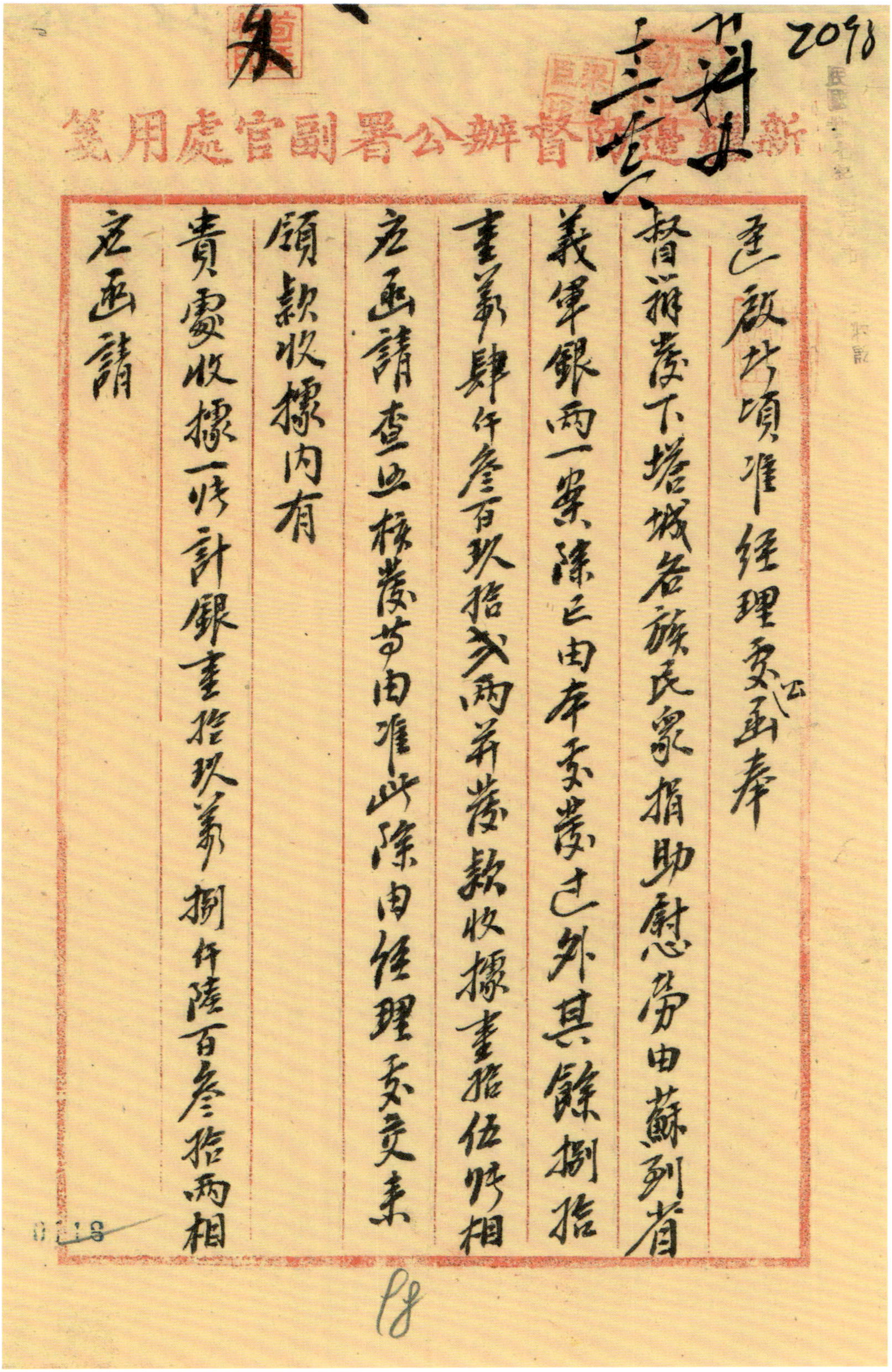
新疆邊防督辦公署副官處用箋

逕啟者：頃准經理委員公函奉
督辦發下塔城各族民衆捐助慰勞由蘇到省
義軍銀兩一案，除已由本委發出外，其餘捌拾
壹萬肆仟叁百玖拾貳兩，并發款收據壹拾伍件，相
應函請查照核發等由，准此，除由經理委交來
領款收據內有
貴處收據一件，計銀壹拾玖萬捌仟陸百叁拾兩，相
應函請

新疆邊防督辦公署副官處用箋

查照將領款義軍姓名於二十八年一月十五日以前列表送交繳處以便彙查而資散發爲荷此致

工程處

督署副官長盧毓麟

民國二十七年十二月廿四日

0119

新疆边防督办公署工程处致该署副官处的函（一九三九年十二月三十日）

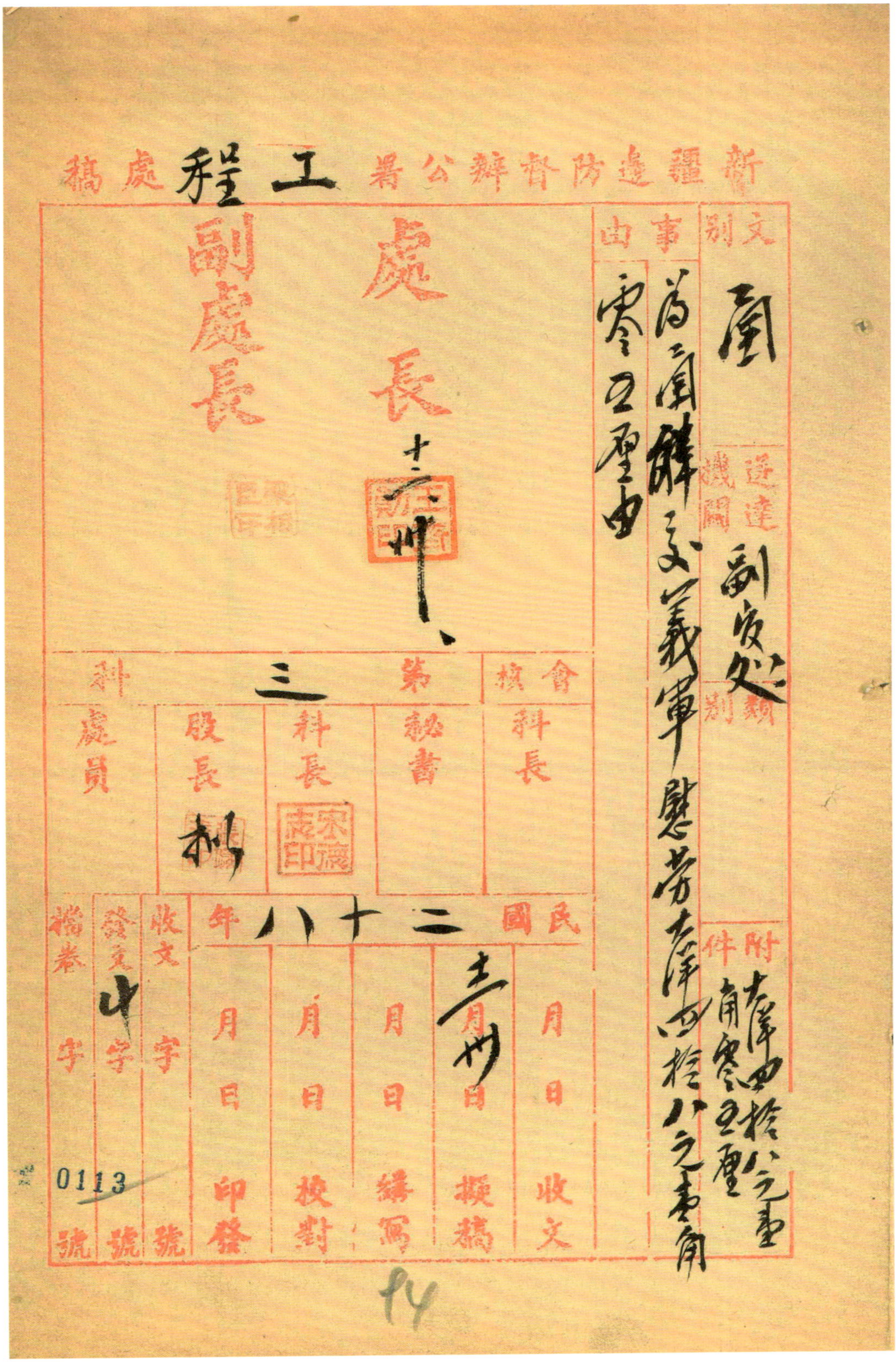

逕啟者案准

貴處函開 逕啟者云云 此致 蕭周璀 此查敝處

已領到大洋四佰五元之有票銀壹萬捌仟陆百

叁拾兩之共合有票銀壹拾玖萬捌仟陆百叁

拾兩翻因義軍姓名無法考查並展筆終

附捐並無結束 昨將色存有票銀壹萬捌

仟陆百叁拾兩持向銀行折換大洋叁元壹

角零五厘换足四仟兩折合即短洋壹元五角

五分式厘五毫 此項短數係因換洋而短 情

屬實在 拟請由公家担負以免賠累 相應據

缴大洋四拾捌元壹角零五厘，兹
贵处查收修改，以清手续为荷。此致
副官处

附交大洋四拾八元壹角零五厘

工程处长王子
副处长吴昇

民国廿八年十二月　日

0115 P6

新疆边防督办公署副官处致该署工程处的函（一九四〇年一月十六日）

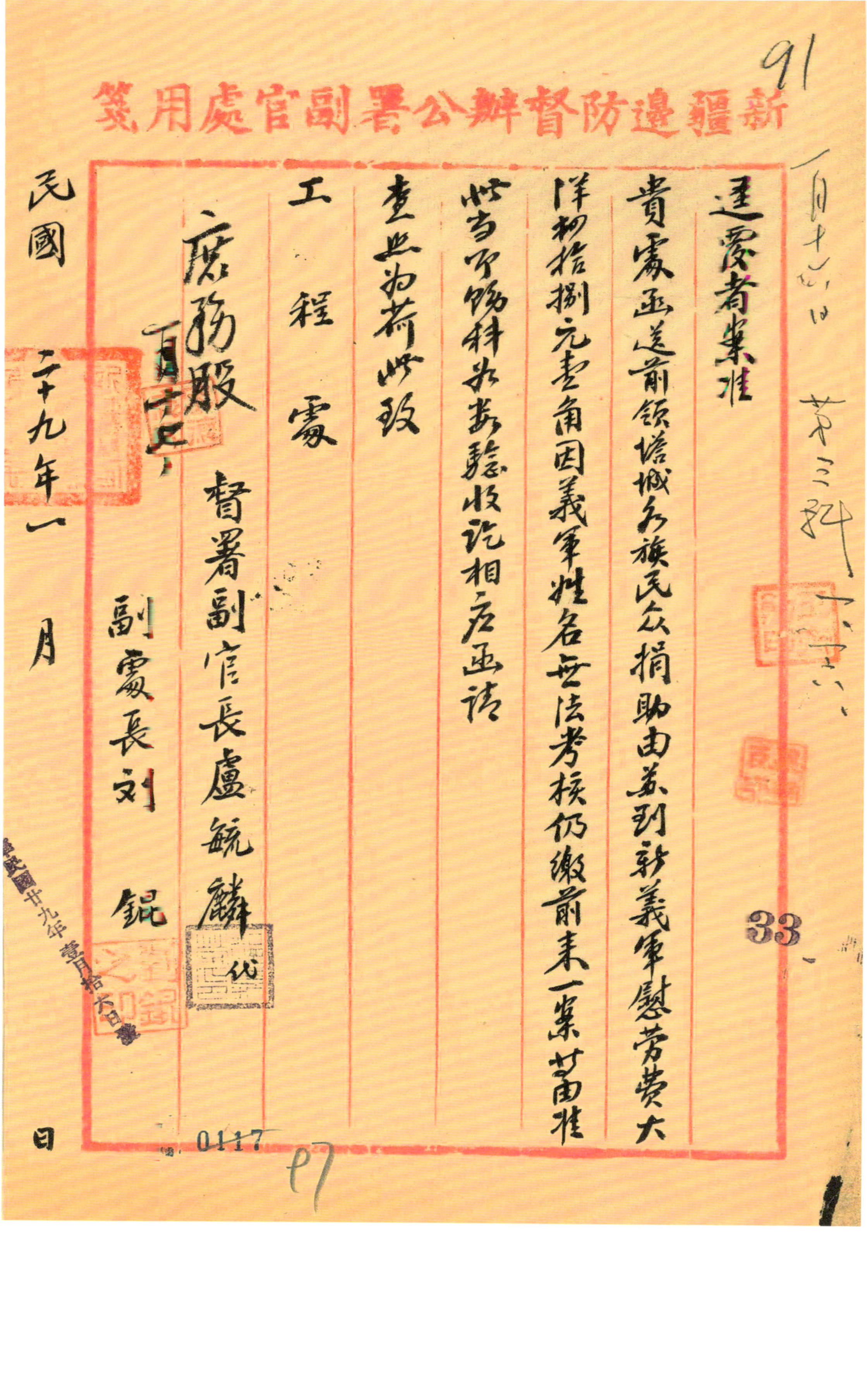

新疆邊防督辦公署副官處用箋

逕覆者案准

貴處函送前領塔城各族民众捐助由蘇到新義軍慰劳費大洋捌拾捌元壹角因義軍姓名無法考核仍繳前來一案茲准此當即飭科如數驗收訖相應函請

查照為荷此致

工程處

督署副官長盧毓麟（代）

副處長劉鋸

庶務股

民國二十九年一月　日

新疆省会公安局与新疆省政府关于增拨义勇军眷属给养面粉事的来往文书（一九三九年一月）

新疆省会公安局致省政府的呈（一九三九年一月二十五日）

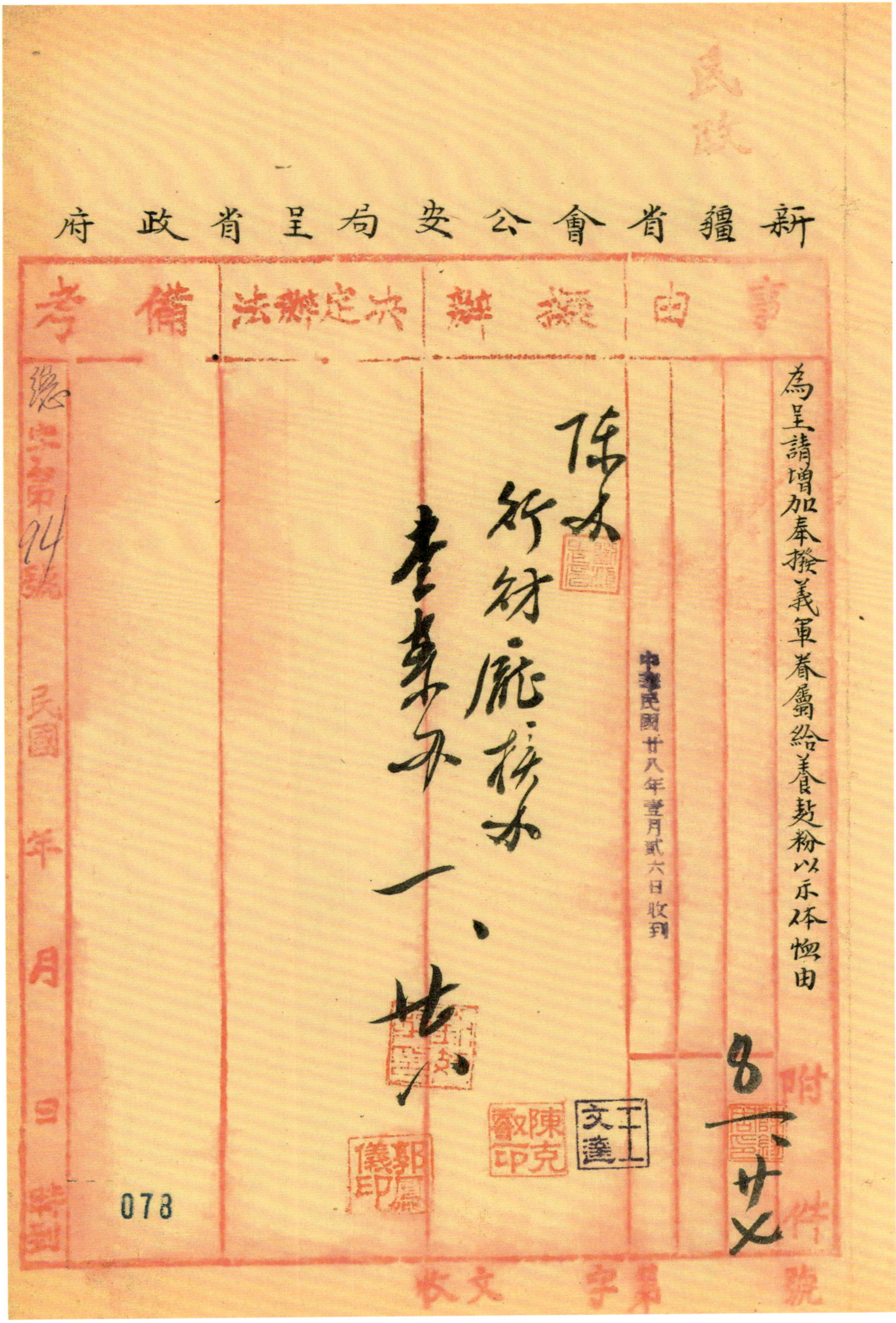
新疆省會公安局呈省政府

事由	擬辦	決定辦法	備考
為呈請增加奉撥義軍眷屬給養麪粉以示体恤由			

中華民國廿八年壹月貳六日收到

附件

總字第24號

民國　年　月　日發到

收文　字第　號

078

為呈請事竊據奉撥職局服務義軍等聲稱警等眷屬每口每
月所領麮粉壹拾伍觔實不敷贍養月餉微薄補救無術懇祈按照
部隊眷屬每口每月准發麮粉三十觔以示体恤而免困难等情前来
覆查所稱確属實情似應准如所請以免困難除聲復外理合具文呈請
鈞府鑒核俯准施行謹呈
新疆省政府主席李

省會公安局局長程雲强

079

中華民國二十八年一月二十五日

080

新疆省政府致省会公安局的指令及致省财政厅的训令（一九三九年一月三十日）

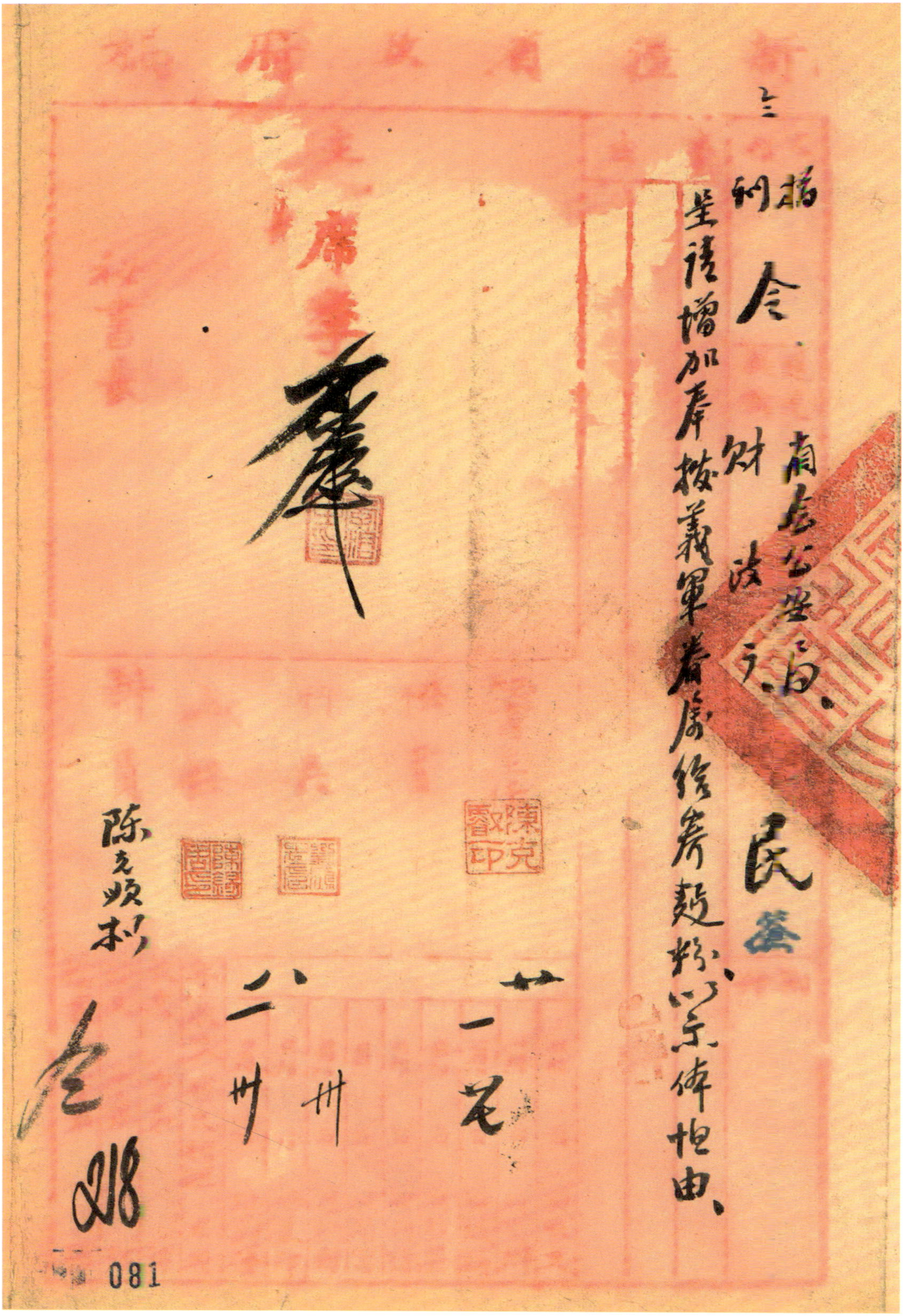

指令第　號

令省會公安局、

呈請增加東北義軍眷屬給養麵粉以示體恤由

呈悉、既請應候令行財政廳查照核辦理逕

覆具報、仰即知照、此令、

訓令

令財政廳、

為令行事、案據省會公安局呈稱、為呈

082

請事云云禀呈等情。據此。除指令外。合行

令仰該廳即便查出核辦還復具報。此令

中華
新疆省政府印
廿一
廿七
汗
監印滕瑞芝
校對王丞齊
084

新疆省财政厅与新疆省政府关于服务义勇军警士按照新章支领给养事的来往文书（一九三九年三月）

新疆省财政厅致省政府的呈（一九三九年三月二日）

呈覆奉令公安局呈轉服務義勇軍警士聲請按照新章叁拾觔支領給養以示一律而免向隅由

中華民國廿八年叁月貳日

新疆省政府財政廳呈為呈覆事案奉

鈞府令據省會公安局呈轉服務義勇軍警士聲請將眷屬給養按叁

拾觔支領以資贍養行廳核辦呈奪一案等因奉此遵查該軍警等過

去支領眷屬給養拾五觔既不敷贍養自應按照新章叁拾觔支領以示

一律而免向隅所擬是否可行理合具文呈請

鈞府鑒核轉飭施行謹呈

新疆省政府

代理
廳長　周　彬
副
庫爾班

090

民國二十八年三月二日

新疆省政府致省财政厅的指令及致省会公安局的训令（一九三九年三月六日）

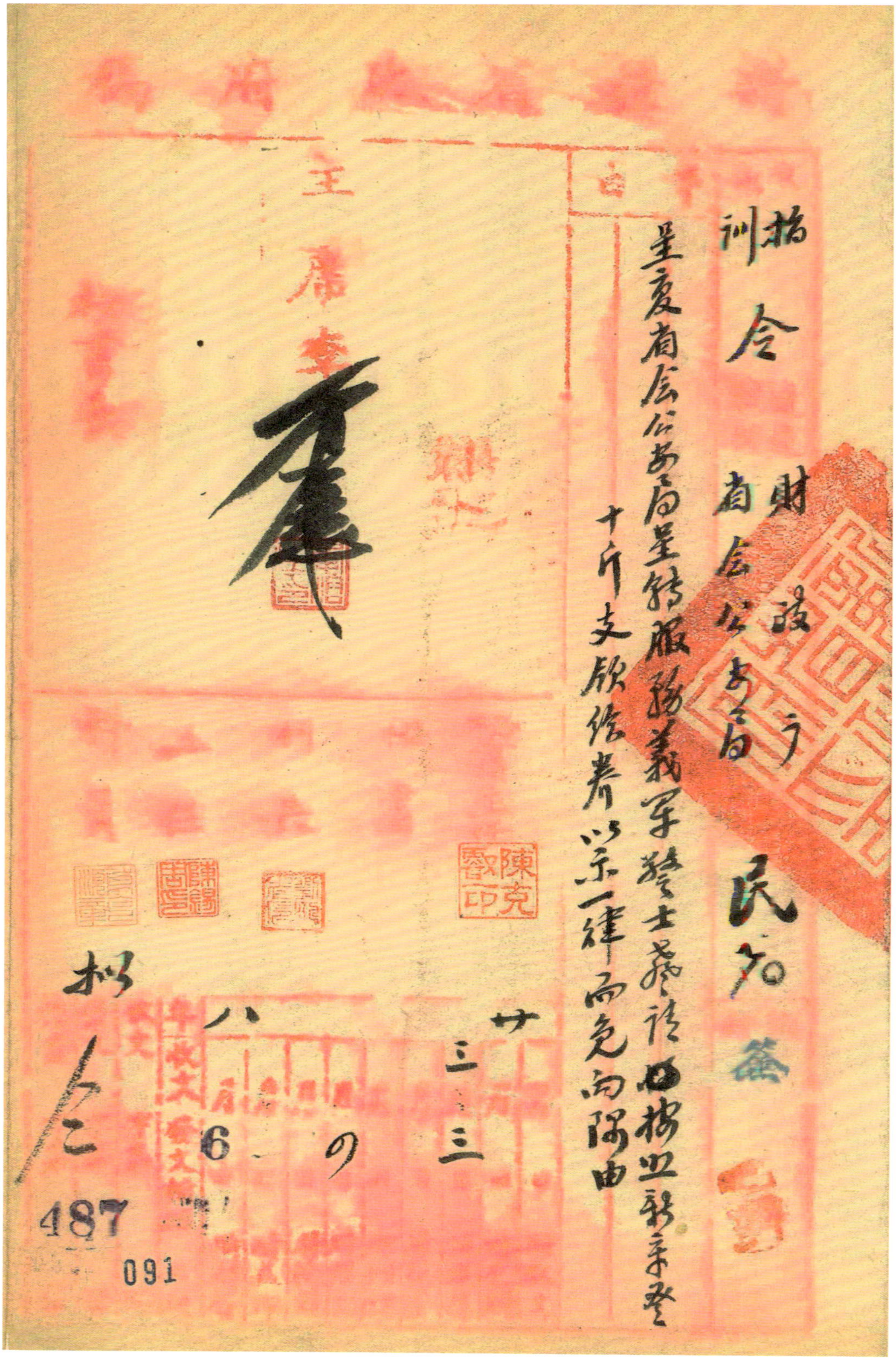
指令　財政廳
訓令　省會公安局　民知
呈復省會公安局呈轉服務義軍警士發請口糧照新章發十斤支領給養以示一律而免向隅由

指令第　　號

令財政廳

呈復省会公安局呈轉服務義勇軍警士眷屬請按照新章叁十斤支發眷屬給券以示一律而免向隅由

呈悉，應予照准，並候令行省会公安局轉飭知照。此令。

訓令

令省会公安局

092

為令行事。前據該局呈請服務義勇軍
警士家屬請將眷屬給養按叁拾斤支領，
以資贍養一案到府，當經令行財政廳核辦
去後。茲據復稱：該軍警前遇支領眷屬給
養於五斤，現不敷贍養，自應按照新章叁
拾斤支領，以示一律，而免向隅等情。據此，除指
令[illegible]照准外，合行令仰該局即便查
照，轉飭知照。此令。

中華民國廿三年三月

金 三

監印滕瑞芝

094

新疆省财政厅与新疆省政府关于额敏县招待义勇军过境款项等事的来往文书（一九三九年五月）

新疆省财政厅致省政府的呈（一九三九年五月二十四日收）

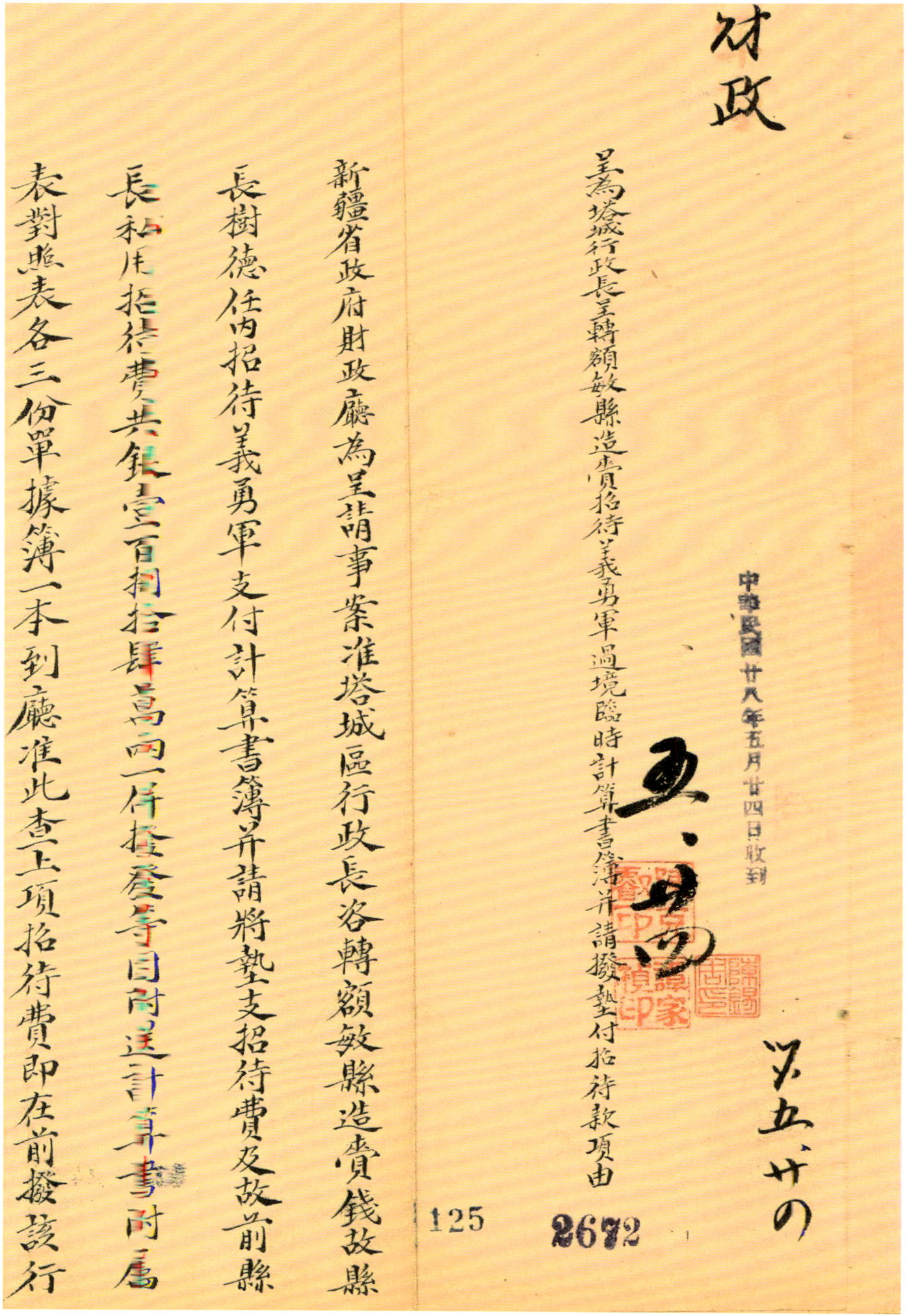

財政

呈為塔城行政長呈轉額敏縣造賫招待義勇軍過境臨時計算書簿并請撥墊付招待款項由

中華民國廿八年五月廿四日收到

125　2672

新疆省政府財政廳為呈請事案准塔城區行政長咨轉額敏縣造賫錢故縣長樹德任內招待義勇軍支付計算書簿并請將墊支招待費及故前縣長私用招待費共銀壹百捌拾肆萬兩一併核發等因附送計算書附屬表對照表各三份單據簿一本到廳准此查上項招待費即在前撥該行

政長招待費總數内抵銷至錢故縣長任内動用狩獵証費罰款及狀紙等費銀壹百貳拾伍萬玖千兩案關公款是否由該家屬繳還之處理合具文呈請

鈞府鑒核裁奪飭遵施行謹呈

新疆省政府

代廳長周彬

副廳長庫爾班

民國二十八年五月　日

新疆省政府致省财政厅的指令及致省会公安局的训令（一九三九年五月二十九日）

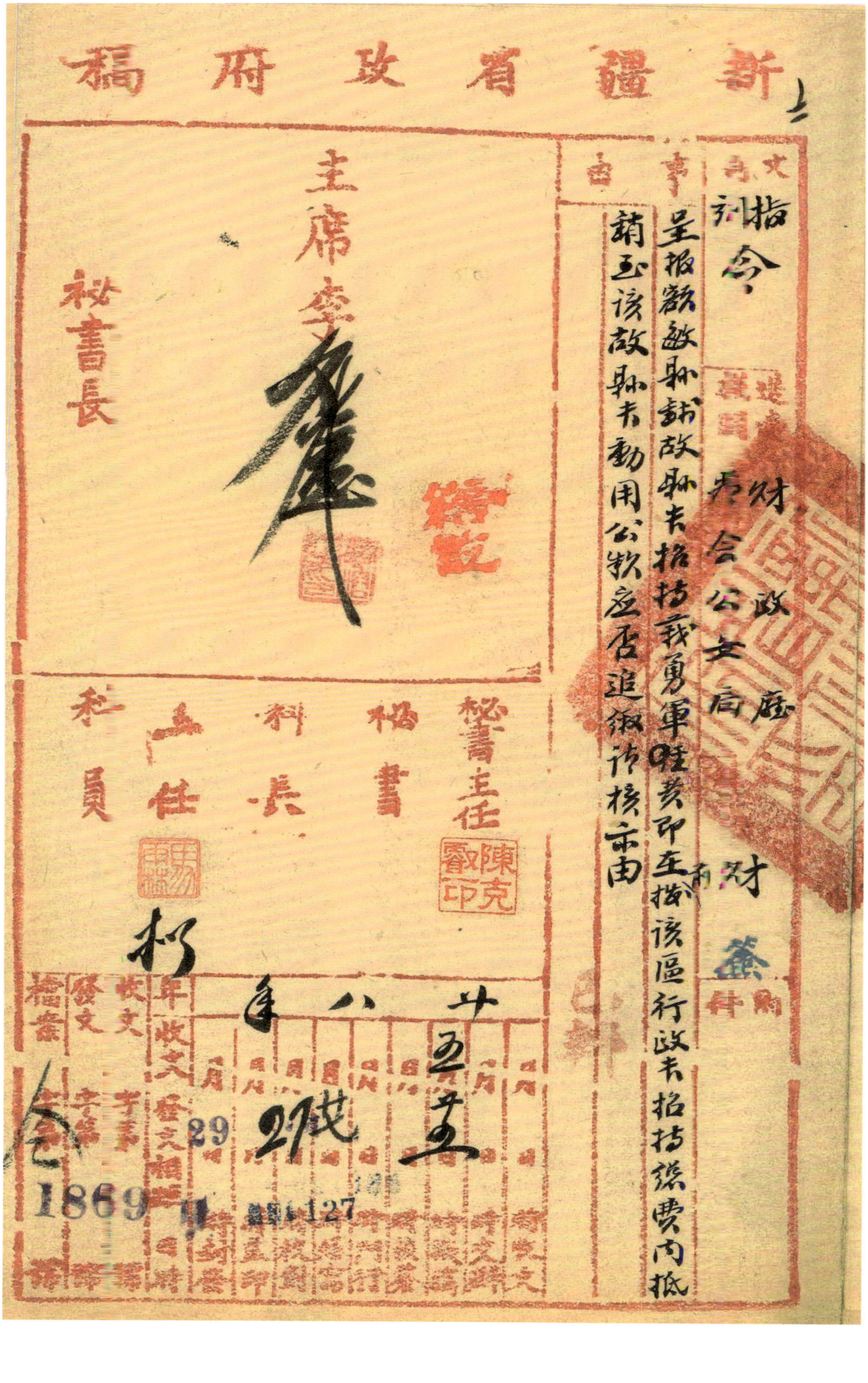

指令　財字第　號

令財政廳

呈報額敏縣前故縣長裕領義勇軍餉費

卯五前擬請（電）由政長裕領總費內撥銷並請故縣

長動用公款免予追繳請核示由

呈悉。額敏縣故縣長動用特別罰款

狀紙司費銀壹百貳拾五萬肆千兩、

自應追繳，以重公款。據請故縣長

家前、是否晋省，生活状况如何、
（修垫先期立）呈缴，此可并、应否令饬省会公
安局核实查复，再行核办，并令
训令　财字第　号
令省会公安局
为令行事。案据财政厅呈称：查额敏县
前故县长任内动用特别罚款钱文
贷银壹百贰拾五万两、業完

在籍、是否由該家屬繳還，請核示飭
遵等情。據此，除指令郭部仰徑行、
合行令仰該省府即便遵照擬案查
覆，以憑核奪。此令。

中華民國 廿六 五 廿五

校對 辛維□
監印

監印 滕瑞芝

新疆边防督办公署与新疆省政府关于核发新疆兵工厂六月份官兵及拨来义勇军眷属给养事的咨、训令（一九三九年六月）

新疆边防督办公署致新疆省政府的咨（一九三九年六月八日收）

新疆邊防督辦公署咨省政府

事由	擬辦	决定辦法	備考
爲請領六月份官兵及撥來義勇軍眷屬給養由 中華民國廿八年六月八日收到			

00028

26

新疆邊防督辦公署咨文 粮字第 號

為咨請事：據兵工廠請領六月份官兵及撥來義勇軍眷屬給養面粉四佰捌拾斤等情，查核相符，除指令外，相應檢同原表咨請

貴府查照，轉飭迪化縣核發為荷。此咨

新疆省政府

附咨表貳份

督辦盛世才

2578

00023

21

附：新疆兵工厂附设军械教育班及义勇军眷属调查表（一九三九年五月三十一日）

治府六三

新疆兵工廠附設軍械教育班及義勇軍眷屬調查表

階級	姓名	家口	年齡	籍貫	住址
少校繙譯	張餘祿	妻楊氏	年二十八歲	遼寧省	現住迪化南門外門牌14十號
中尉隊附	馬如乾	父德彥 母崔氏 妻郭氏	年六十七 五十七 十七歲	新疆迪化	現住迪化南關城河巷看門牌十號
錄事	王明有	妻萬氏 男泉泉	年二十八 三歲	新疆迪化	現住水磨溝
上士	古德仁	妻萬氏 女蓮哇	年二十四 六歲	新疆昌吉縣	現住水磨溝
上等兵	陸營增	母許氏	年五十二歲	西安化縣	現住迪化西箭道子門牌三十號
二等兵	張利	妻張氏 男銀哇 寶貴	年三十 九 六歲	吉林樺川縣	現住水磨溝
	義明	母如子海 妻阿以海	年四十五 十八歲	新疆迪化	現住迪化南関
技師	張雲鵬	妻駱教洋	年二十二歲	河北天津縣	現住迪化水磨溝八仙廟
一等工匠	崔今耕	妻烏西 子呢士	年二十二 四歲	河北武清縣	現住迪化水磨溝八仙廟
三等工匠	李廣才	妻阿萬非	年二十三歲	遼寧昌圖縣	現住迪化水磨溝八仙廟

附記

表列官兵及義勇軍眷屬等計十四丁口，每月每名應領眷屬給養面粉三十斤，六月份共應領面粉四百貳拾斤；小孩四丁口，每月每名應領面粉十五斤，六月份應領面粉六十斤，二宗共應領眷屬面粉四百捌拾斤，合併聲明。

中華民國二十八年五月三十一日

00026 00027 25

新疆省政府致省财政厅、迪化县政府的训令（一九三九年六月九日）

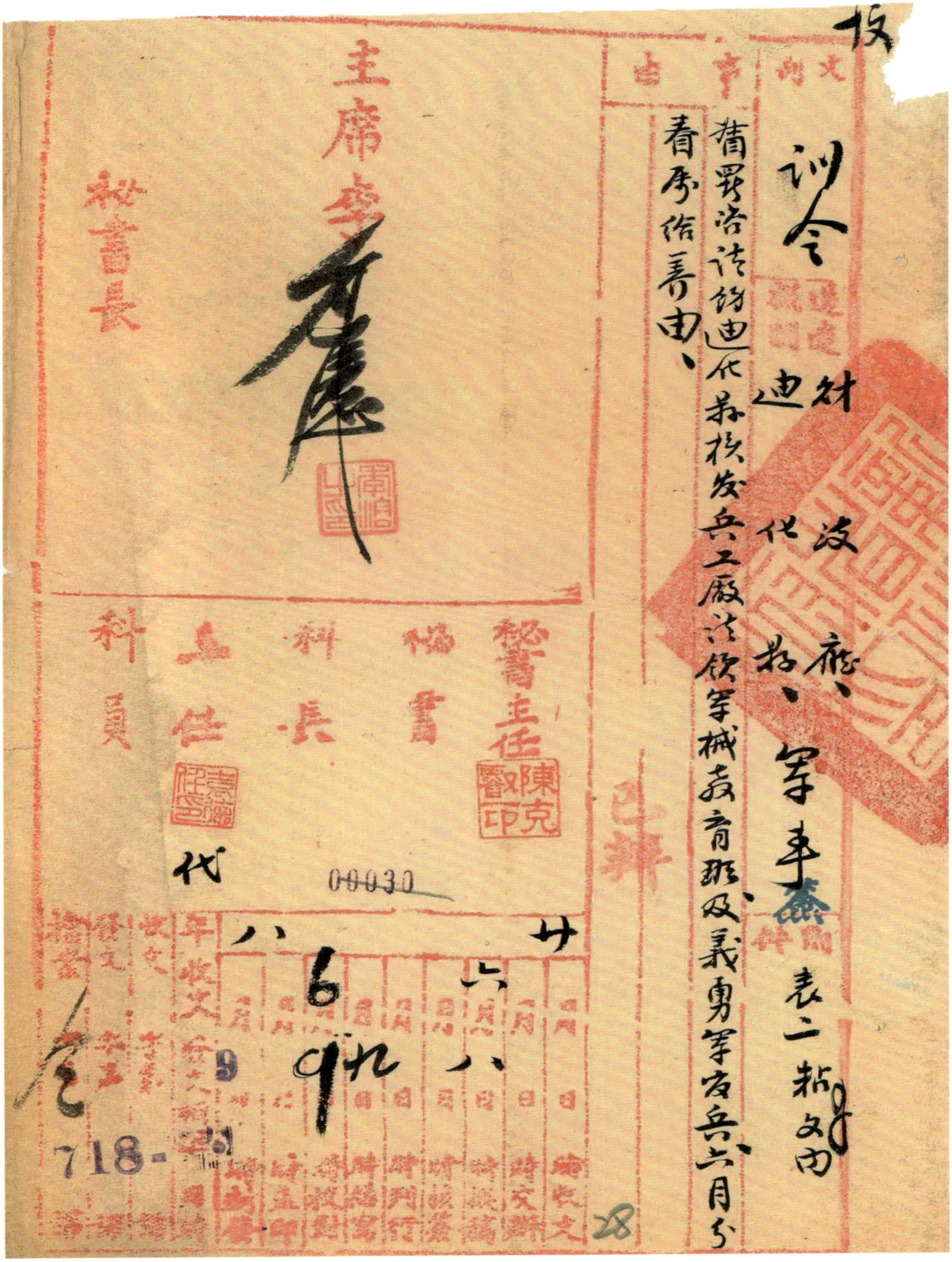

训令第　　号　令财政厅、
迪化县、28

為令行事。案准
督署粮字第二五七八号咨開：按兵工厰云云
為荷。等由。准此。除留表備查，并行知检发、分行财厅查照外，合
行检发原表，令仰该厅、县知照、印发，便查照、检发。此令。
计发原表一份（发县）

民國廿八年六月八日
金

监印滕瑞芝

新疆边防督办公署、省政府关于嘉奖东北义勇军代表黄耀亭等人协助补修公路事致地方法院的通令（一九三九年六月二十八日）

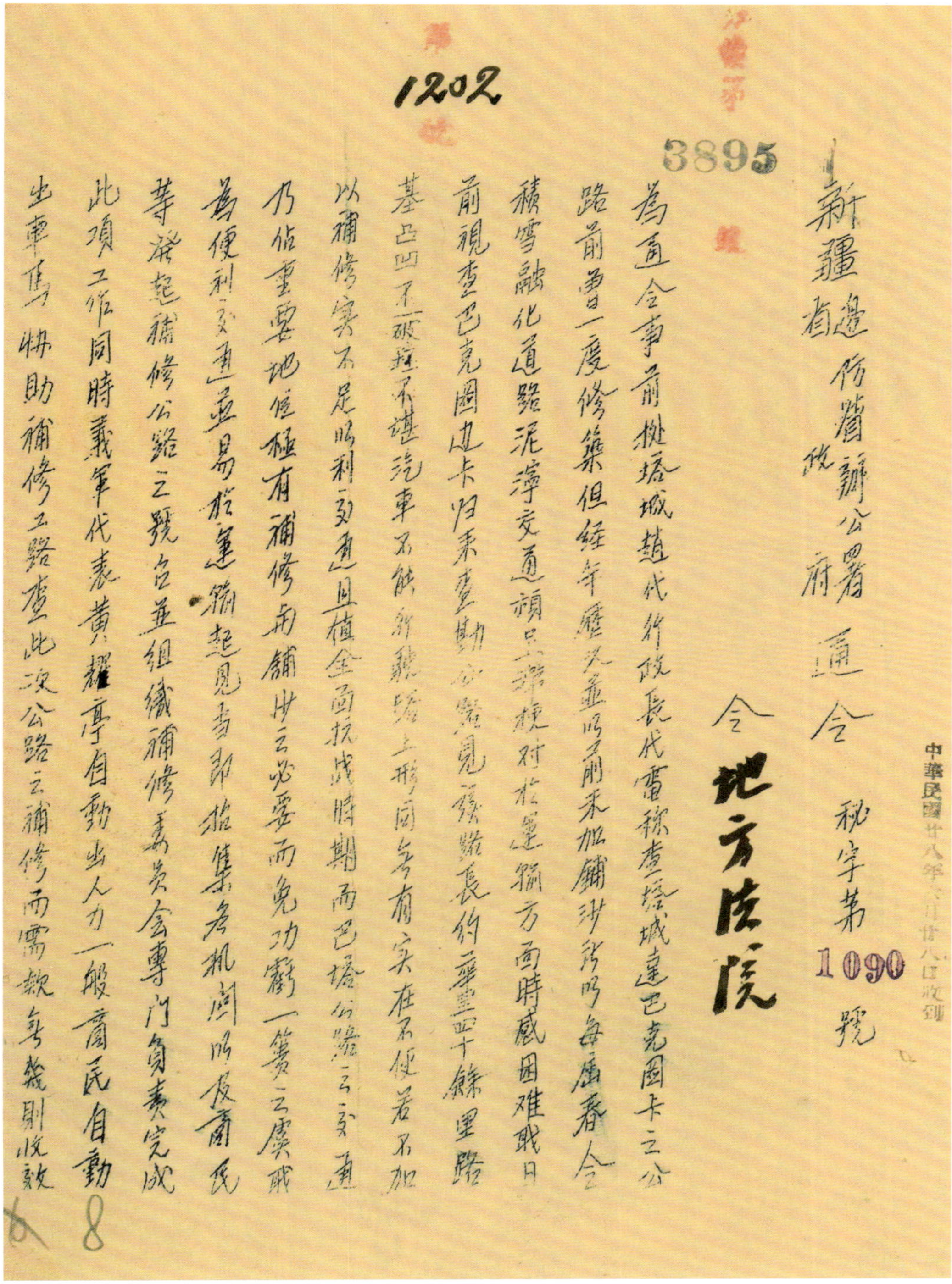

1202

3895

新疆边防督办公署
省政府
通令　秘字第1090號

令地方法院

中華民國廿八年六月廿八日收到

為通令事。前據塔城趙代行政長代電稱：查塔城達巴克圖卡之公路，前曾一度修築，但經年歷久，並以前未加鋪沙石，以每屆春令積雪融化，道路泥濘，交通殊感不便，對於運輸方面時感困難。職日前視查巴克圖邊卡歸來，查勘所經沿途，長約華里四十餘里，路基凹凸不平，破壞不堪，汽車不能行駛，騎馬亦不便。若不加以補修，實不足以利交通。且值全面抗戰時期，而巴塔公路之交通乃佔重要地位，極有補修再鋪沙石之必要，而免功虧一簣之虞。職為便利交通並易於運輸起見，當即招集各機關以及商民等發起補修公路之議，當並組織補修委員會，專門負責完成此項工作。同時義軍代表黃耀亭自動出人力，一般商民自動出車馬，協助補修公路。查此次公路之補修，所需款無幾，則收效

實大約不日即可完成等情到署當經電復准予備案並令飭將
補修此段公路有無特別出力人員應行另案獎勵之處切實查明
具報去後茲據復稱遵即令飭塔城縣縣長查塔城縣長郭積棻
[illegible]
其特別出力者有抗敵後援分會委員長伊[illegible]的商會會長
[illegible]喬鄉烏孜別克文化會長[illegible]塔城分會長木胡木[illegible]
代商總總列斂維族商總厄牙孜[illegible]塔城商總阿合
買江哈薩族商總阿禾尔拜等九人具[illegible]外尚有義軍代表黃耀
亭一名但該代表早已赴省所有獎勵之處應請就近飭知等情前來查
伊委員長等補修邑塔公路均能特別出力實[illegible]使利交通計劃足徵擁護
政府努力交通建設其熱心公益之舉尤堪嘉許應准傳令嘉獎以示鼓勵
除指令並分行外合行令仰該縣即便知照並轉飭所屬一體知照此令

中華民國二十八年六月廿八日

督辦盛世才

主席李溶

監印吳振麟

監印滕瑞芝

塔什干冯祖文关于东北游击队三军九师政治主任顾维武等二百一十八名要求自苏联回国事致新疆边防督办兼主席盛世才的电报（一九四〇年十月八日）

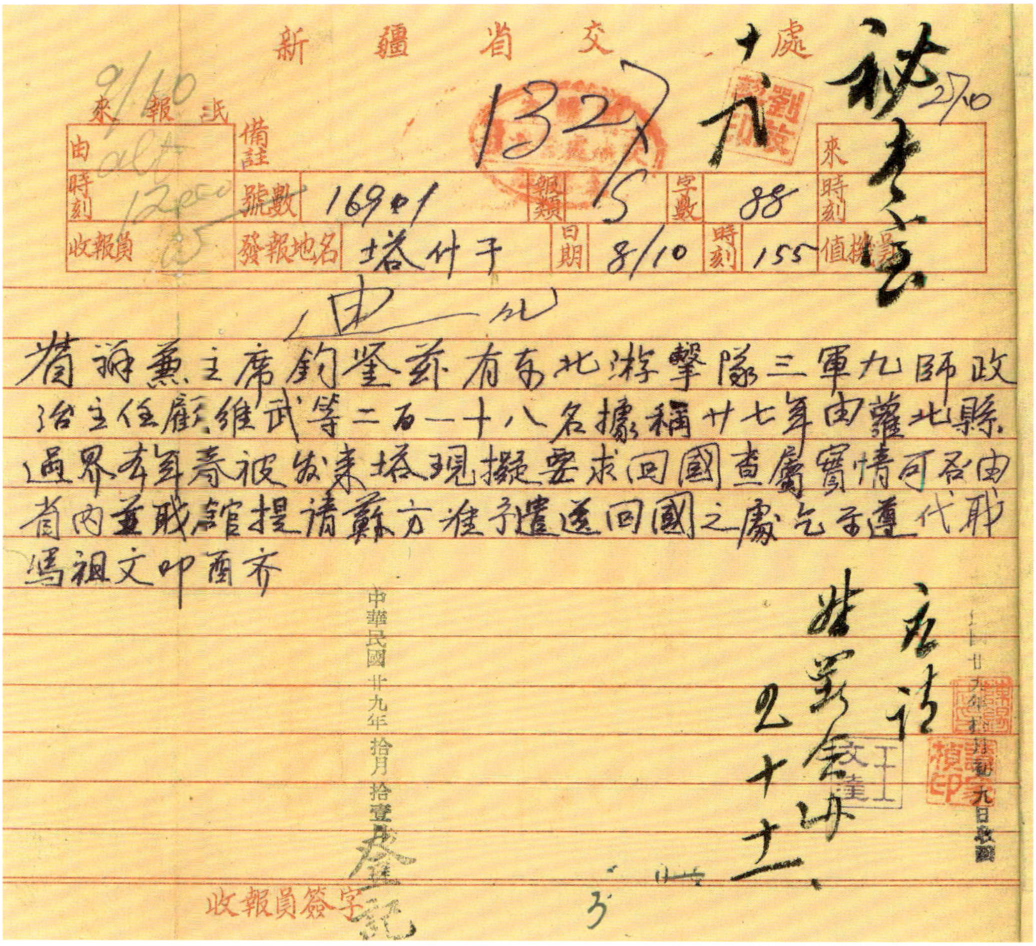
新疆省交□處

來報 由 時刻	備註					來 時刻
號數	16901	類	5	字數	88	
收報員	發報地名	塔什干	日期	8/10	時刻	155	值機員

省府兼主席鈞鑒：茲有東北游擊隊三軍九師政治主任顧維武等二百一十八名，據稱廿七年由蘿北縣過界，本年春被發來塔，現擬要求回國，查屬實情，可否由省內垂飭館提請蘇方准予遣送回國之處，乞示遵。代職馮祖文叩酉齊

中華民國廿九年拾月拾壹日

收報員簽字

塔什干冯祖文关于吴兴才、顾维武所部滞留苏联详情并恳请回国效力事致新疆边防督办兼主席盛世才的密电（一九四〇年十月十二日）

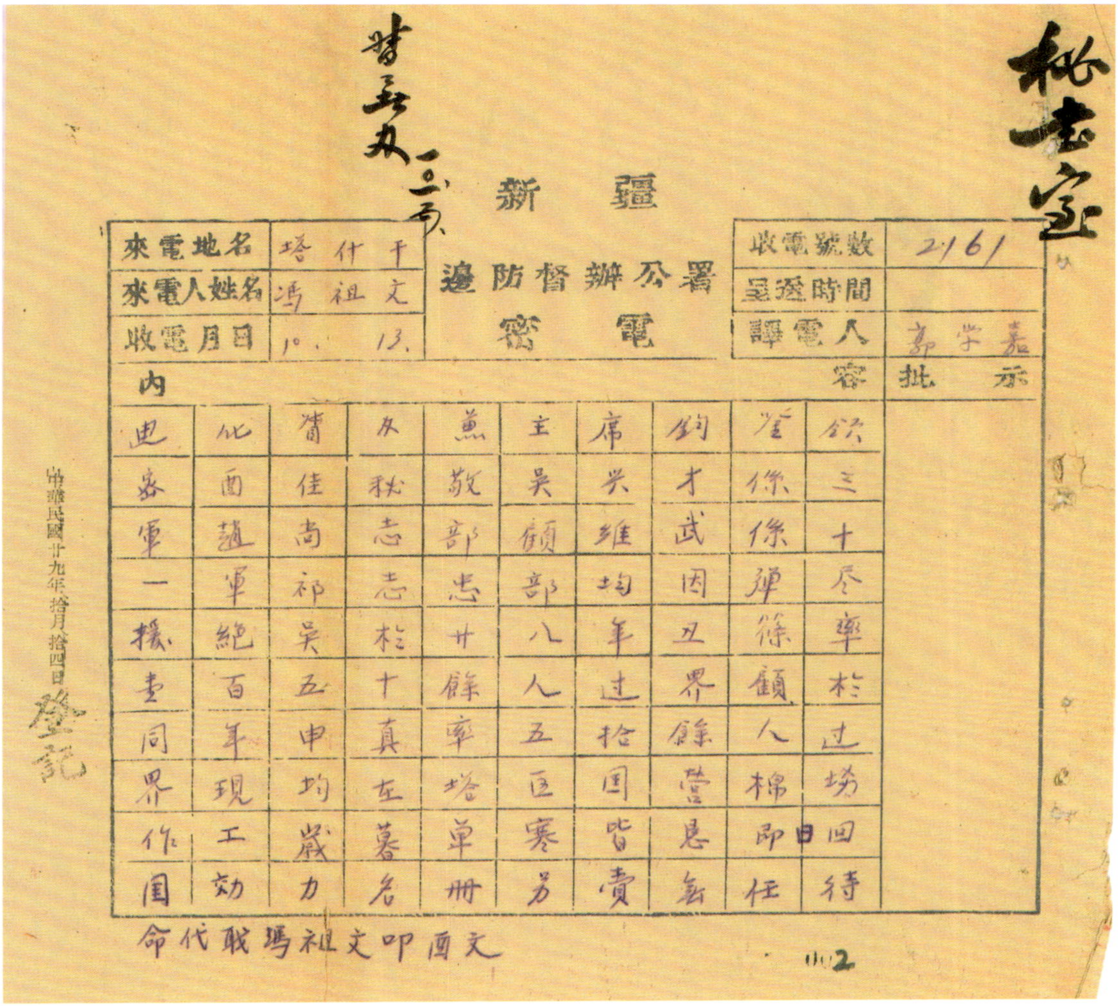

秘書室

新疆邊防督辦公署 密電

來電地名	塔什干	收電號數	2161
來電人姓名	馮祖文	呈送時間	
收電月日	10.13	譯電人	郭學嘉

內容

迪	化	督	辦	兼	主	席	鈞	鑒	欽
路	面	佳	秋	敬	吳	興	才	係	三
軍	趙	尚	志	部	顧	維	武	係	十
一	軍	祁	志	忠	部	均	因	彈	盡
擾	絕	吳	於	廿	八	年	五	條	率
晝	百	五	十	餘	人	過	界	顧	於
同	年	申	真	率	五	拾	餘	人	過
界	現	均	在	塔	區	國	營	棉	場
作	工	歲	暮	單	寒	皆	懇	即日	回
國	效	力	名	冊	另	賚	[illegible]	任	待

命代耿馮祖文叩酉文

批示

中華民國廿九年拾月拾四日 登記

新疆边防督办公署、省政府关于嘉奖东北抗日游击队员吴兴才等捐出公债券援助苏联红军事致塔什干总领事馆的代电及致省内外军政各机关的训令（一九四一年十月七日）

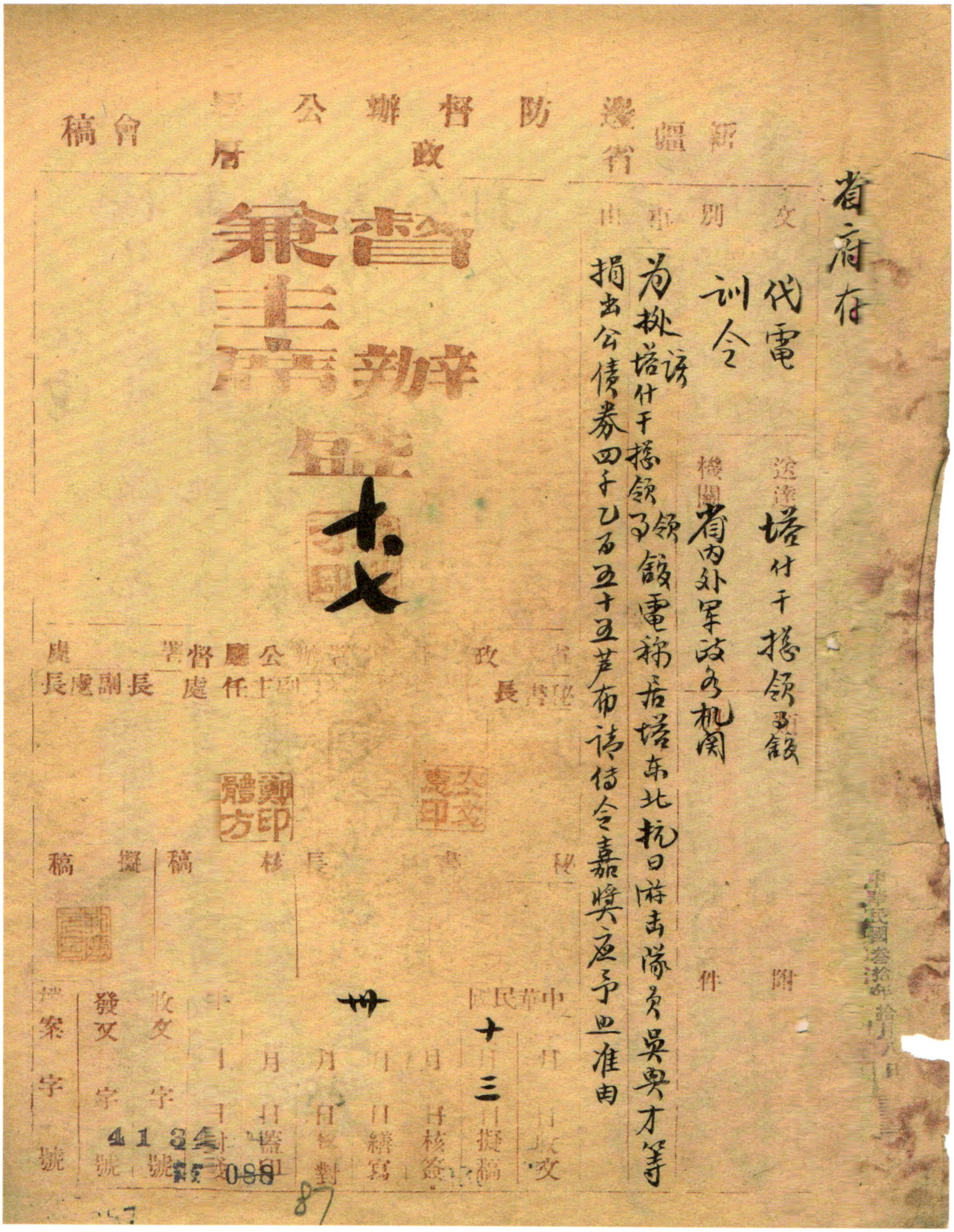
新疆邊防督辦公署
省政府會稿

省府存

文別：代電 訓令

送達機關：塔什干揚領事館 省内外军政各机關

事由：為據該塔什干揚領事館電称据塔东北抗日游击队员吴兴才等捐出公债券四千乙百五十五芦布请传令嘉奖应予照准由

督辦兼主席 發

中華民國三十年十月 十三

代電

塔什干總領事館鑒：九月一日代電悉。吾該塔抗日游擊隊員吳奐才、姚官海、劉春山等五拾人自動將公債券四千壹百伍拾伍盧布交出援助蘇聯紅軍，足徵深明大義，爲國爭光，殊堪嘉尚，應准傳令嘉獎，以示鼓勵。除分令外，仰即轉分知照，並特復。盛○○。酉　秘印

訓令

省內外軍政務機關

爲令行事。案據駐塔什干總領事館代電稱：吾留居塔什干云云，俯准施行等情。據此，吾留居塔什干抗日游擊隊員吳奐才、姚官海、劉春山等五拾人自動將公債券四

侍营马但给亚吉布亚出援功劳勝红军足徵深明大義
為國争光殊堪嘉尚應准傳令嘉奬以示鼓勵除電
复并分行外合行令仰該印侯知照并轉飭所屬
一体知照此令

民国叁拾年十月七日

新疆边防督办公署、省政府关于嘉奖东北抗日游击队员吴兴才等捐出公债券援助苏联红军事致省政府秘书处的通令（一九四一年十月九日）

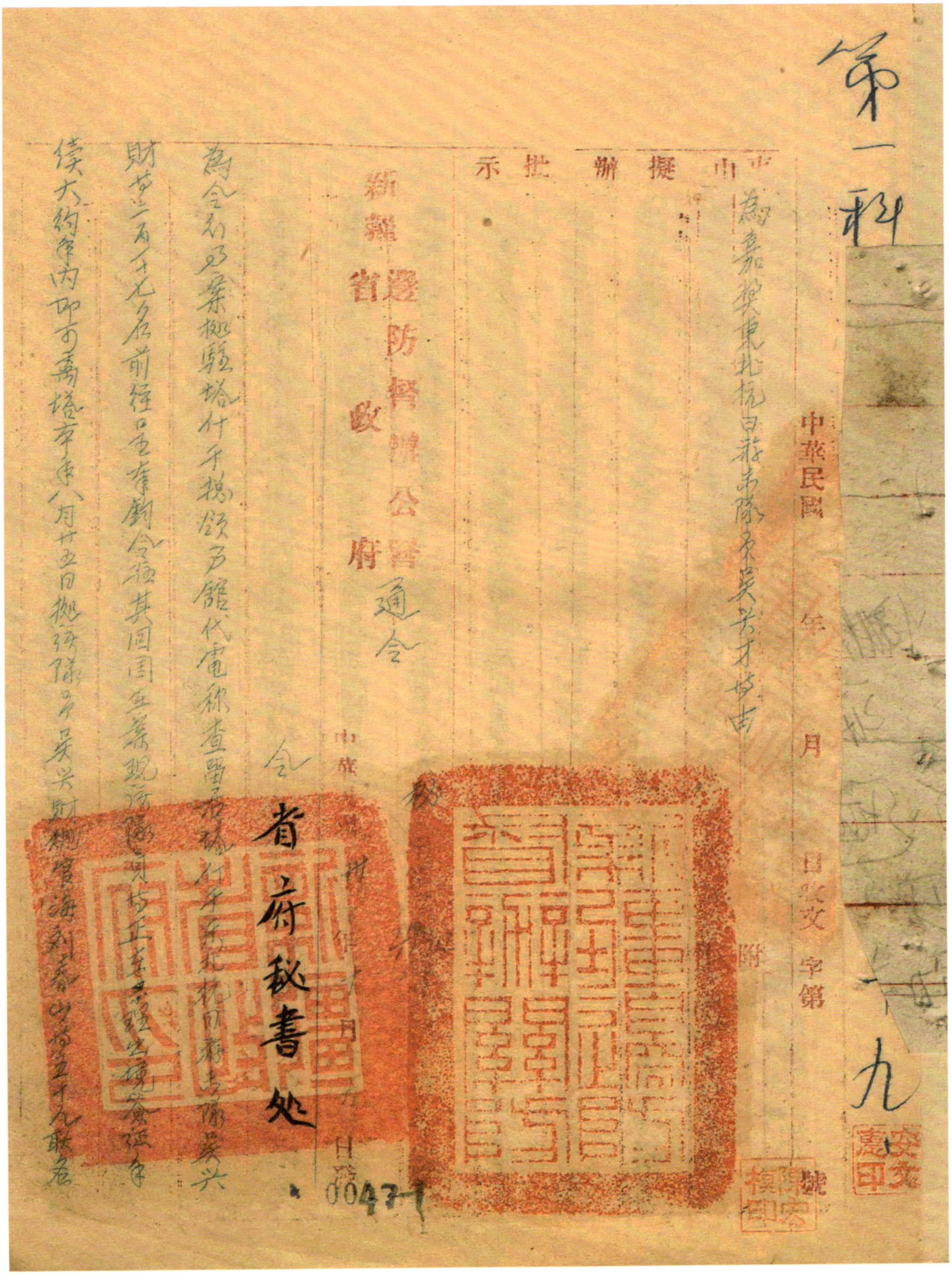
第一科
九
中華民國　年　月　日收文　字第　號
為嘉獎東北抗日游擊隊員吳興才等由
擬辦
批示
新疆邊防督辦公署
省政府
通令
省府秘書處
0047-1

呈称前因公同志在苏联作工每月应纳苏联公债券，多人均有，去年有一二百的，有

达八十元的，七七不一，公债券有发给的，有未发给的，故多人认为债券不符原意之

数。现因奉准回国，情愿将此券贡献出援助苏联红军战费，款项虽少，同情心殷。

今年认购的七年债券，现将该券号目开列于后，请求转付苏联，聊尽微意。

为此呈请鉴核，可否准许附交苏联五年计划公债券四千一百五十五卢布，均

情据此，当经我馆备文送请塔什干外交部，并将中国人民对友邦苏联保

卫正义抗战一致予援之深厚同情及对英勇红军之无限敬意，顺便再度表

达去后，旋于八月廿七日由苏外交部外交专员[illegible]科夫先生函致本馆内开：

本年八月廿六日第二六一号公函并附交公债，同侨民捐助苏联国防基金公债券

四千一百五十五卢布，均经收到，兹外交专员谨向英勇抵抗背信进攻苏联希特拉

[illegible]国[illegible]侨民[illegible]财[illegible]官海

47-2

刘春山以及其余多人俱能诚恳感觉吾族人民确信必得光荣胜利并断定此
类蟊性凶犯拙北克侵权残暴好战由此必将彻底扫除以免自由而争正
义故由此查反邪并联人民抗战以来全世界爱好和平反先进之士莫
不一致同情热烈赞助该吴兴财等所捐公债券款均系血汗之所得足见义勇
为争光国人实为并境侨民中难能可贵之举措虽云空前足为表率亟该
伍本侍令嘉奖以为国外侨胞实行现实民族政策之风范俾资表率意
转达该吴兴财等知照外，呈之处理合电请鉴核备查，复行特饬
此查尚有塔什干抗日将士陈吴兴财姚官海刘春山等五拾人自动将公债券四份而
五十五户而今出援助并附征军民救济照大义为国争光殊堪嘉尚应准传令
嘉奖以示鼓励俾电复并即行外合行令仰该处即便知照并转饬知照此令

督办 盛世才

0048

行政院关于优待东北籍抗敌出征军人家属事致新疆省政府的训令（一九四一年十月二十四日）

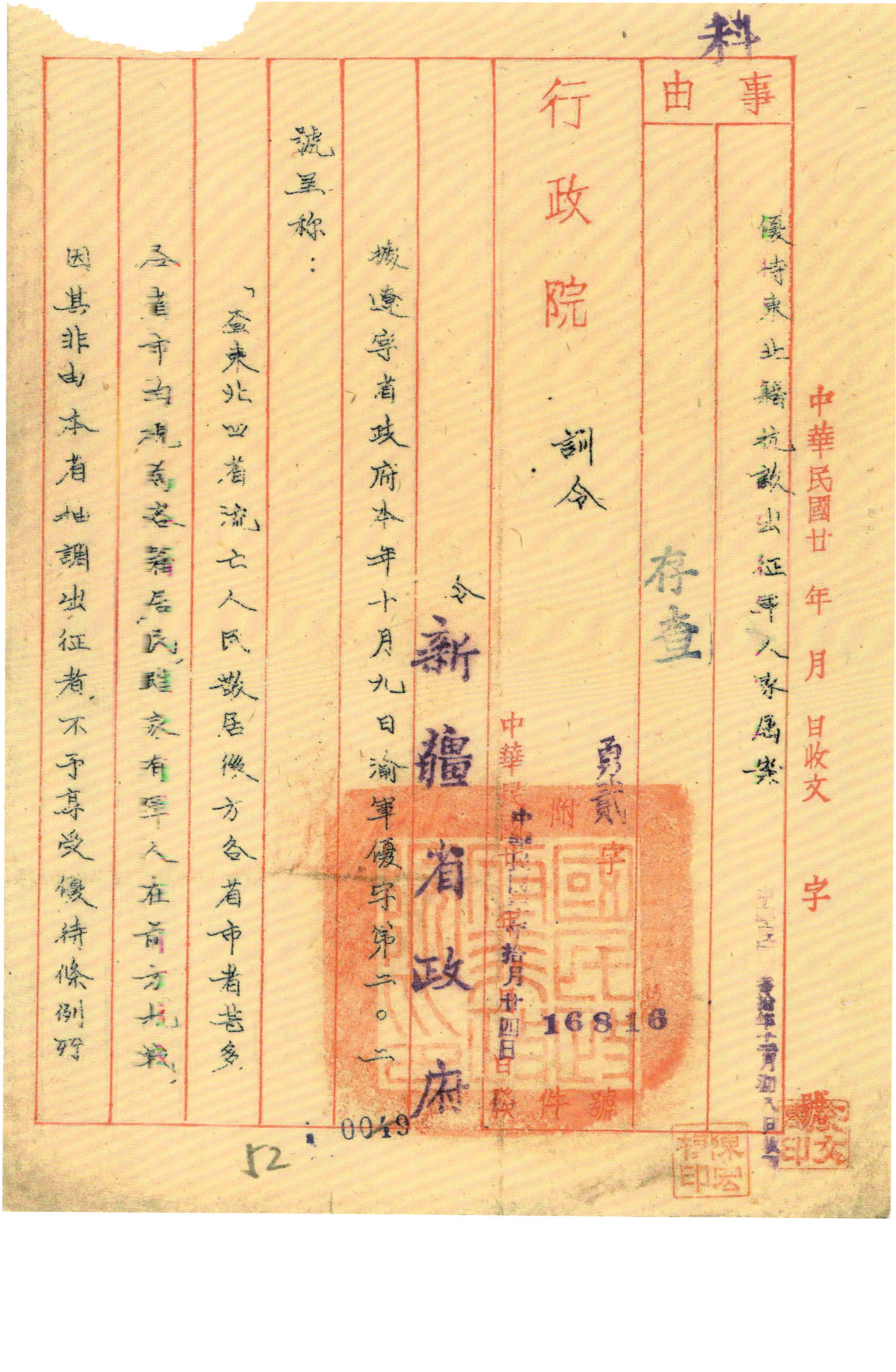

事由：優待東北籍抗敵出征軍人家屬案

中華民國廿　年　月　日收文　字

行政院　訓令　勇貳字　號

附件

中華民國三十年拾月廿四日發

令新疆省政府

據邊字省政府本年十月九日渝軍優字第二〇二號呈稱：

「查東北四省流亡人民散居後方各省市者甚多，各省市均有為客籍居民，雖家有軍人在前方抗戰，因其非由本省地調出征者，不予享受優待條例所

存查

16816

規定之各種優待。竊思東北籍軍人轉戰最久，而家
屬之遷居內地者，復感受流亡之苦，其間因作戰陣
亡或受重傷致疾成殘之軍人家屬亦所在多有，其
生活困難，殊堪矜恤。衡情度理，似應比之各該省籍
軍人征屬待遇更加優異，方足矜式，今反以寄居關
係，不得享受同一待遇，實無以慰哀遺而勵來茲。東
北四省府處境特殊，經費有限，對於一般難民尚救
助不遑，更無力自行設法優待抗屬，擬懇鈞院准予
令飭各省對於寄居之東北籍抗敵軍人家屬，遵照
優待條例一律予以調查調查優待，其確係抗屬而

0070

53

監印
校對

新疆边防督办兼省政府主席盛世才关于准予核发省会公安局一九四一年十一月份义勇军眷属给养事致省财政厅等的代电（一九四一年十二月六日）

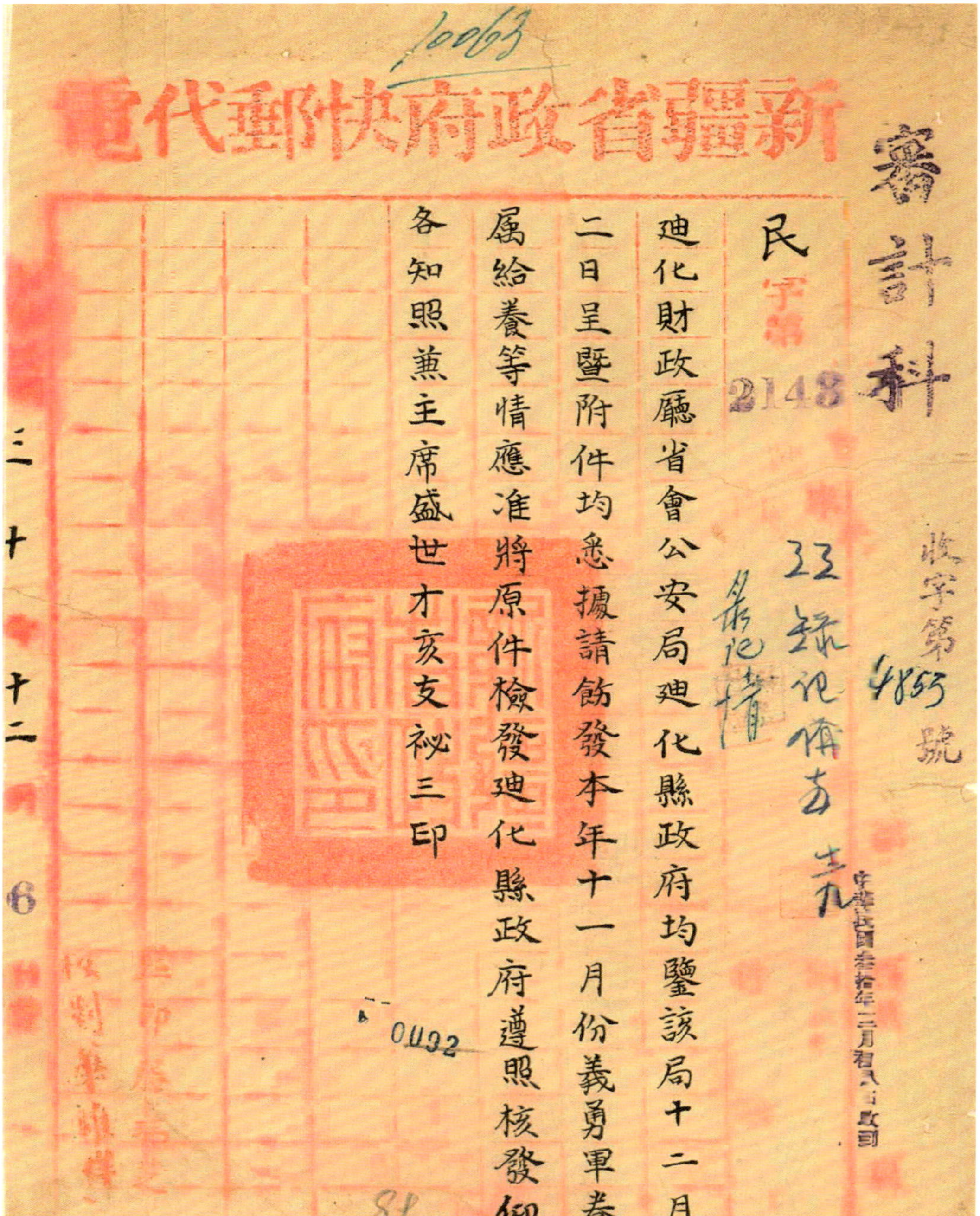
新疆省政府快郵代電

民字第2148

迪化財政廳省會公安局迪化縣政府均鑒該局十二月二日呈暨附件均悉據請飭發本年十一月份義勇軍眷屬給養等情應准將原件檢發迪化縣政府遵照核發仰各知照兼主席盛世才亥支祕三印

三十年十二月6日

審計科

收字第4853號

新疆边防督办兼省政府主席盛世才关于准予核发省会公安局一九四一年十二月份义勇军眷属给养事致省财政厅等的代电（一九四一年十二月三十日）

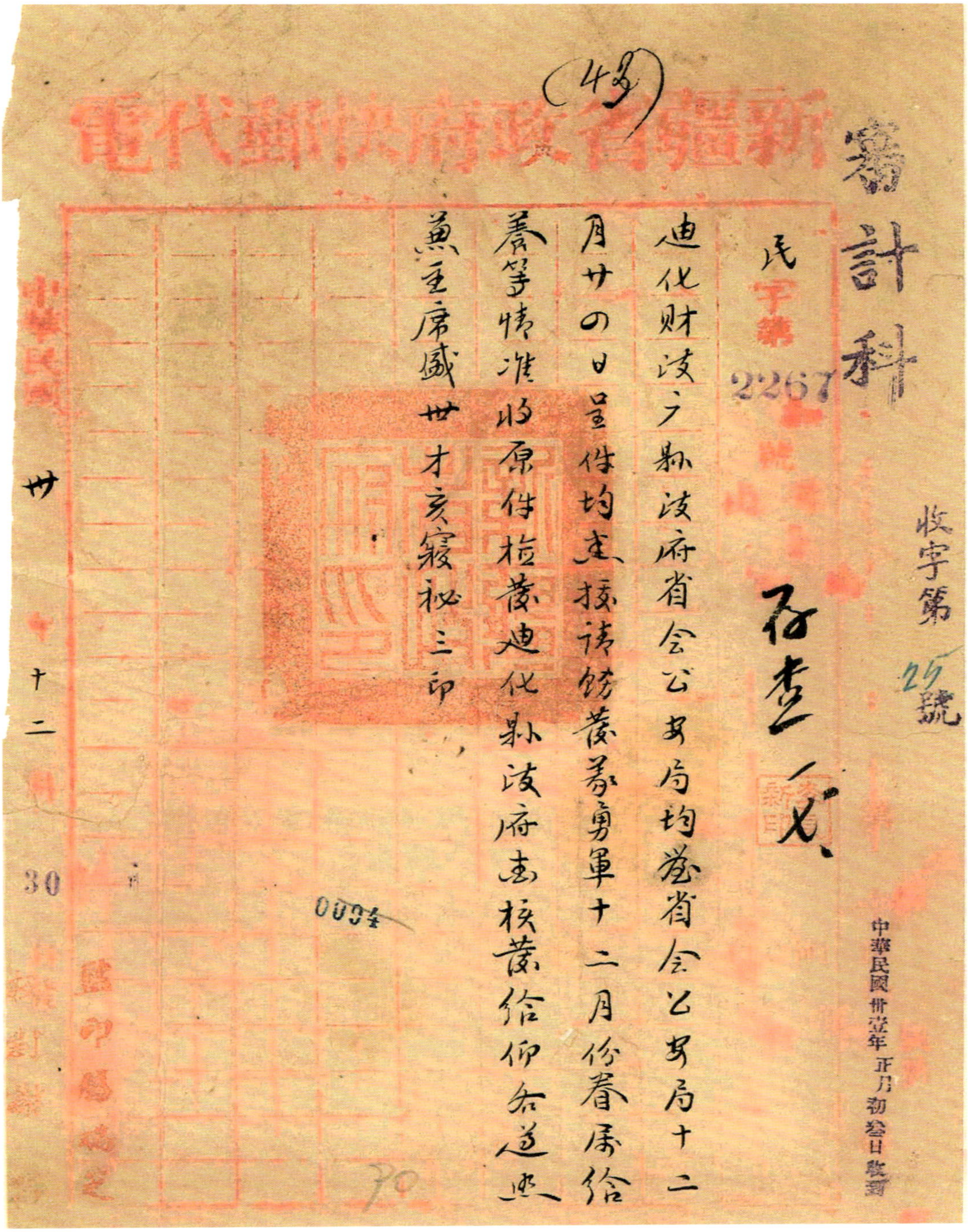

新疆省政府快郵代電

會計科

收字第25號

民字第2267

迪化財政廳、迪化縣政府、省會公安局均鑒：省會公安局十二月廿四日呈件均悉。據請發義勇軍十二月份眷屬給養等情，准將原件抄發迪化縣政府查核發給，仰各遵照。

兼主席盛世才亥寢秘三印

存查 文

中華民國卅壹年正月初叁日發

新疆边防督办兼省政府主席盛世才关于准予核发省会公安局一九四二年一月份义勇军眷属给养事致省财政厅等的代电（一九四二年二月十一日）

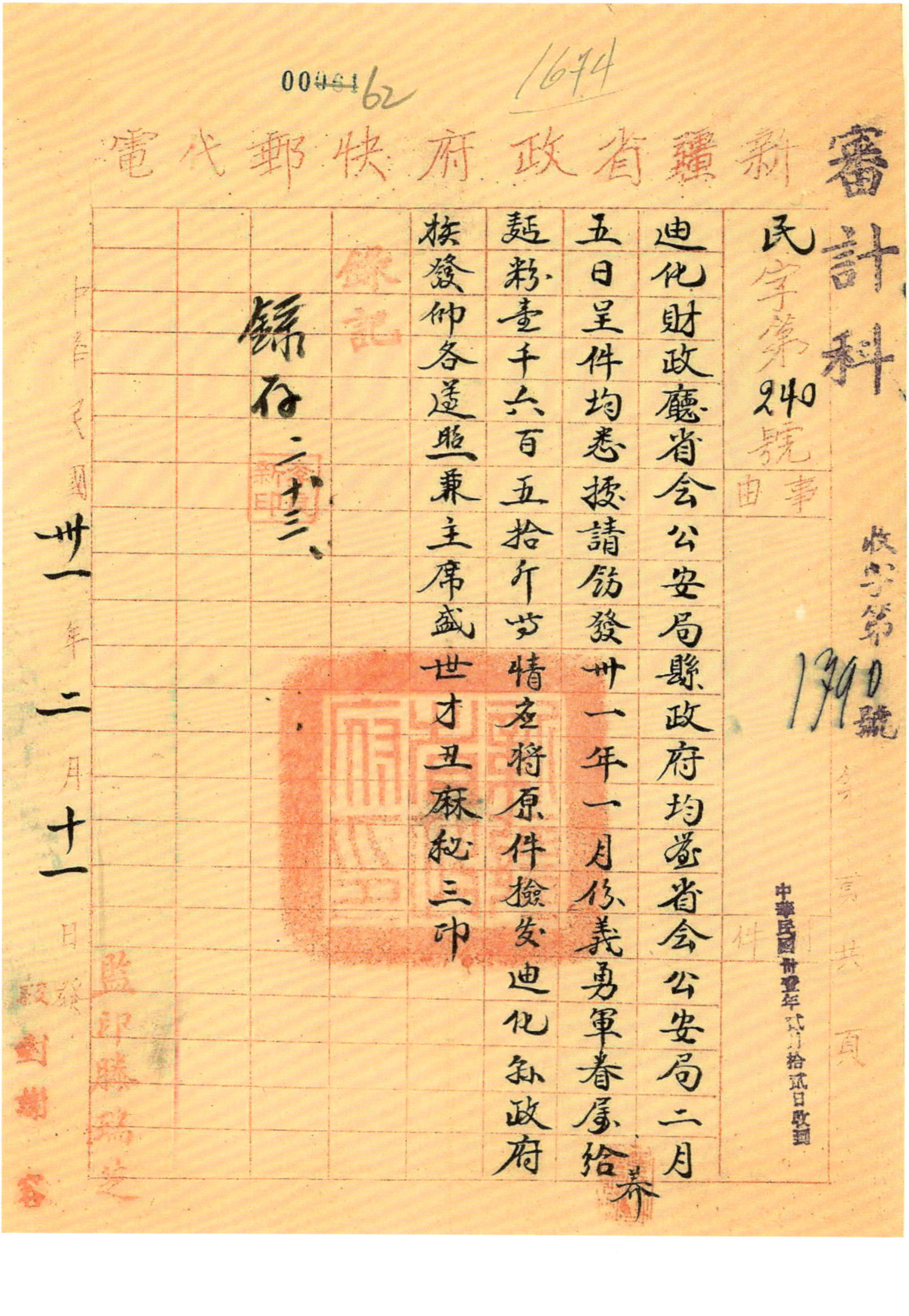

新疆边防督办兼省政府主席盛世才关于准予核发省会公安局一九四二年三月份义勇军眷属给养面粉事致省财政厅等的代电（一九四二年四月十六日）

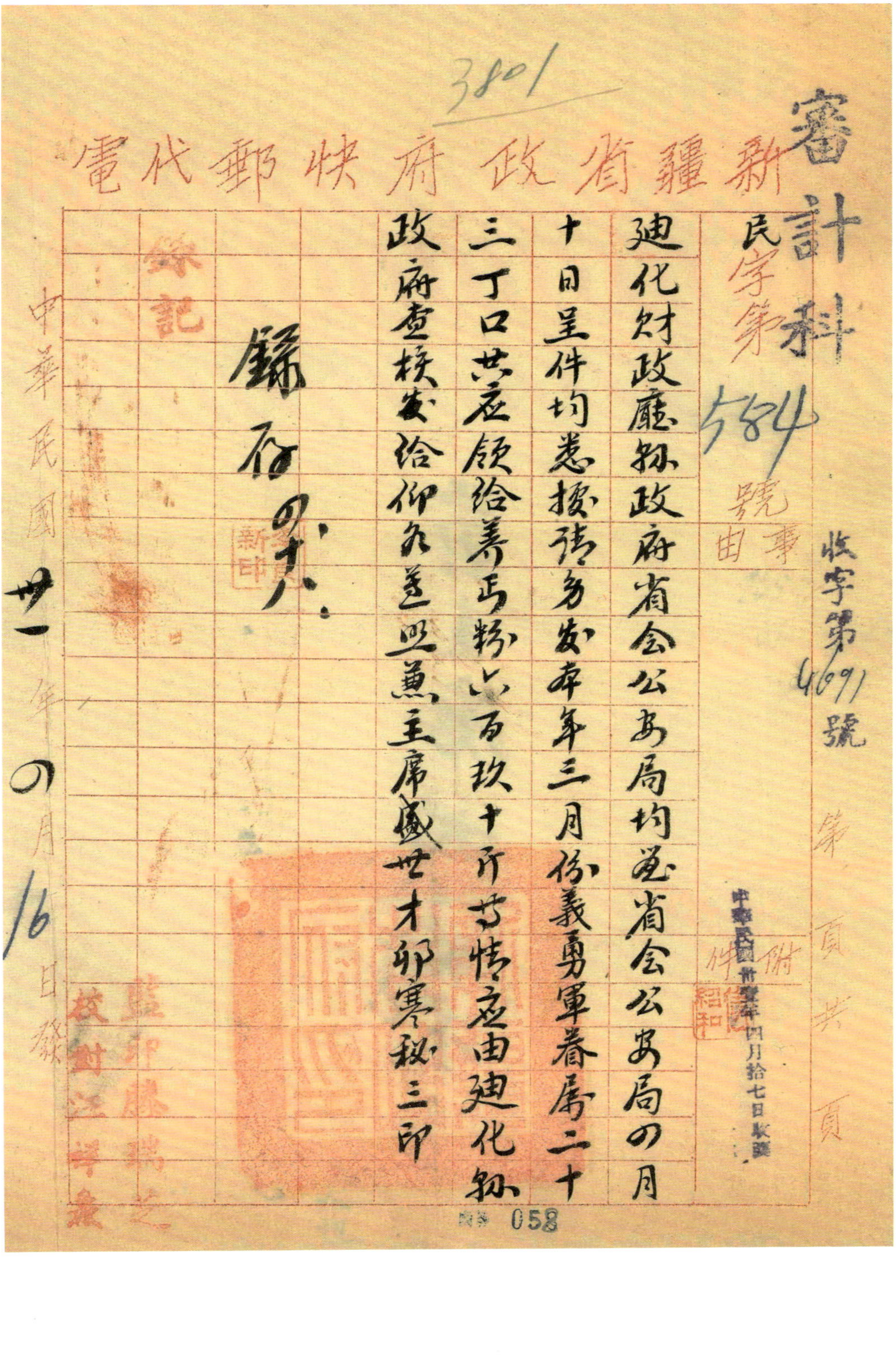
3801
新疆省政府快郵代電
審計科
民字第5584號
事由
收字第4691號 第 頁 共 頁
附件
中華民國卅一年四月拾七日收
迪化財政廳、市政府、省会公安局均鑒：省会公安局四月十日呈件均悉。據請分發本年三月份義勇軍眷屬二十三丁口共應領給養面粉六百玖十斤等情，應由迪化市政府查核發給，仰即遵照。兼主席盛世才卯寒秘三印
錄存 四月十八
新印
發記
中華民國卅一年四月16日發
監印 康瑞之
校對 江得泉
No 058

孟庆泰关于请交涉被苏联扣留东北民众抗日军李长泰等返国事致外交部驻新疆特派员吴泽湘的呈
（一九四三年六月二十七日）

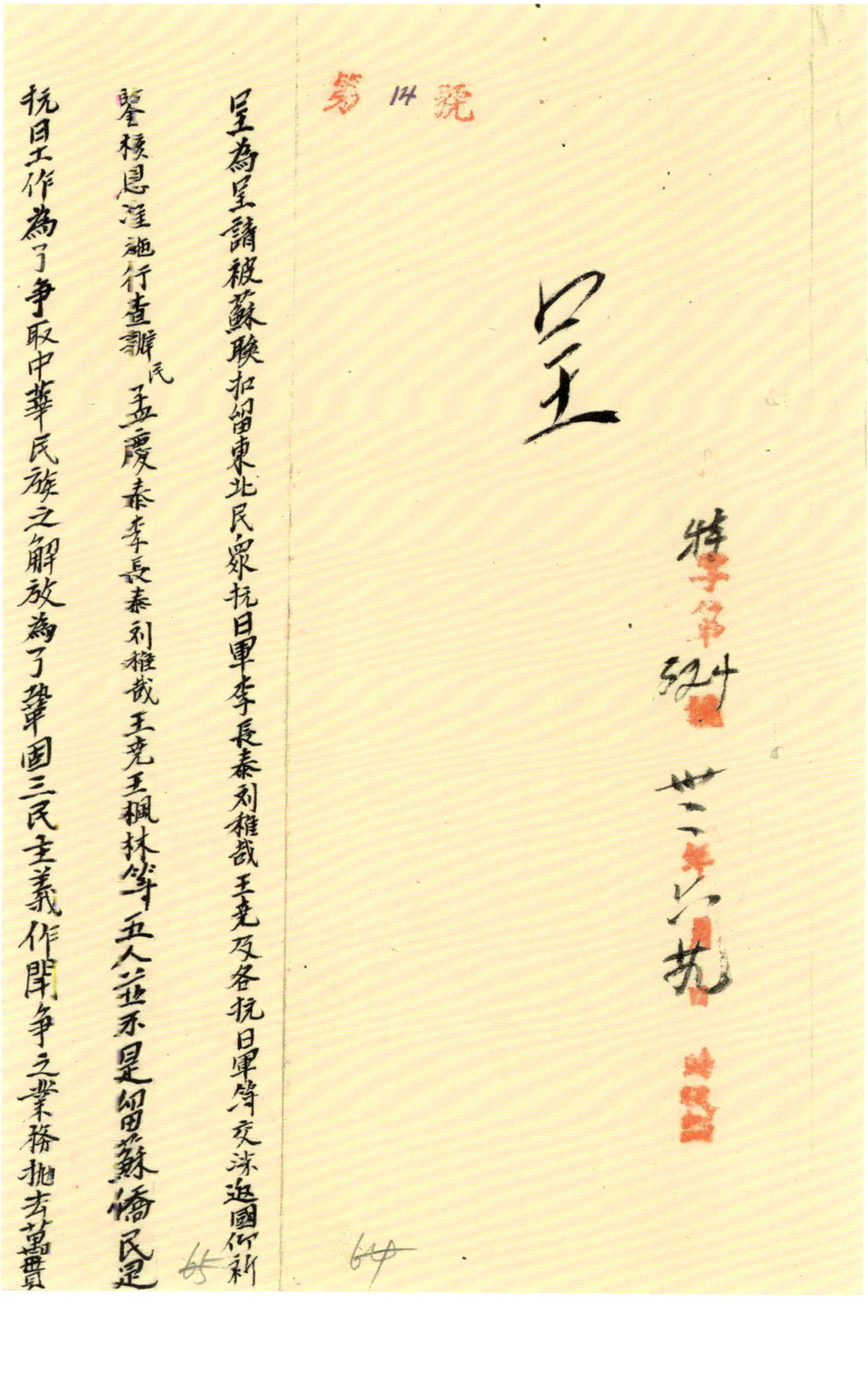
第14號

呈

呈為呈請被蘇聯扣留東北民衆抗日軍李長泰刘稚哉王克及各抗日軍等交涉返國仰祈
鑒核恩准施行查謝民 孟慶泰李長泰刘稚哉王克王楓林等五人並不是留蘇僑民是
抗日工作為了爭取中華民族之解放為了革國三民主義作鬥爭之業務抛去萬貫

家屋父母歌弟妻子離散本身情願作炮火之灰烟屢次想法抗抵萬惡之日本落得東走西奔求救受些困難不料想奔新疆經过蘇聯被扣留人類所受不了困難受到了無處可言

第一期跟自衛軍李杜總司令抗日一年工作該司令回中央政府

第二期跟陳東山司令抗日壹年半工作該司令勢力孤弱過境来新疆病故

第三期于民國二十三年在吉林省依蘭縣組成十三縣民衆抗日軍六仟二百名舊曆正月二十日正式舉行民衆抗日共推謝文東為首領本月二十三日在依蘭三區土龍

山於日本少將浩塚司令接戰當場擊斃浩塚及大小軍官士兵一百八十餘名抗戰三個月經过
戰役四十餘起擊下日機二十三架彈葯缺乏無法可想民 同抗日軍同志李長春求救上中央政
府到上海英租界門牌2649號將李杜將軍請出同赴南京蘆曆五月十七日面見
蔣委員長同有軍委會朱主任培德氏在座討論暫救東北三仟萬民衆之急
委員長之曰不耐等時机全國動員收復失地回到東北去進量收聯民衆抗日軍抵抗一日
民衆得一日之生存民 同李長春到東北去召開吉黑兩省東半部沿江一帶二十餘縣
抗日軍大會組成抗日軍五萬餘名又抗戰三個月彈葯缺乏無法可維又開會
研究辦法派民 同李長春刘稚武王克王楓林等受民衆委託求救赴新疆搬請在
東北抗日自衛軍首領陳[illegible]全同[illegible]領導民衆抗日[illegible]總司令[illegible]民 [illegible]
曆八月二十日由吉林省密山縣龍王廟子过境經蘇聯边防司令顧斯泥托夫辦理手續上新

重过界後想不到將吾们五人同早有过界之抗日軍四百多名同運送葛斯南洋省那把斡縣橋安果拉克煤窑下窑作工每天發給黑色面包八百葛拉母提前就有二部份抗日軍從起春團長王团長二部份有四百多名從团長應為交涉返國被害次後又有老趙先生仍然被捕民不敢向蘇政府交涉回國私跑奔新西伯利細省中國總領事館向領事李芳交涉此批抗日軍理應回國民在使館住二十七天領事七日不対義勇軍之事暫時高亭辦交涉失效民向領事借蘇洋一百五拾元同王佩林私走奔中國边卡塔城于二十四年九月到迪民在蘇聯調查各地抗日軍有已處不拉果呂斯克新西伯利細省城葛期南洋省城這已處共有四仟多名不見未迪抗日軍在蘇聯生活情形下煤窑每晝夜十六小時工作每班八小時一班拾六個人每班得做出一百鉄車煤若是做不出来一百鉄車煤黑色面包馬上簡去二百葛拉母对服装

蘇代布亦用説拉錢衣喰困难萬份对政治方面不敢仰自由每天受的情況
比牛馬低落以上訴呈各節並無虛偽等情理合具文恳請
鈞座恩思各外恠恤李長泰刘程敢王亮友各抗日軍在東北抗
日受痛苦艱难数年為了争取中華民族解放拋離家鄉謹呈
鈞座恩准查辦是為公德兩便敬呈
中央外交部任新疆特派員吳

批 飭填具事項表呈候核奪 六、十九

可 六廿九

23

66

具呈人孟庆泰 孟庆泰印

民国二十二年六月二十七日

新疆工程委员会与新疆省政府关于核销工程委员会一九四〇年监修义勇军招待处修理费事的来往文书（一九四三年九月至十月）

新疆工程委员会致省政府的呈（一九四三年九月二十九日）

第一呈

事由：為呈請核銷義勇軍招待處修理費工料洋由

附件：粘存簿一本　附屬表一份

新疆工程委員會呈文

中華民國三十二年九月二十九日發　字第二一六七號

為呈請核銷義勇軍招待處修理費仰祈鑒核飭銷事。案查職會於二十九年監修義勇軍招待處共需工料洋壹千陸百貳拾貳元叁角。茲因職會結束在屆，理合具文檢據呈請

鑒核飭銷施行謹呈

兼主席盛

附呈單據簿一本 表一份

工委會報銷委員會委員長孟昭信

122

新疆省政府致工程委员会的指令及致省财政厅的训令（一九四三年十月九日）

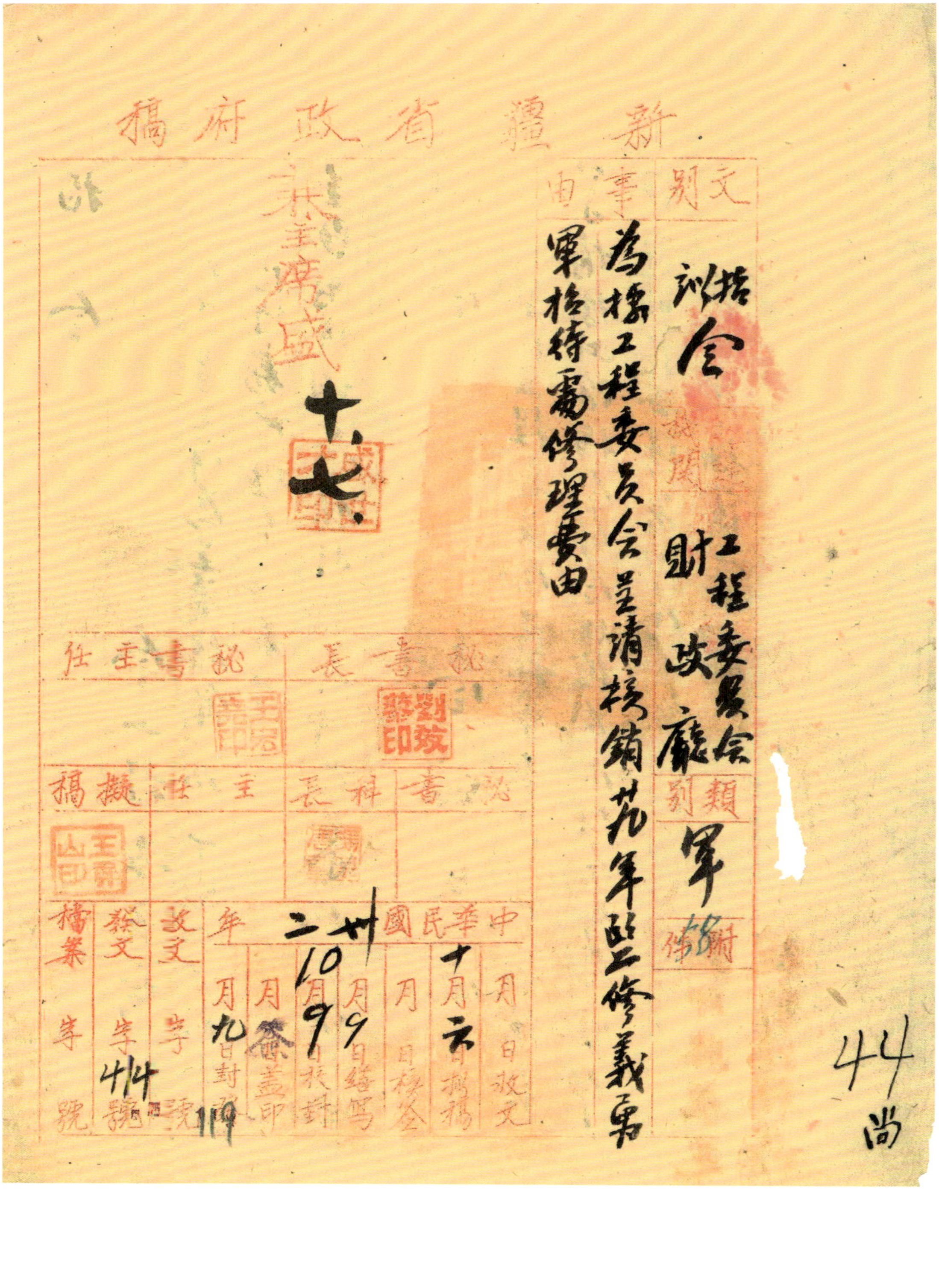
新疆省政府稿
文别：指令 训令
受文者：工程委员会 财政厅
类别：军
事由：為據工程委員會呈請核銷花年臣工修義勇軍格待霧修理費由
主席 盛
十七
秘书长
秘书主任
拟稿
中华民国三十二年
十月六日拟稿
月 日核签
10月9日缮写
月9日校封
月 日盖印
月九日封发
发文 414 号
119
44
尚

指令

令工程委員會

九月廿日呈件爲呈請核銷廿九年監修義勇軍
招待所修理費用簿表由

呈暨附件均悉。應候將原件抄發財政廳核辦。送
案。此令

訓令財政廳

案據工程委員會呈稱：案查云云。謹將附簿表
等情。據此，除指令外，合行抄發原件，令仰該廳即
便遵照核辦。送案。此令

附發單據簿一本，表一份

120

監印　滕瑞芝
校對　汪輝

新疆省财政厅核销工程委员会监修义勇军招待处修理费通知书存根（一九四三年十一月二十七日）

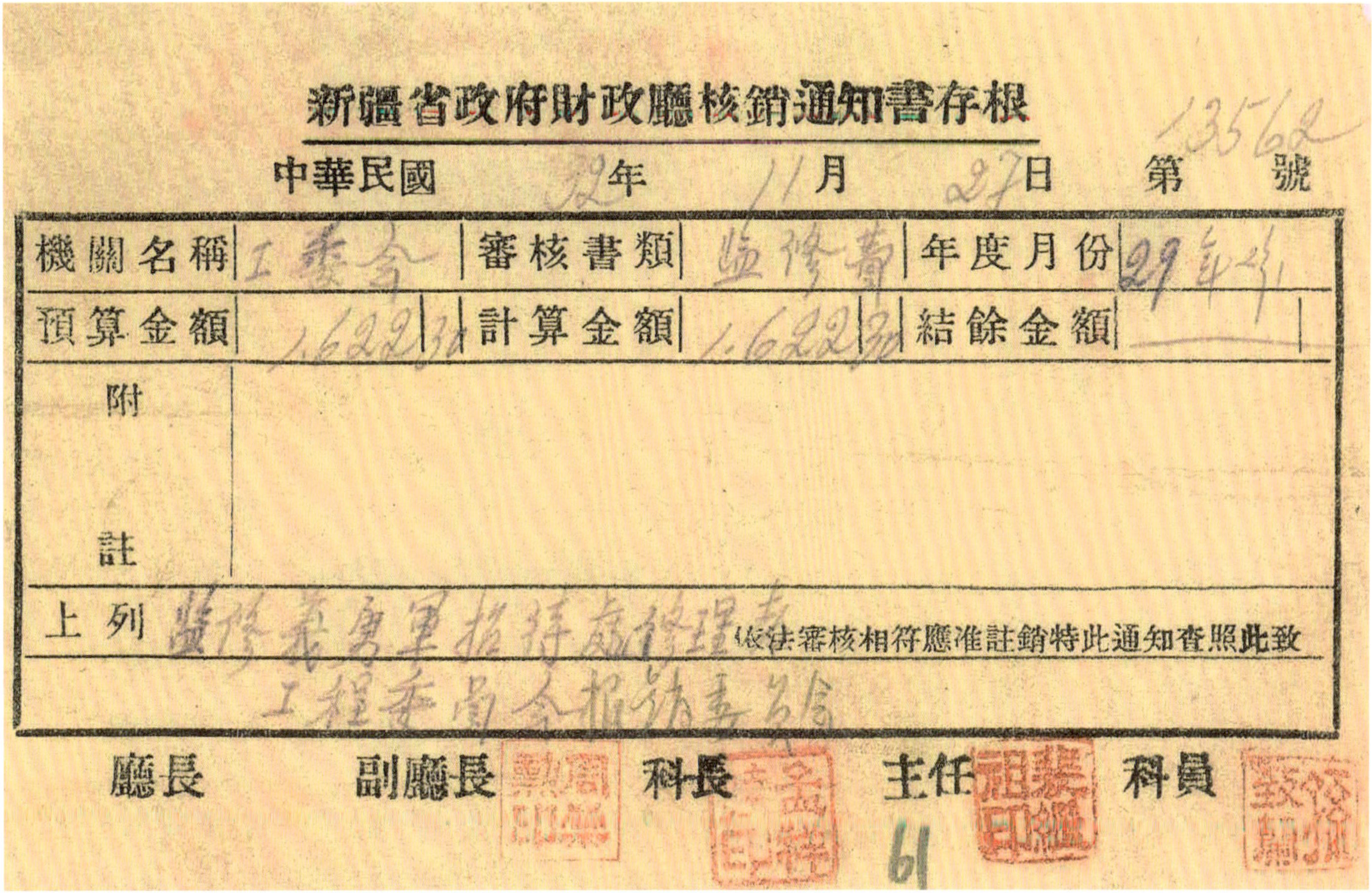

新疆省政府財政廳核銷通知書存根

中華民國 32 年 11 月 27 日　第 13562 號

機關名稱	工委會	審核書類	監修費	年度月份	29年4月
預算金額	1,622.30	計算金額	1,622.30	結餘金額	
附註					

上列 監修義勇軍招待處修理費 依法審核相符應准註銷特此通知查照此致

工程委員會報銷表冊

廳長　副廳長　科長　主任　科員

61

新疆省社会处与新疆省政府关于设法资送东北抗日军遗新孤孀眷属事的来往文书（一九四五年九月至十月）

新疆省社会处致省政府的签呈（一九四五年九月十四日）

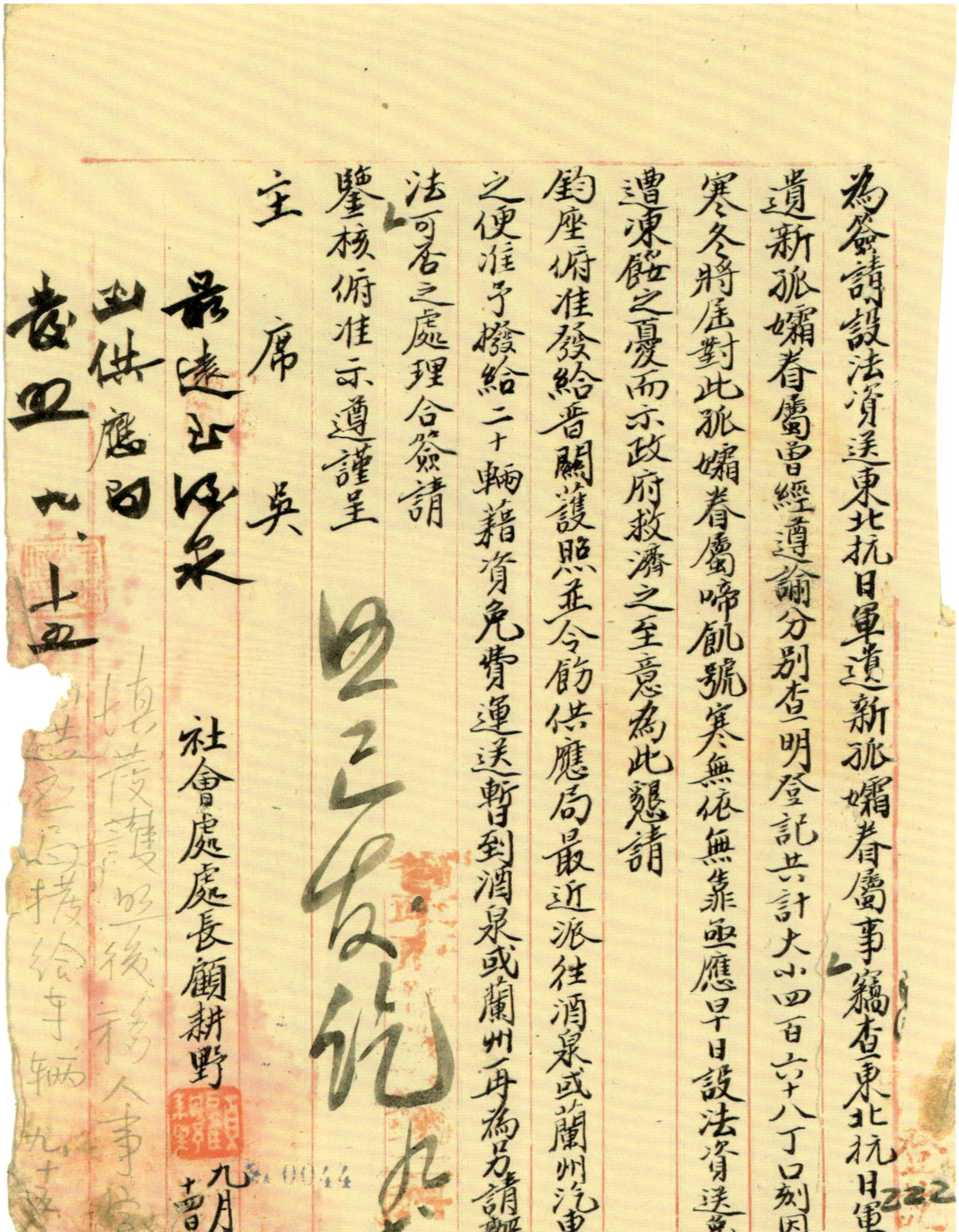
為簽請設法資送東北抗日軍遺新孤孀眷屬事竊查東北抗日軍遺新孤孀眷屬曾經遵諭分別查明登記共計大小四百六十八丁口刻因寒冬將屆對此孤孀眷屬啼飢號寒無依無靠亟應早日設法資送免遭凍餒之憂而示政府救濟之至意為此懇請
鈞座俯准發給晉關護照並令飭供應局最近派往酒泉或蘭州汽車之便准予撥給二十輛藉資免費運送暫到酒泉或蘭州再為另請辦法可否之處理合簽請
鑒核俯准示遵謹呈
主席吳

社會處處長顧耕野
九月十四日

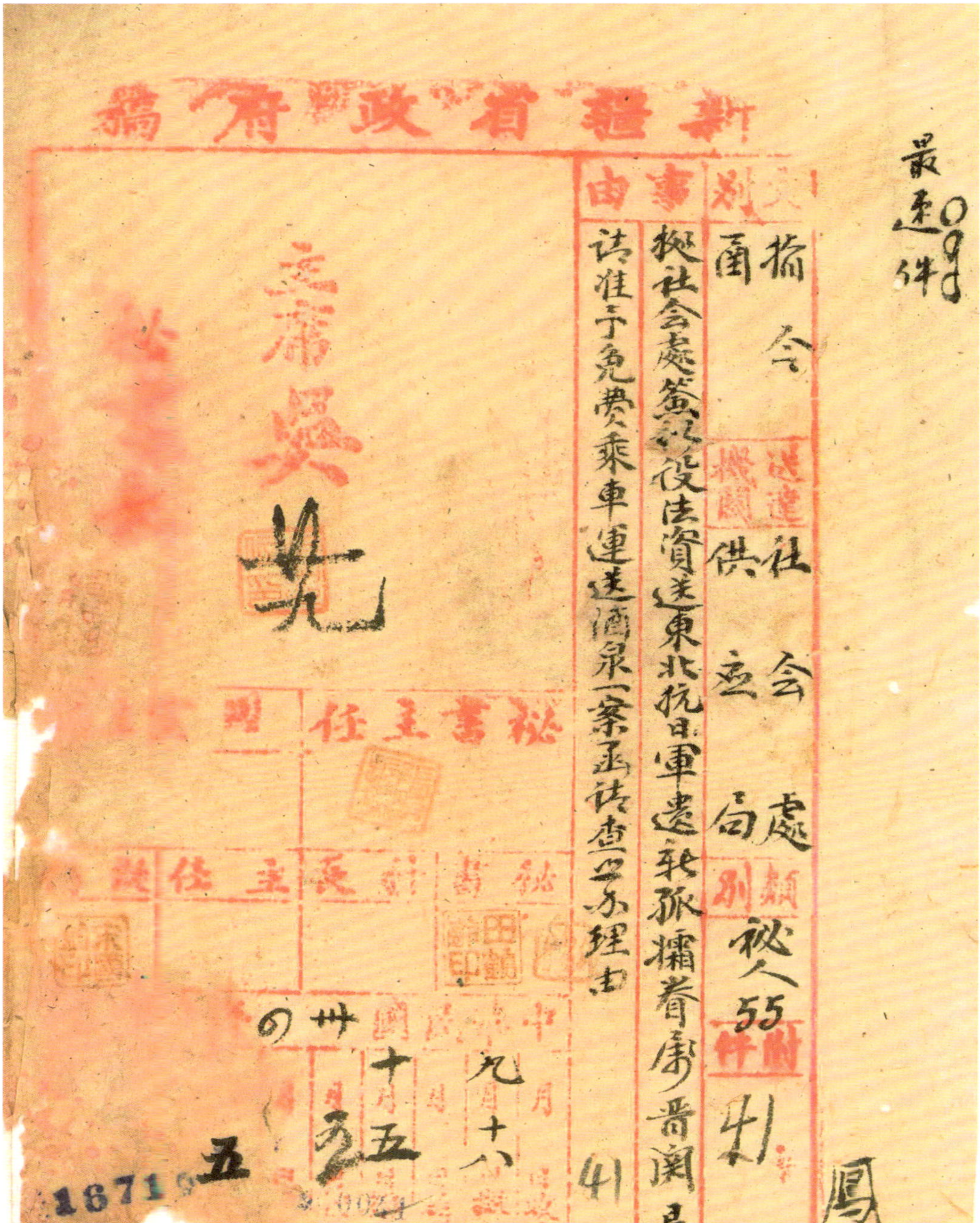

新疆省政府稿

最速件

文别：指令　函

送達機關：社会處　供應局

類別：秘人55

事由：擬社会處簽請役法資送東北抗日軍遺族孤孀眷屬晋閩恳請准予免費乘車運送酒泉一案函請查照办理由

新疆省政府致省社会处的指令及致供应局的函（一九四五年十月五日）

指令

令社会处

九月十四日为签请设法资送东北抗日军遗族孀眷等共计大小四百六十八口恳请发给晋关护照并准免费乘车运送至酒泉或兰州转示遵由

签呈悉。所请均予照准，除函供应局拨给汽车二十辆运至酒泉外，仰即知照。此令。

函

据社会处签称：窃查云云再为另请设法转示遵等情。据此，除指令所请均予照准，除函供应局拨给汽车贰拾辆运至酒泉等语即发外，相应函请

查照办理并希見復為荷此致

洪[illegible]　局

43

新疆全省保安司令部军官大队与新疆省会警察局关于协助收编东北失业军人事的函、训令（一九四五年九月）

新疆全省保安司令部军官大队致新疆省会警察局的函（一九四五年九月十六日）

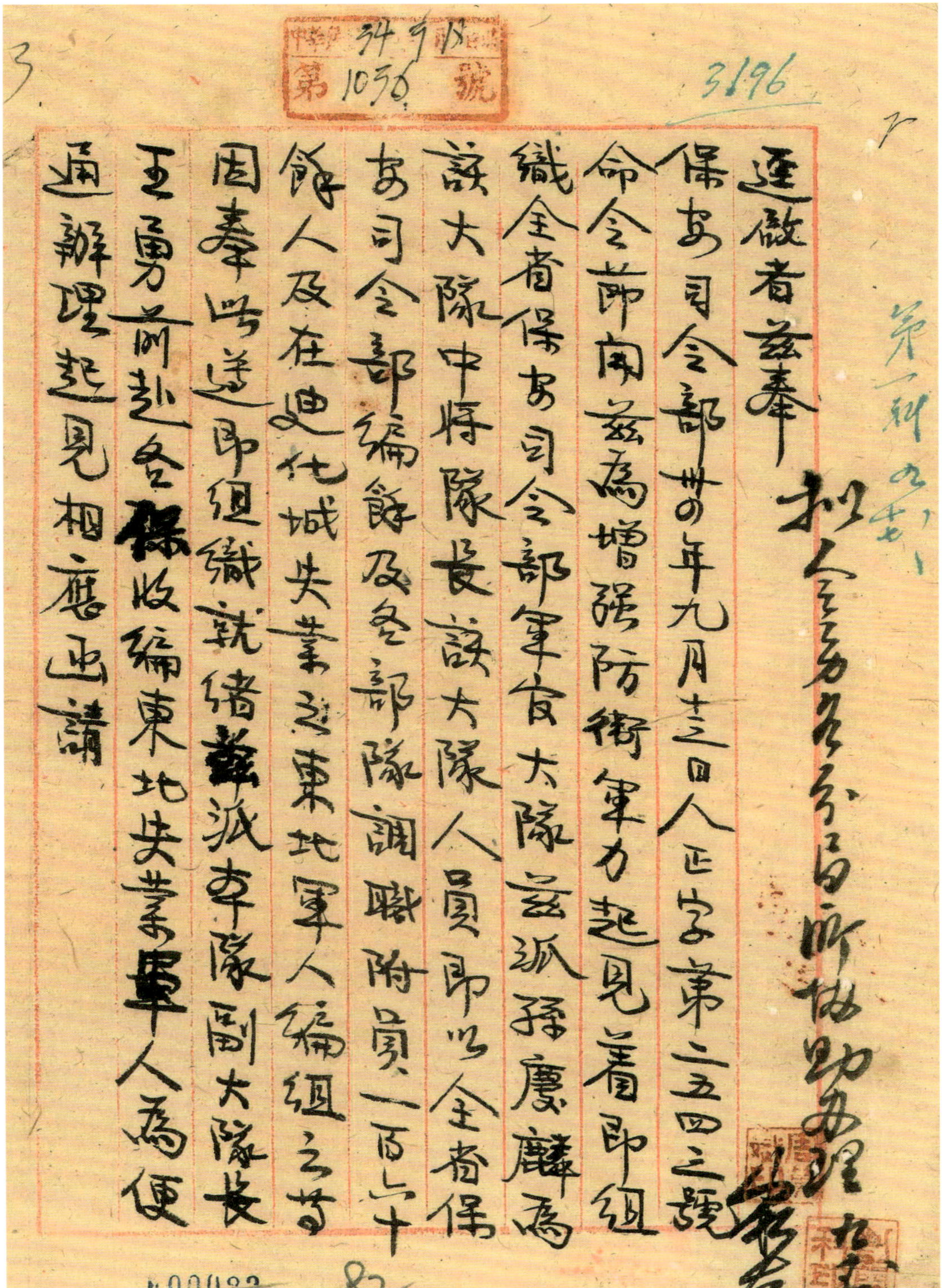

逕啟者茲奉
保安司令部卅四年九月廿三日人正字第二五四三號
命令節開茲為增強防衛軍力起見着即組
織全省保安司令部軍官大隊茲派孫慶麟為
該大隊中將隊長該大隊人員即以全省保
安司令部編餘及各部隊調聯附員一百六十
餘人及在迪化城失業之東北軍人編組之等
因奉此遵即組織就緒茲派李隊副大隊長
王勇前赴各縣收編東北失業軍人為便
通辦理起見相應函請

23

如擬 九、十八

貴局通飭各[redacted]局所協助辦理爲荷

此致

省會警察局

新疆全省保安司令部軍官大隊

大隊長孫慶麟

卅六年九月十六日

00083

83

新疆省会警察局致该局各分局的训令（一九四五年九月二十一日）

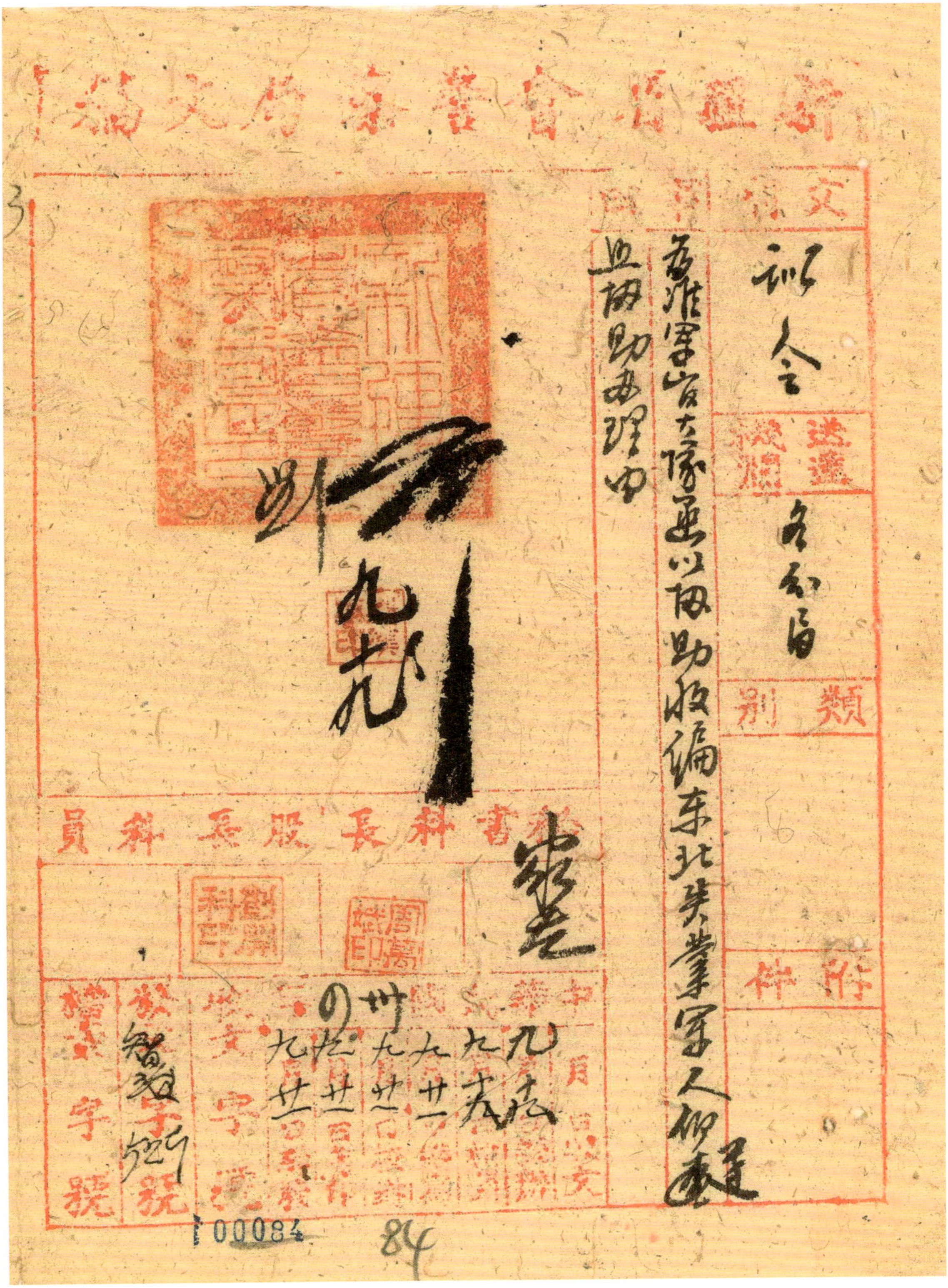
新疆省会警察局公文稿

文别	训令
送达机关	各分局
类别	
附件	

案准军官大队函以协助收编东北失业军人

秘书 科长 股长 科员

訓令

令長分館

案准

臺灣全省保安司令部軍法大隊函開：

「逕啟者……等由」

等由，准此，除分行外，合行令仰該館即便遵照

並協助辦理

此令

部長劉

85

东北救济分会造具东北抗日军遗新眷属疏散表（一九四五年十月二十日）

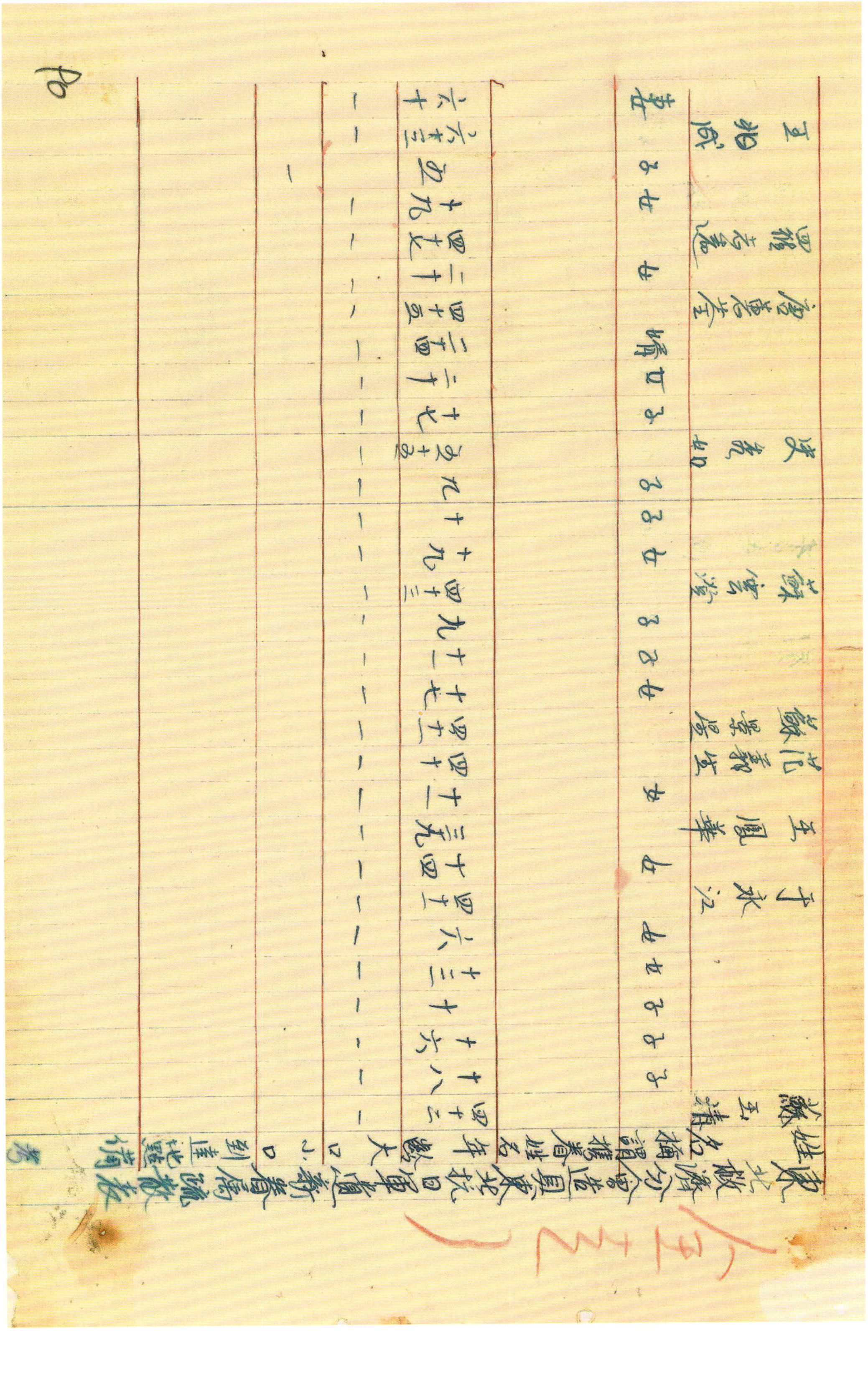

張淑賢　王鳳華　李春圃　劉玉符　焦英　律文範　謝樹貞

女婿　父　女　女　女　女　女　女　子　女　女　子　女　母　妻　妹　妻　子　子　女　母　嫂　女

劉毅父

二十六　三十二　五十七　四十三　六十五　十二　八　四十五　十九　十六　十四　十　六　三十八　八　五　三十二　九　七　二十二　三十九　二十　十　四十二　三十七　十　八　二　三十九　五十二　三十七　十

P1

000000

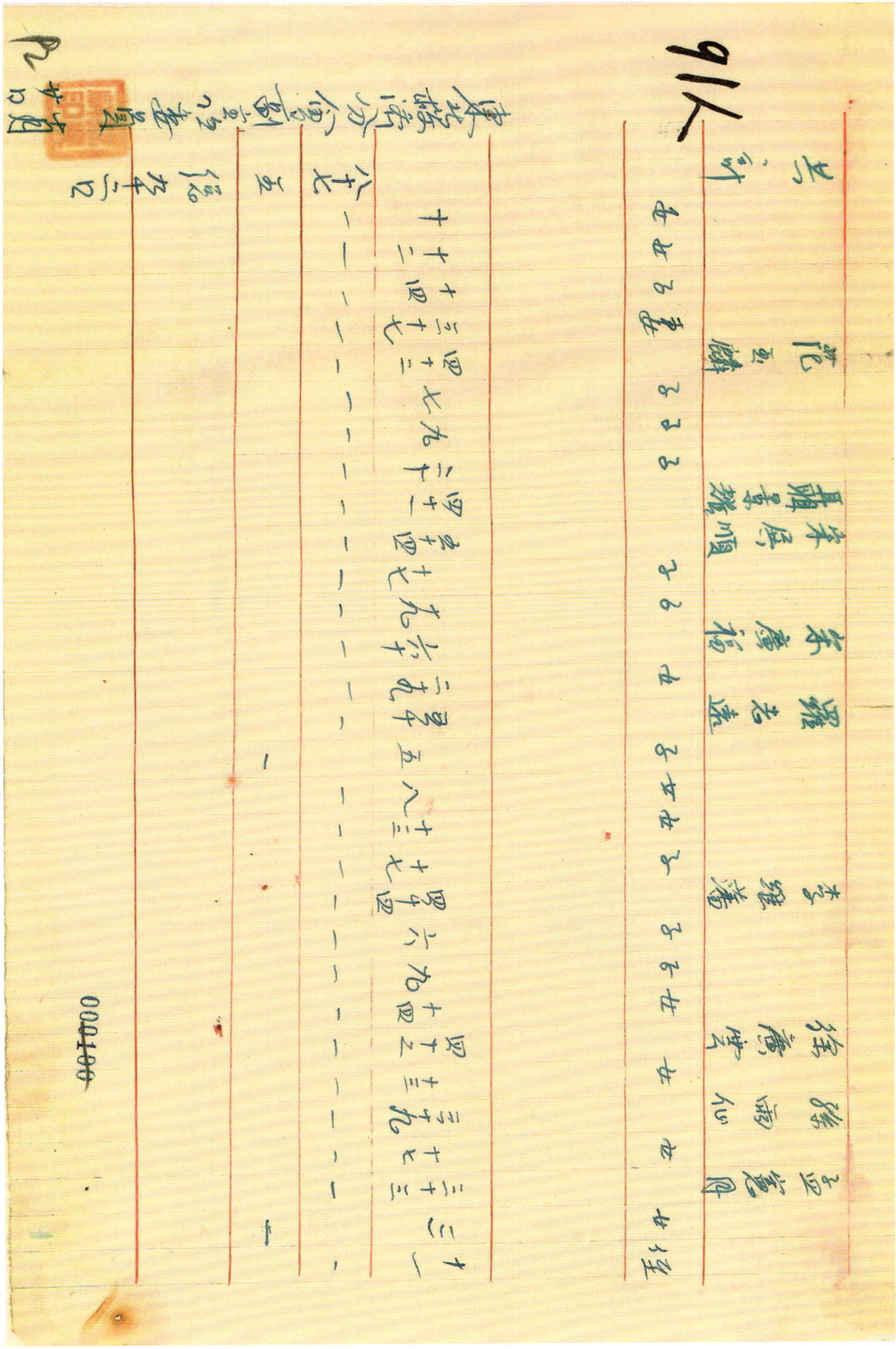
916
000100

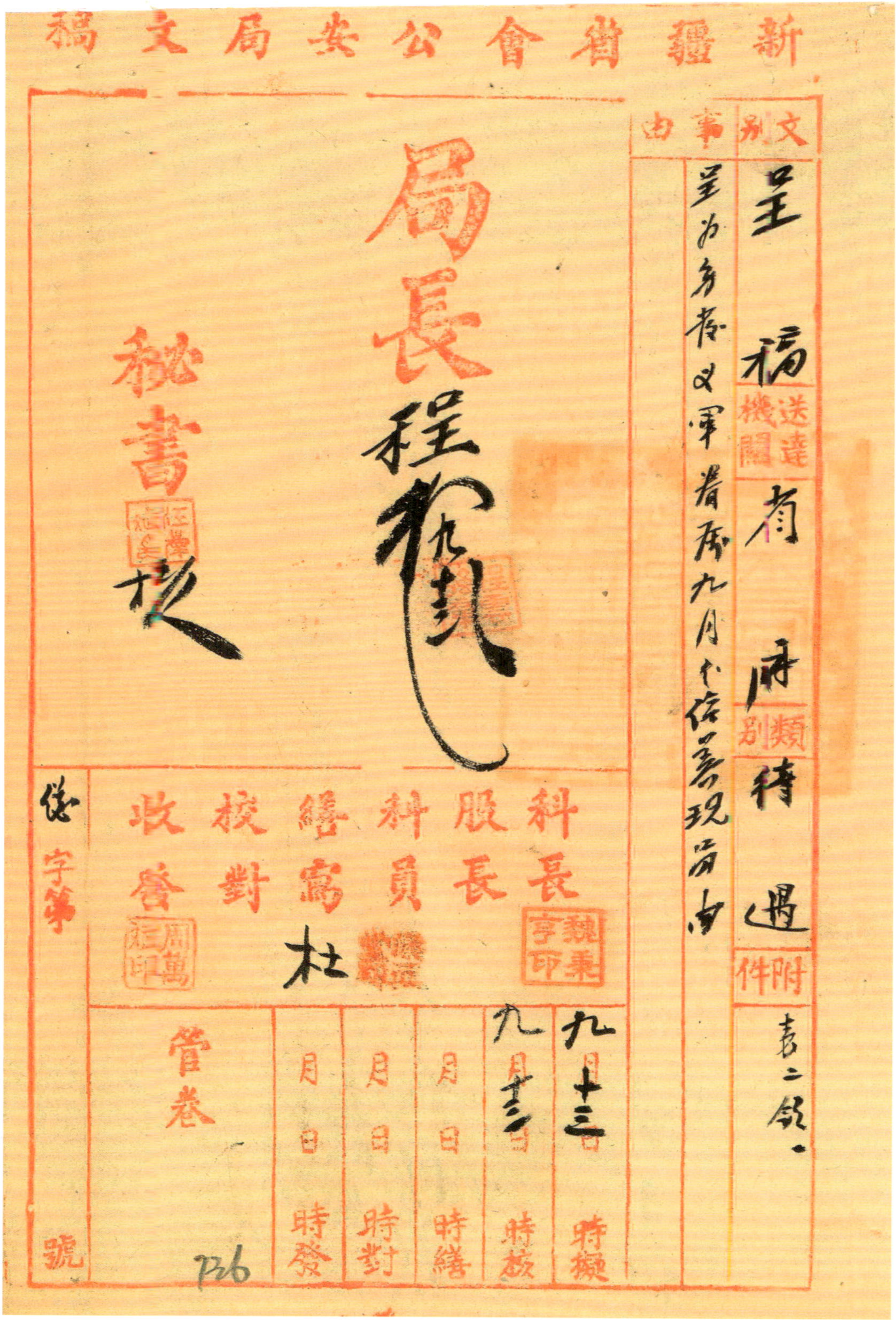

新疆省會公安局文稿

文別：呈
事由：呈爲發放義軍眷屬九月份給養現尚由
送達機關：福
有
類別：府
待
遇
附件：表二紙

局長 程
秘書 杜
科長
股長
科員
繕寫 杜
校對
收發

擬 九月十三日 時
核 九月十三日 時
繕 月 日 時
對 月 日 時
發 月 日 時

管卷

字第 號

126

新疆省会公安局关于发放义军眷属九月份给养事致省政府的呈（时间不详）

呈为呈请发义军眷属九月份给养现留伊[illegible]
公安局事案查八月份义军眷属
给养业经领发在案，兹查九月份义军携
带眷属计查百四五口，每名照章应领发给
斤，本月份共计应领给养现洋叁千壹百
五拾斤，理合缮具调查表二份，印领肆纸一
併具文呈请
鉴核发给以资散放。谨呈
新疆省政府主席金
附呈调查表二份，印领一纸

[illegible]

000144

137

驻斜米中国领事馆与新疆边防督办盛世才、省政府主席李溶关于由苏联回国义勇军签证入境等情的来往电
（时间不详）

迪化督办主席钧鉴：斜米顷奉大使钧电略开：苏方遣送回国義勇軍百余名，日内过斜，时希饬贵馆签证入境，等因。奉此，除候该義軍到斜出签，将起身日期每名呈报外，谨闻。斜米領事館印。皓

簽覺

駐斜米中國領事館鑒：斜米皓電悉。所按大使館電知回國義勇軍百余名过斜时，請簽証入境，等情，应准簽發。仍將候義軍

趕程。相應函達，具報爲要。特復。新疆邊防督

辦盛〇〇、新疆省政府主席李〇甫

新印

后记

《新疆安置东北抗日义勇军档案汇编》在《抗日战争档案汇编》编纂出版工作领导小组和编纂委员会的具体领导下开展编纂工作。新疆地方历史研究的学者专家共同参与了书稿的编纂工作，提供了大力支持和帮助，提出了许多重要的修改意见。中华书局对本书的编纂出版给予了鼎力支持。谨向为本书编纂工作做出贡献的所有单位和同志致以诚挚的感谢！

编者